História

Educação de jovens e adultos (EJA)

O selo DIALÓGICA da Editora InterSaberes faz referência às publicações que privilegiam uma linguagem na qual o autor dialoga com o leitor por meio de recursos textuais e visuais, o que torna o conteúdo muito mais dinâmico. São livros que criam um ambiente de interação com o leitor – seu universo cultural, social e de elaboração de conhecimentos –, possibilitando um real processo de interlocução para que a comunicação se efetive.

Gisele Thiel Della Cruz

História
Educação de jovens e adultos (EJA)

Rua Clara Vendramin, 58 . Mossunguê . CEP 81200-170 . Curitiba . PR . Brasil
Fone: (41) 2106-4170 . www.intersaberes.com . editora@editoraintersaberes.com.br

Conselho editorial Dr. Ivo José Both (presidente)
Drª. Elena Godoy
Dr. Nelson Luís Dias
Dr. Neri dos Santos
Dr. Ulf Gregor Baranow

Editora-chefe Lindsay Azambuja

Supervisora editorial Ariadne Nunes Wenger

Analista editorial Ariel Martins

Preparação de originais Ghazal Edições e Revisões

Edição de texto Viviane Fernanda Voltolini
Fábia Mariela De Biasi

Capa Mayra Yoshizawa

Projeto gráfico Mayra Yoshizawa (*design*)
domnitsky/Shutterstock (imagem)

Diagramação Conduta Design

Equipe de *design* Sílvio Gabriel Spannenberg
Mayra Yoshizawa

Iconografia Célia Regina Tartalia e Silva
Regina Claudia Cruz Prestes

1ª edição, 2018.

Foi feito o depósito legal.

Informamos que é de inteira responsabilidade da autora a emissão de conceitos.

Nenhuma parte desta publicação poderá ser reproduzida por qualquer meio ou forma sem a prévia autorização da Editora InterSaberes.

A violação dos direitos autorais é crime estabelecido na Lei n. 9.610/1998 e punido pelo art. 184 do Código Penal.

Dados Internacionais de Catalogação na Publicação (CIP)
(Câmara Brasileira do Livro, SP, Brasil)

Cruz, Gisele Thiel Della
História/Gisele Thiel Della Cruz. Curitiba: InterSaberes, 2018.
(Coleção EJA: Cidadania Competente, v. 10)

Bibliografia.
ISBN 978-85-5972-148-5

1. Educação de adultos 2. Educação de jovens 3. História 4. História – Estudo e ensino I. Título. II. Série.

18-16405   CDD-907

Índices para catálogo sistemático:
1. História: Estudo e ensino 907

Iolanda Rodrigues Biode – Bibliotecária – CRB-8/10014

Sumário

Apresentação   9

Parte I   13

1. Entendendo a história   15
   1.1   O que é história?   16
   1.2   Fontes históricas   18
   1.3   Divisão da história   19

2. Idade Antiga Clássica: Grécia e Roma   25
   2.1   Grécia Antiga: períodos pré-homérico, homérico e arcaico   27
   2.2   Grécia Antiga: períodos clássico e helenístico   32
   2.3   Cultura grega   33
   2.4   Roma Antiga: monarquia e república   34
   2.5   Roma Antiga: Império   40

3. Idade Média   45
   3.1   Alta Idade Média: povos bárbaros e Império Carolíngio   47
   3.2   Alta Idade Média: surgimento do feudalismo na Europa   48
   3.3   Alta Idade Média: o sistema feudal   49
   3.4   Alta Idade Média: Igreja cristã   53
   3.5   Baixa Idade Média: renascimento comercial e urbano   54
   3.6   Crise do século XIV e a peste negra   57

4. Idade Moderna: transição   65
   4.1 Formação dos Estados nacionais   67
   4.2 Renascimento cultural   67
   4.3 Reformas religiosas   75
   4.4 Contrarreforma ou Reforma Católica   77
   4.5 Antigos regimes europeus: absolutismo e mercantilismo   78

5. Idade Moderna: expansão marítimo-comercial europeia   87
   5.1 Expansão comercial europeia   89
   5.2 Pioneirismo português   93
   5.3 Ameríndios ou povos da América   96

6. Brasil Colônia   109
   6.1 Povos indígenas brasileiros   111
   6.2 Brasil pré-colonial: início da colonização e da administração   114
   6.3 Período colonial: sociedade e economia açucareira   120
   6.4 Período colonial: expansão territorial   123
   6.5 Período colonial: sociedade e economia mineradora   130

Parte II   139

7. Idade Moderna: Revolução Industrial e Revolução Francesa   141
   7.1 Revolução Americana   143
   7.2 Revolução Francesa   144

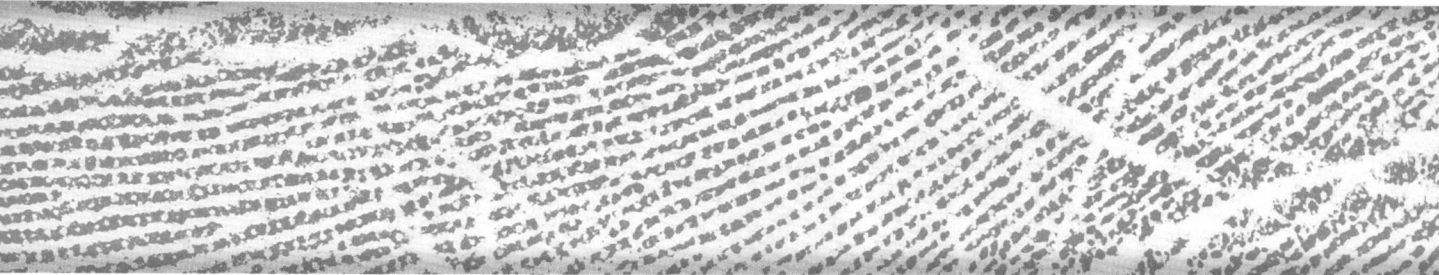

- 7.3 A Era Napoleônica 151
- 7.4 Revolução Industrial 154
- 7.5 Pensamentos sociais do século XIX: capitalismo, socialismo e anarquismo 158

8. Idade contemporânea 163
   - 8.1 Unificações italiana e alemã 164
   - 8.2 Imperialismo 168
   - 8.3 Primeira Guerra Mundial: o fim de uma era 174

9. Idade Contemporânea 185
   - 9.1 Entreguerras 188
   - 9.2 Crise de 1929 191
   - 9.3 Ascensão do totalitarismo 193
   - 9.4 Segunda Guerra Mundial 198
   - 9.5 O mundo da Guerra Fria 203

10. História do Brasil: o Império no século XIX 209
    - 10.1 Africanos, escravidão e cultura 211
    - 10.2 Independência do Brasil 217
    - 10.3 Brasil Império 218

11. História do Brasil: da Proclamação da República à Era Vargas 231
    - 11.1 Primeira República: governos e conflitos 233
    - 11.2 Era Vargas 240

12. Comícios, passeatas, discursos, anos de chumbo e a redemocratização na segunda metade do século XX 251

    12.1 Governos populistas 253

    12.2 Governos militares 258

    12.3 Redemocratização 262

Considerações finais 265
Referências 267
Respostas 273
Sobre a autora 297

Apresentação

Esta obra é um convite aos estudos da história. Aqui, nosso interesse é explicar os processos históricos e evidenciar a participação de indivíduos, os mais notáveis e os mais comuns, e de coletivos em sua composição. A ideia é proporcionar a você uma melhor compreensão da experiência humana sobre a Terra, marcada em suas especificidades temporais e geográficas, mas sobretudo com enfoque da diversidade humana nos aspectos culturais, pois julgamos que essa é uma forma importante de analisar e entender o mundo.

Ao longo do trabalho, incorporamos as recentes discussões da historiografia e as exigências do ensino de História. Analisamos aspectos da história ocidental, o que pode ser interpretado por alguns como um olhar europeizante; de qualquer modo, consideramos que as apresentações de conteúdos clássicos também são necessárias para o entendimento de contextos e processos mais longínquos e complexos. Ao adotarmos esse foco europeu, por outro lado, não o apresentamos como única verdade, mas como uma possibilidade de compreensão do mundo e do passado e, da mesma maneira, procuramos ampliar as abordagens e sugerimos debates e teorias mais contemporâneas que, por vezes, interpelam o aparentemente "definitivo".

Ao final de cada capítulo, você encontrará sugestões de filmes destinadas a reforçar os temas estudados e a ampliar as possibilidades de debate, e isso é importante porque, como sabemos, a ficção é uma maneira de discutir e apresentar momentos da história sob outra perspectiva. Há, ainda, questões abertas, discursivas, sob pontos relevantes dos conteúdos trabalhados. Responder a essas questões é uma oportunidade para retomar a matéria, refletir, conhecer outros textos e se preparar para as atividades avaliativas que você terá pela frente.

É válido mencionar que esta obra está perfeitamente integrada às propostas e leis nacionais relacionadas à educação e que é condizente com as exigências legais destinadas ao público e aos cursos de Educação de Jovens e Adultos (EJA).

Ainda nessa esteira, devemos ressaltar que, no que se refere à aprendizagem histórica para a EJA, o desafio é manter um caráter de revisão sem que a abordagem tenha um aspecto de panorama. Por essa razão, os capítulos desta obra permitem compreender os dados históricos, estabelecer relações e conhecer as informações mais relevantes; além disso, garantem o conhecimento de conceitos-chave, o desenvolvimento de habilidades gerais e das competências exigidas pela área.

Tendo isso em vista, dividimos este livro em duas partes.

Na Parte I, apresentaremos um pouco dos estudos da história, das áreas e das formas de abordagem e de pesquisa, bem como a relevância da disciplina na escola. Comentaremos sobre a Antiguidade Clássica, ou seja, as civilizações grega e romana, em seus aspectos político, econômico, social e cultural. Abordaremos os principais pontos da história medieval europeia, deixando claro o quanto esse período foi importante na constituição do Velho Mundo. Trataremos da formação do mundo moderno, incluindo as Grandes Navegações, as incríveis descobertas científicas, as novas religiões e as discussões ideológicas da época. Verificaremos como ocorreu a subida de alguns reis ao trono e, por fim, teremos como foco a América, as civilizações ameríndias e os povos indígenas brasileiros, chegando até o Brasil Colônia.

Na Parte II, nossa atenção se voltará ao mundo pós-século XVIII, com as revoluções políticas, sociais e econômicas que originaram as estruturas contemporâneas. Na sequência, versaremos sobre a África e os aspectos da história do Oriente. Avançando para o século XIX, nosso enfoque será o Brasil Império, os processos de resistência escrava e atuação da cultura negra, bem como pontos-chave da política, da economia e da sociedade do oitocentos brasileiro. Para finalizar, analisaremos o mundo e o Brasil do século XX, de importância fundamental para quem estuda a história e para a vida social e política de cada um de nós, professores e alunos.

Esperamos que o mundo e sua história fique mais perto de todos.

Parte I

Nesta primeira parte da obra, analisaremos um longo período da história humana que tem cerca de 2 500 anos. Trataremos, inicialmente, das civilizações greco-romanas para explicar outras formas de organização humana e, de certa maneira, uma boa parte do legado da cultura ocidental, como os conceitos de *Estado*, *cidade*, *democracia*, *literatura*, entre outros. Examinaremos os principais aspectos dessas civilizações. Na sequência, discorremos sobre a Idade Média, tanto no Ocidente quanto no Oriente. Por fim, estudaremos o mundo moderno e a construção da modernidade, com base nos contatos da Europa com o restante do globo, incluindo América e África. É importante lembrar que, neste momento, abordaremos também as formas de domínio de resistência da América Latina e do Brasil Colônia, considerando seus aspectos políticos, econômicos, sociais e culturais.

capítulo um

Entendendo a história

A pesquisa histórica e as novas descobertas da área alimentam nossos livros com novidades a cada ano. As diferentes fontes utilizadas pelos historiadores revelam a riqueza e a diversidade do trabalho do historiador. Veja a seguir uma dessas recentes descobertas.

> **Cidades medievais em Camboja:** Em um estudo publicado no periódico *Journal of Archaelogical Science*, o arqueólogo Damien Evans explica como ele e sua equipe encontraram **cidades medievais debaixo de florestas em Camboja**.
>
> Os pesquisadores utilizaram uma tecnologia conhecida como **Lidar** (light detection and ranging), na qual o alvo é iluminado com lasers, na região em torno do templo de **Angkor Wat**. O procedimento é difícil de ser realizado em terra, por isso os arqueólogos o realizaram a bordo de um helicóptero.
>
> A partir do processo, os pesquisadores conseguiram **captar imagens** que indicavam a presença de cidades inteiras debaixo da floresta. Estima-se que elas sejam resquícios do **Império Khmer**, tenham entre 900 e 1,4 mil anos e que foram ligadas entre si por meio de estradas e canais.

Fonte: Moreira, 2016, grifo do original.

Ficou curioso? Então vamos explorar um pouco mais sobre a pesquisa e a construção da história.

1.1 O que é história?

Quando falamos em **contar a história**, geralmente nos vem à memória a forma como as histórias eram narradas durante nossa infância: "Era uma vez...". Aventuras e mistérios nos levavam ao longe, aos mundos encantados e aos grandes heróis; havia a princesa e o príncipe, um final feliz e o mal sendo vencido. Essas são histórias de ficção, diferentes, na composição e nos objetivos, daquelas produzidas pelos historiadores.

> **Então, que história estudaremos aqui e sob quais bases?**
>
> Trabalharemos com a história do ser humano, manejaremos o tempo e conheceremos como a vida humana se desenrolou ao longo desse tempo, que definiremos como *histórico*.

Desde a Revolução Francesa (1789-1799), a percepção a respeito da história e de sua composição tem se alterado. A ideia de que os processos da vida humana se modificam naturalmente passou a ser questionada. A nova percepção da vida e a necessidade de comprovação científica sobre os fenômenos naturais e sociais levaram o ser humano a buscar um método para compreender sua existência e entender o passado. Em grande medida, essa necessidade de comprovação científica está relacionada ao movimento iluminista; no entanto, as concepções do saber histórico ainda não haviam sido moldadas e não havia, para os estudos e o conhecimento histórico, um método específico. Foi apenas no século XIX que a história passou a ter relevância como área do conhecimento. Por sua vez, as grandes mudanças sobre o fazer histórico e a compreensão da história aconteceram na década de 1920.

Mas, afinal, o que é a história?

Como você deve saber, a história pode ser compreendida como uma **disciplina** que estuda e analisa os acontecimentos do passado ou como o **produto básico para a análise dos historiadores**, que descrevem e procuram compreender a ação do ser humano no tempo. Lembre-se de que os historiadores, com base em vestígios do passado, recompõem aspectos, momentos e fases da história humana. Logo, a história que estudamos em sala de aula é aquela que, por meio de métodos e técnicas próprias, foi reconstruída pelos historiadores.

No livro *Introdução à história*, Marc Bloch (1997), importante historiador do século XX, sugere que qualquer mudança ocorrida no tempo não vale apenas por sua descrição, mas pelo que ela significou como processo de elaboração e alteração sobre a sociedade humana. Portanto, as origens das alterações nas sociedades não são tão interessantes e compreensíveis para os historiadores se suas transformações não puderem ser esquadrinhadas e se suas consequências não puderem ser percebidas sobre a vida humana. Logo, o ser humano e seu tempo são objetos da história como disciplina e do historiador.

> *Por detrás dos traços sensíveis da paisagem, [utensílios ou das máquinas], por detrás dos documentos escritos aparentemente mais glaciais e das instituições aparentemente mais distanciadas dos que as elaboraram são exatamente homens que a história pretende aprender. Quem não o conseguir será, quando muito e na melhor das hipóteses, um servente da erudição. O bom historiador, esse, assemelha-se ao monstro da lenda. Onde farejar carne humana é que está a sua caça.* (Bloch, 1997, p. 88)

Note que o estudo da história se refere às **transformações das sociedades humanas ao longo** do tempo e, por isso, o trabalho do historiador demanda delimitar o **tema**, o **tempo** e o **espaço** para desenvolver sua pesquisa. Definido o objeto, o historiador tem de procurar um método de trabalho, defender ou usar uma teoria e fazer suas perguntas às fontes. Há diversos métodos, teorias, fontes e linhas de pesquisa, e as diferentes abordagens enriquecem o trabalho dos historiadores ao mesmo tempo que alimentam com novidades os livros de história.

1.2 Fontes históricas

Os historiadores e pesquisadores se debruçam sobre fontes e fatos para compreender e explicar o que houve com o ser humano nos milhares de anos que ele habita a Terra.

Para tanto, esses estudiosos necessitam de comprovações históricas ou provas, porque escrever o passado requer evidências ou fontes. Por exemplo, jornais do século XIX, cantigas e manuscritos medievais, pinturas renascentistas, mobiliário do século XVIII, fotografias da década de 1960, registros de cartório e outros documentos são fontes importantes para a compreensão e escrita do passado histórico. Perceba que, entre os exemplos que citamos, existem fontes **escritas** (ou documentos) e fontes **não escritas**.

Figura 1.1 – Fontes históricas

IgorGolovniov, Everett Historical, Gonzalo Jar, Timur Kulgarin, federicoferrariphotovideo e Ender BAYINDIR/Shutterstock.

O historiador busca nessas fontes respostas a seus questionamentos sobre o passado, faz uma interpretação de tal documentação e, ao mesmo tempo, utiliza teoria e método para realizar seu estudo. Em outras palavras, o historiador faz uma leitura do passado, uma interpretação específica.

Por sua vez, essa interpretação, depois de produzida pelos pesquisadores nos denominados *meios acadêmicos*, é transmitida e estudada nas escolas. É válido mencionar que, hoje em dia, além de decorarmos datas e nomes, o que queremos, ao estudar a história, é compreender os processos históricos: sujeitos envolvidos, causas, efeitos, relações. E, de acordo com essas "novas" formas de pensar e estudar a história, encontra-se o **sujeito histórico** – homens e mulheres que, ao longo do tempo, fizeram o "motor da história girar": generais, reis, lavradores, pintores, escultores, pessoas famosas ou comuns que, em seu dia a dia, contribuíram para as mudanças e as permanências experimentadas na história.

Nesse sentido, podemos inferir que a história é um **processo**. O historiador descortina o singular –, de uma pessoa, de uma nação, de uma civilização, de uma região ou lugar. Ele, assim, reproduz conceitos e noções de uma época, ou seja, ele transpõe as vivências para o **discurso**. Tais experiências são de todas as épocas, de todas as pessoas, que produzem, se organizam e vivem socialmente. Desvelar a vida das pessoas, não importa o lugar que elas ocupam socialmente, e dar voz aos excluídos são de grande complexidade. Exigem a busca de fontes, recursos e métodos diferenciais.

Segundo Gramsci (2002, p. 135), "todo traço de iniciativa autônoma por parte dos grupos subalternos, deve ser de valor inestimável para o historiador integral".

Deve estar claro que não é possível abarcarmos, neste livro, todos os fenômenos históricos de todas as épocas e povos. A proposta aqui é expor alguns acontecimentos que se tornaram importantes na constituição das sociedades ocidental e brasileira e propor reflexões sobre eles. Há, sem dúvida, inúmeros outros eventos de grande relevância, os quais você poderá conhecer e aprofundar durante sua experiência como estudante ou leitor da história.

1.3 Divisão da história

O **tempo** é um conceito humano criado já na Antiguidade. Para medi-lo, foram desenvolvidos calendários por meio dos quais é possível registrar fenômenos naturais (ciclos do Sol e da Lua) ou a duração das coisas, das pessoas ou das sociedades. Cada sociedade, em um tempo específico, criou seu calendário. Por exemplo, os mesopotâmicos, os gregos, os astecas e os chineses vivenciaram e refletiram sobre o tempo de maneiras distintas. A divisão do tempo em anos, em grande medida, está relacionada aos fenômenos naturais que eram a forma mais viável de se medir as épocas de plantio e colheita para diferentes povos essencialmente agrícolas.

Entre parênteses

Contemporaneamente, existem diferentes calendários no mundo, tais como os utilizados por cristãos, judeus e muçulmanos, que passaram a registar suas datas a partir de um fato que, na sua história, é considerado fundamental: o nascimento de Cristo (ano zero para os cristãos), o Gênesis (datado de 7 de outubro de 3761 a.C.) e a Hégira (fuga de Maomé de Meca para Medina, em 16 de julho de 622 d.C.), respectivamente.

Os povos cristãos utilizam como marco de contagem do tempo o nascimento de Cristo, e as datas anteriores a esse evento recebem a abreviatura *a.C.*; as posteriores recebem *d.C.* ou convenciona-se não colocar essa segunda marcação.

O calendário cristão recebeu ajustes no século XVI, depois de estudos realizados por astrônomos, sob a orientação do Papa Gregório XIII. Essa mudança ficou conhecida como *Reforma Gregoriana*, e foi estabelecida em fevereiro de 1582. O calendário cristão, assim como os outros, é organizado em dias, semanas, meses e anos; períodos maiores podem ser agrupados em décadas (10 anos), séculos (100 anos – unidade de tempo mais utilizada pelos historiadores) ou milênios (1 000 anos).

Entre parênteses

Para identificar o século a que pertence determinado ano, você pode apenas somar o número 1 à unidade ou dezena de centena referente. Por exemplo:

803 + 1 = século IX
1492 + 1 = século XV
2017 + 1 = século XXI

Exceções a essa regra são os anos de fechamento dos séculos, com centena cheia, como por exemplo 200, 800, 1500. Nesse caso, não é necessário somar 1 à unidade ou dezena de centena. Assim, em 1500, o século é XV. Isso acontece porque começamos a contar no ano 1 e fechamos no ano 100 de cada século.

A América, continente conquistado pelos europeus, acabou adotando o calendário cristão europeu. Por isso, os períodos da história que estudaremos têm como referência esse modelo, que é uma herança da colonização que tivemos e que, de certa forma, nos faz compreender a história a partir de marcos e eventos que também são valorizados pelos europeus.

É importante que você conheça a periodização utilizada para compreender e estudar a história, mas tenha sempre em mente que é preciso refletir sobre a variedade de culturas, povos e temas existentes e valorizar essa pluralidade. Nesta obra, empregaremos a divisão tradicional, convencionalmente utilizada em questões de exames de acesso às universidades, em jornais e em revistas que discutem o tema ou referem-se à história, além de inúmeros materiais de pesquisa e estudo.

Agora que você tem algumas noções básicas sobre o tempo e a história, vamos apresentar as principais divisões da história geral, segundo a convenção ocidental. Primeiramente, analise a Figura 1.2.

Figura 1.2 – Principais divisões da história

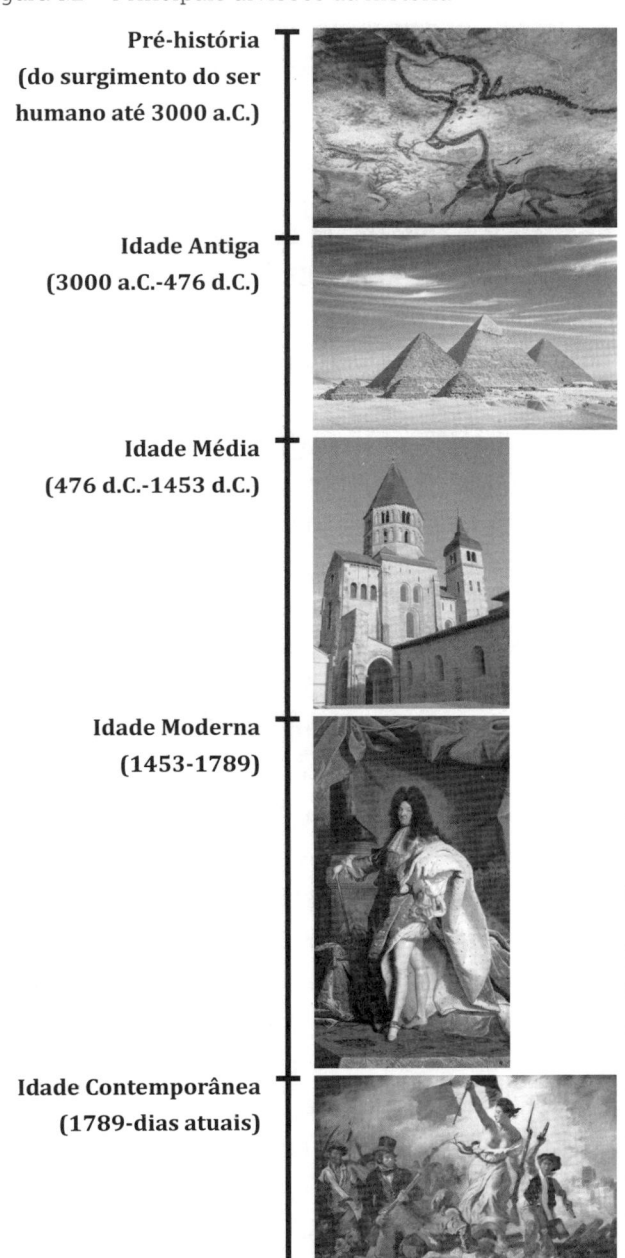

Pré-história (do surgimento do ser humano até 3000 a.C.)

Idade Antiga (3000 a.C.-476 d.C.)

Idade Média (476 d.C.-1453 d.C.)

Idade Moderna (1453-1789)

Idade Contemporânea (1789-dias atuais)

thipjang, WitR, Pierre Jean Durieu, Everett - Art e Oleg Golovnev/Shutterstock

No século XIX, quando os historiadores ainda achavam que só era possível conhecer o passado se houvesse documentos, entendidos como fontes escritas, ficou convencionado que todo o período anterior à descoberta da escrita, por volta do ano 3000 a.C., deveria ser chamado de *Pré-história*, e o posterior, de *história*. Hoje, essa ideia está ultrapassada; é evidente que os povos agrafos (sem escrita) também têm história e, em grande medida, seus registros são estudados pelos arqueólogos e são fontes de pesquisa dos historiadores, como túmulos, instrumentos de caça e pesca, brinquedos etc. Ainda assim, a antiga divisão permanece.

Dessa forma, como você observou na Figura 1.2, a história, da descoberta da escrita aos dias atuais, é dividida em quatro períodos. É importante ressaltar que essa divisão também requer uma criticidade por parte dos historiadores contemporâneos, uma vez que privilegia o papel do Ocidente, principalmente o da Europa, na história da humanidade. Nesse sentido, é perceptível um olhar mais minucioso para a Antiguidade Clássica, os eventos da modernidade europeia, como o Renascimento, e mesmo o processo de industrialização ou as Grandes Guerras que aconteceram naquele continente. No entanto, outras civilizações/povos também têm história, muitas vezes contemporânea aos eventos e processos da história ocidental, como a do poderoso Império Chinês ou dos reinos africanos. Podemos dizer, assim, que a compreensão da história que predomina entre nós é *eurocêntrica*.

Essa divisão do tempo é uma das possibilidades, mas não se deve esquecer ou invalidar outras que permitam conhecer e compreender outras civilizações. Da mesma forma, dividir a história em **eras** ou **períodos** também é uma convenção. No entanto, por mais simplista que pareça – e essa é outra crítica feita por alguns historiadores –, ela ajuda didaticamente a organizar o pensamento para entender mudanças e permanências da história.

Acesse o endereço eletrônico a seguir indicado e leia um dos poemas mais importantes do escritor e dramaturgo Bertold Brecht (1898-1956), que viveu na Europa à época da Segunda Guerra Mundial (1939-1945).

BRECHT, B. Perguntas de um trabalhador que lê. **Recanto das Letras**. Disponível em: <http://www.recantodasletras.com.br/cronicas/1568771>. Acesso em: 19 jun. 2018.

Procure ler o poema identificando os sujeitos históricos mencionados por ele.

Luz, câmera, reflexão

NARRADORES de Javé. Direção: Eliane Caffé. Brasil: Bananeira Filmes, 2003. 100 min.

NÓS QUE aqui estamos por vós esperamos. Direção: Marcelo Masagão. Brasil: Riofilmes, 1999. 73 min.

Atividades

1) O que é história?

2) O que são fontes históricas?

3) Qual é a importância do conhecimento do processo de estudar história?

4) Por que a visão da divisão da história, nos períodos que estudamos, pode ser considerada eurocêntrica?

5) Leia a seguinte definição:

> *Vestígio é a palavra atualmente preferida pelos historiadores que defendem que a fonte histórica é mais do que o documento oficial: que os mitos, a fala, o cinema, a literatura, tudo isso, como produtos humanos, torna-se fonte para o conhecimento da história.* (Silva; Silva, 2009, p. 158).

Com base nisso, identifique se as fontes históricas a seguir são escritas ou não escritas. Depois, sugira algumas perguntas que o historiador poderia fazer para essa fonte e relacione-a ao período histórico provável.

a)

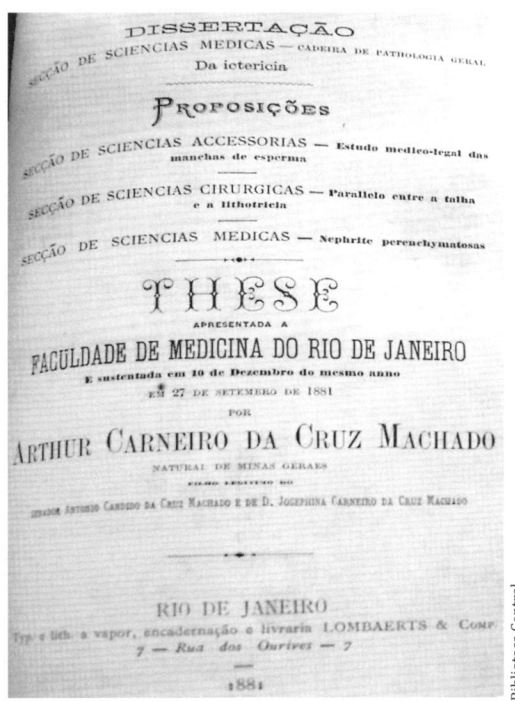

Biblioteca Central

- Possíveis perguntas: _____

- Período histórico: _____

b)

- Possíveis perguntas:
_____
_____

- Período histórico:
_____

d)

- Possíveis perguntas:
_____
_____

- Período histórico:
_____

c)

- Possíveis perguntas:
_____
_____

- Período histórico:
_____

capítulo dois

Idade Antiga Clássica: Grécia e Roma

Analise as Figuras 2.1 a 2.3, a seguir, e perceba que elas revelam dois mundos distantes e, ao mesmo tempo, duas formas de diversão: lutas romanas no Coliseu e um jogo de futebol na atualidade. O que nos aproxima dos homens que viveram na época do Império Romano? Que gostos compartilhamos com eles? O que nos deixaram como herança?

Figura 2.1 – O Coliseu na Antiguidade

Figura 2.2 – Ruínas do Coliseu romano

Figura 2.3 – Estádio do Maracanã, Rio de Janeiro, Brasil

Neste capítulo, vamos estudar o mundo da Antiguidade Clássica e compreender um pouco sobre como as pessoas viviam naquela época e qual legado deixaram para nós. Por exemplo, como você deve saber, usamos ainda hoje conceitos criados na Grécia Antiga e em Roma, como *democracia* e *república*, respectivamente.

2.1 Grécia Antiga: períodos pré-homérico, homérico e arcaico

O território grego é marcado pela existência de montanhas em quase 80% de sua totalidade, e a Península Balcânica, onde a Grécia se situa, é cercada por mar. Na Antiguidade, o solo árido e montanhoso dificultava a prática da agricultura e os contatos entre os gregos. Por isso, as relações externas eram muito mais frequentes, o que influenciou o desenvolvimento da navegação.

O relevo acidentado ofereceu, também, condições para a fragmentação política, uma vez que a comunicação entre as localidades era complicada. Assim, na Grécia Antiga, não havia um Estado unificado, mas um conjunto de cidades-Estado independentes, as *pólis* gregas. O que chamamos de *civilização grega* é a integração dos elementos culturais comuns a essas localidades.

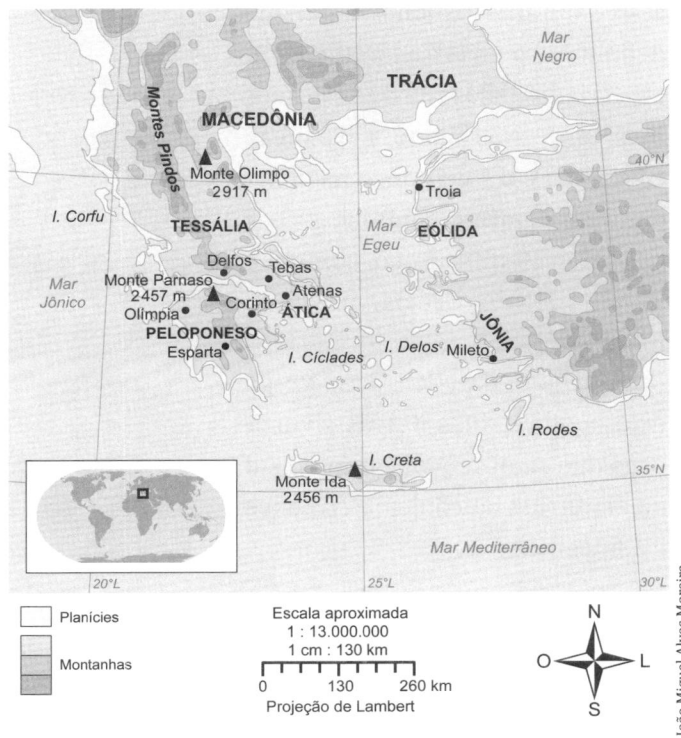

Mapa 2.1 – Composição geográfica grega – relevo

Fonte: Elaborado com base em Brasil, 2016, p. 42.

A história da Grécia é dividida em cinco períodos:

1. Pré-homérico (1650 a.C.-1150 a.C.)
2. Homérico (1150 a.C.-800 a.C.)
3. Arcaico (800 a.C.-500 a.C.)
4. Clássico (500 a.C.-338 a.C.)
5. Helenístico (338 a.C.-146 a.C.)

A Hélade (terra de Heleno) e seus habitantes helenos são o que definimos como *Grécia* e *gregos*, nomes criados pelos romanos séculos mais tarde. Na Hélade, a expansão comercial e o solo pouco fértil originaram diversas colônias gregas pelo Mar Mediterrâneo, como é o caso da Magna Grécia, no sul da Itália.

A origem da civilização grega está ligada a duas outras civilizações que se desenvolveram ao sul da Península Balcânica: a cretense e a micênica.

2.1.1 Primeiros povoadores

A partir de 2000 a.C., os primeiros habitantes do território grego se fixaram na localidade conhecida como *Hélade*; eram: aqueus, jônios, eólios e dórios. A mistura desses povos com os pelasgos, que já se encontravam na península, formou o povo grego.

Mapa 2.2 – Diferentes povos que compunham a Grécia

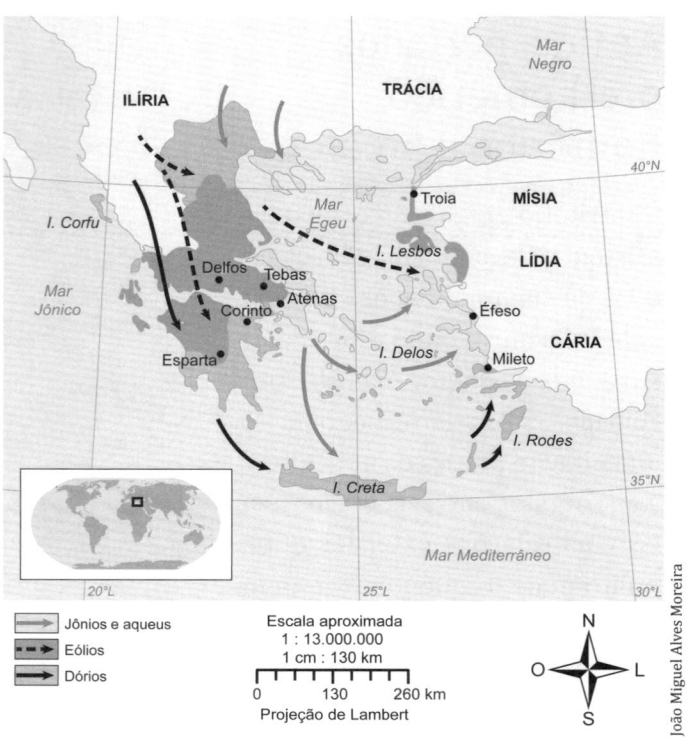

Fonte: Elaborado com base em Albuquerque, 1986, p. 86.

No período pré-homérico, houve a formação dos primeiros núcleos urbanos da região. Ao sul da Península Balcânica, desenvolveram-se as civilizações cretense, ou minoica (na mitologia grega, Minos era o rei de Creta), e micênica. Dedicada à navegação e ao comércio, Creta criou grandes centros ao redor de palácios como Cnossos e Festos. No século XV a.C., fundiu-se com os aqueus e deu origem à civilização micênica.

Entre parênteses

A lenda do Minotauro e a libertação dos gregos

Os gregos contavam uma lenda para explicar sua origem. Ela relatava que um minotauro (um ser com cabeça de touro e corpo de homem) habitava um labirinto. O Minotauro dominava Creta e obrigava seus habitantes a pagar pesados tributos, entre eles, a doação de jovens para servi-lo. O labirinto servia como uma espécie de proteção e, por isso, era difícil enfrentar o monstro e garantir a liberdade grega.

Um dia, o jovem Teseu, auxiliado por Ariadne, uma das servas do Minotauro, entrou no labirinto e venceu o monstro.

A lenda tem relações estreitas com o período em que os cretenses dominaram os gregos. O nome *minotauro* faz alusão ao rei cretense: Minos. Além disso, segundo achados arqueológicos, existiu em Cnossos, cidade cretense, um palácio com muitos compartimentos, semelhante à estrutura de um labirinto.

Figura 2.4 – Minotauro

Jastrow/Wikipédia

Essa época se encerrou com as invasões dórias e o esfacelamento da civilização creto-micênica e dos centros urbanos. Reapareceram, então, as comunidades agrícolas subsistentes. A invasão violenta dos dórios na parte continental da Grécia provocou, também, a **primeira diáspora**, ou seja, a dispersão de grupos humanos em direção às ilhas do Mar Egeu e ao litoral da Ásia Menor. A primeira diáspora grega deu origem ao período da história da Grécia denominado *homérico*.

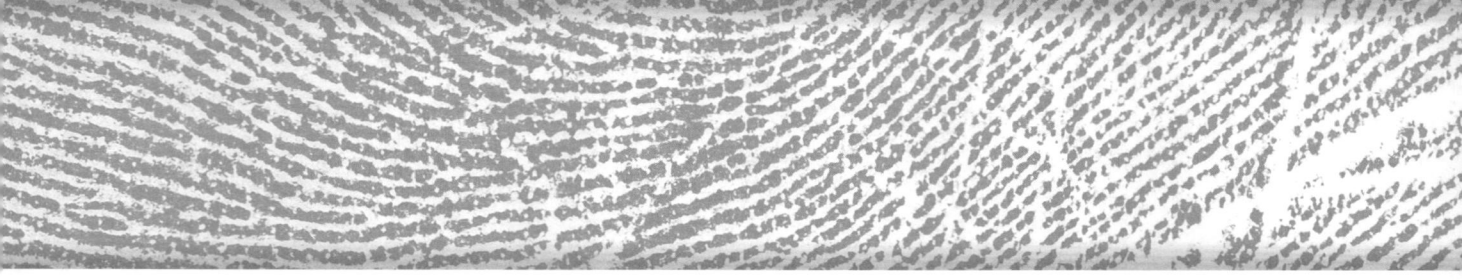

2.1.2 Comunidades gentílicas

No período homérico (séculos XI ao VIII a.C.), desenvolveram-se as comunidades gentílicas, também chamadas de *genos*, que eram formadas por unidades agrícolas compostas por pessoas que cultuavam os mesmos deuses ou acreditavam descender de um mesmo antepassado. No *genos*, a terra, a colheita e o rebanho eram de propriedade coletiva, ou seja, pertenciam à comunidade, e os bens e a terra eram controlados por um chefe denominado *pater*.

2.1.3 Cidades gregas

Na fase arcaica da Grécia (séculos VIII ao VI a.C.), os *genos* foram dominados por uma pequena elite de proprietários de terra, e o processo de desintegração das comunidades gentílicas evoluiu rapidamente. A falta de alimentos, as poucas terras férteis, as novas técnicas de produção e o aumento populacional foram determinantes para seu fim.

Para combater o inimigo comum, os *genos* se uniram nas frátrias, que, reunidas, formaram as tribos lideradas pelo basileu[i]. Nessa divisão, os parentes mais próximos do *pater* apropriaram-se das melhores terras e passaram a ser conhecidos como *eupátridas* (os bem-nascidos). O restante das terras foi dividido entre os pequenos agricultores, os *thetas* e os *georgoi* (marginalizados ou camponeses sem terra) não foram favorecidos.

Sem encontrarem muita saída e sendo excluídas da partilha, algumas pessoas resolveram migrar em busca de terras em outras localidades, e essa foi a **segunda diáspora**. Esses emigrantes fundaram colônias espalhadas por diversas regiões do Mediterrâneo, e o clima de instabilidade e a necessidade de proteção fizeram as tribos se unirem e formarem as cidades-Estado gregas, as **pólis**. Essas cidades independentes tinham cada qual seu governo, suas leis e sua moeda. Apesar de existirem muitas, como Tebas, Erétria, Corinto e Messênia, duas se destacaram: Atenas e Esparta.

[i] Basileu *equivalia, em grego, ao vocábulo* imperador.

Quadro 2.1 – Principais características de Atenas e de Esparta

	Atenas	**Esparta**
Localização	Na Península da Ática, próximo ao porto de Pireu. Voltada para contatos com outros povos, por meio do Mar Egeu.	No interior da Península do Peloponeso. Organizada como uma fortaleza. Fechada aos contatos externos, formava seus cidadãos para a guerra.
Estrutura social	*Eupátridas* (grandes proprietários de terra); *georgóis* (pequenos proprietários); *demiurgos* (comerciantes); *thetas* (camponeses sem terra); *thecnays* (thetas que viviam do artesanato); *metecos* (estrangeiros) e escravos.	*Espartanos* (os bem-nascidos, descendentes dos dórios, fundadores da localidade); *periecos* (dedicavam-se ao comércio, ao artesanato ou eram proprietários de pequenos lotes – descendentes de povos conquistados pelos dórios); *hilotas* (escravos).
Experiência política	Monarquia, oligarquia, condução dos legisladores (Sólon, que aboliu a escravidão por dívidas), tirania (Psístrato) e democracia.	Diarquia. Boa parte do poder estava nas mãos da Gerúsia, um grupo de 30 cidadãos (os gerontes), com mais de 60 anos, que tinham o poder vitalício e o direito de propor leis, julgar causas e promover a guerra ou a paz.

Talvez uma das experiências mais importantes desse período da história grega tenha sido a democracia experimentada por Atenas. Em 508 a.C., Clístenes chegou ao poder com apoio popular. Nessa época, a cidade estava dividida em quatro tribos controladas por famílias aristocráticas, e Clístenes aumentou o número de tribos para dez e organizou-as de modo que cada uma delas fosse formada por pessoas de diferentes origens e condições sociais. Assim, a força das famílias aristocráticas diminuiu e as anteriores relações firmadas pelos laços de parentesco enfraqueceram.

Além disso, ele aumentou o número de membros da *Boulé* (conselho que elaborava as leis) de 400 para 500 e introduziu um sorteio para preenchimento dos cargos. Assim, os cargos de administração da cidade eram sempre ocupados, a cada um ou dois anos, por pessoas diferentes. Na democracia ateniense, os principais órgãos eram a *Eclesia* (assembleia do povo) e a *Boulé*. Nesse novo sistema, a democracia de Clístenes, pobres ou ricos podiam participar da vida pública, desde que fossem cidadãos, excetuando escravos e estrangeiros.

> **Para pensar o projeto democrático grego, vamos ver como eles administravam a *pólis***
>
> O que era realmente essa democracia grega, ou melhor, a democracia ateniense, a única que realmente podemos discutir? Antes de mais nada convém nos livrarmos de um problema que periodicamente vem à tona: o da escravidão. É evidente que a democracia ateniense era escravista, que o *demos*, que exercia a soberania nas assembleias e tribunais, constituía apenas uma pequena parte da população de Atenas, que a massa dos escravos era dele excluída, escravos cujo número era no mínimo igual ao dos homens livres, que eram igualmente excluídas dele as mulheres, de quem dizia Platão serem metade da cidade a quem a atividade política era vedada. É precisamente nesse ponto que é possível avaliar a distância que nos separa das sociedades da Antiguidade. Entretanto, o *demos* não deixava de ser, para usar uma expressão de Pierre Vidal-Naquet, "um verdadeiro povo". [...] A grande massa dos que compunham o *demos* era formada de trabalhadores, camponeses, artesãos e comerciantes cujos interesses nem sempre eram os mesmos.
>
> Fonte: Mossè, 2004, p. 88-89.

2.2 Grécia Antiga: períodos clássico e helenístico

Os períodos clássico e helenístico correspondem, respectivamente, ao apogeu e ao declínio da civilização grega. No primeiro, o destaque está para o desenvolvimento surpreendente da cidade de Atenas, seja nos aspectos político-econômicos, seja no impressionante momento de crescimento cultural. No segundo momento, após vários conflitos entre as cidades gregas, a Macedônia, reino do norte da Península Balcânica, acabou dominando a Grécia. Da fusão dos universos grego, macedônico e oriental, surgiu o **helenismo**.

2.2.1 O auge da civilização grega e a exuberância de Atenas

Entre os séculos V e IV a.C., no período clássico, as cidades-Estado gregas ganharam relativa autonomia política. Também foi um momento caracterizado pelas investidas persas sobre o mundo helênico e o auge do desenvolvimento de Atenas.

As lutas estabelecidas entre os gregos e os persas ficaram conhecidas como *Guerras Médicas* (termo histórico derivado de *medos*, ou persas). Alianças foram firmadas entre os gregos para derrotar o inimigo comum, e a chamada *Liga de Delos* era liderada por Atenas, contando com o apoio de outras pólis.

Ao final do conflito, os persas foram expulsos e Atenas passou a ser a cidade mais poderosa nos aspectos militar e econômico. Assim, gradativamente, a cidade-Estado tomou para si os recursos da Liga de Delos[ii] e passou a administrá-los, tornando-se sua líder e impondo-se sobre as demais cidades. Essa fase foi o apogeu do domínio da cidade de Atenas, marcada pelo imperialismo ateniense. Nesse período, Péricles, chefe político da cidade, usou parte dos tesouros da liga para construir templos e obras públicas. O momento significou também o auge do embelezamento e do desenvolvimento de Atenas, a Idade do Ouro, particularmente entre os anos 461 e 429 a.C.

Outras cidades, no entanto, não gostavam dessa política. Lideradas por Esparta, fundaram outra aliança, chamada de *Liga do Peloponeso*, que originou a Guerra do Peloponeso (431 a.C-404 a.C.), ao fim da qual Atenas foi derrotada. Esparta e outras cidades disputaram, nos anos seguintes, a hegemonia sobre a Hélade e, aos poucos, o mundo grego foi se debilitando, de forma que o esplendor e a força da civilização grega já não eram os mesmos. Esses fatos facilitaram a tomada do território por povos que viviam ao norte, os macedônios.

2.2.2 Helenismo

A Macedônia, militarmente organizada, passou a investir contra o território grego primeiramente sob o domínio de Felipe e depois sob o comando de seu filho Alexandre, o Grande, que teve como preceptor o filósofo grego Aristóteles.

A Macedônia se tornou um dos grandes impérios da Antiguidade, e a fusão da cultura grega com a cultura oriental foi denominada *helenismo*. O período helenístico terminou no século II a.C., quando os romanos conquistam o território grego.

2.3 Cultura grega

Os legados da Grécia Antiga para as sociedades contemporâneas estão em diferentes áreas, como arquitetura, literatura, teatro, filosofia, ciências e política.

[ii] *Liga militar formada durante o conflito e cuja sede, inicialmente estabelecida na cidade de Delos, foi transferida para Atenas.*

Dos gregos, vieram as colunas clássicas que ornaram templos e construções, com destaque para os estilos dórico, jônico e coríntio. No teatro, os gregos desenvolveram a comédia e a tragédia, subgêneros pertencentes ao gênero dramático, que é, ao lado da lírica e da epopeia, um dos gêneros literários da Antiguidade. Em grande medida, o teatro moderno e os gêneros literários contemporâneos dialogam com sua matriz clássica.

Figura 2.5 – Colunas gregas – estilos

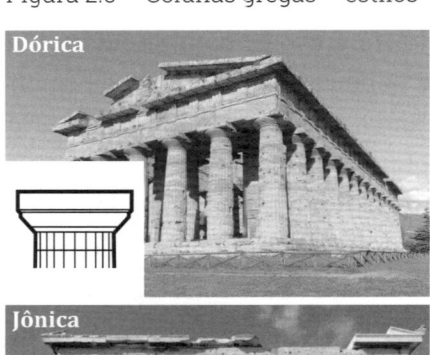

Sócrates, Platão e Aristóteles desenvolveram o saber filosófico e o pensamento racional. Ao longo do tempo, a filosofia originou campos de atuação e de estudo com suas especificidades, tais como biologia, astronomia, lógica, ética etc.

2.4 Roma Antiga: monarquia e república

A cidade de Roma fica na Península Itálica e é banhada pelo Mar Mediterrâneo. De acordo com estudos arqueológicos, no decorrer do tempo, a península foi ocupada por diferentes povos: os italiotas (entre os quais estavam os sabinos e os latinos), os primeiros a chegar, os etruscos e os gregos. Observe, no Mapa 2.3, onde cada um desses grupos se fixou no território.

Pouco se sabe sobre a origem de Roma. Segundo uma lenda, ela foi fundada pelos irmãos Rômulo e Remo, salvos no Rio Tibre por uma loba. Depois da fundação, Rômulo matou Remo e tornou-se o primeiro rei de Roma.

Sabe-se, no entanto, que a região do Lácio (Itália central) foi ocupada por pastores de origem latina que organizaram diversas aldeias ao longo do Rio Tibre. Essas aldeias, por volta do século VIII a.C., originaram a cidade de Roma – estratégia de defesa usada diante das investidas dos vizinhos, os sabinos.

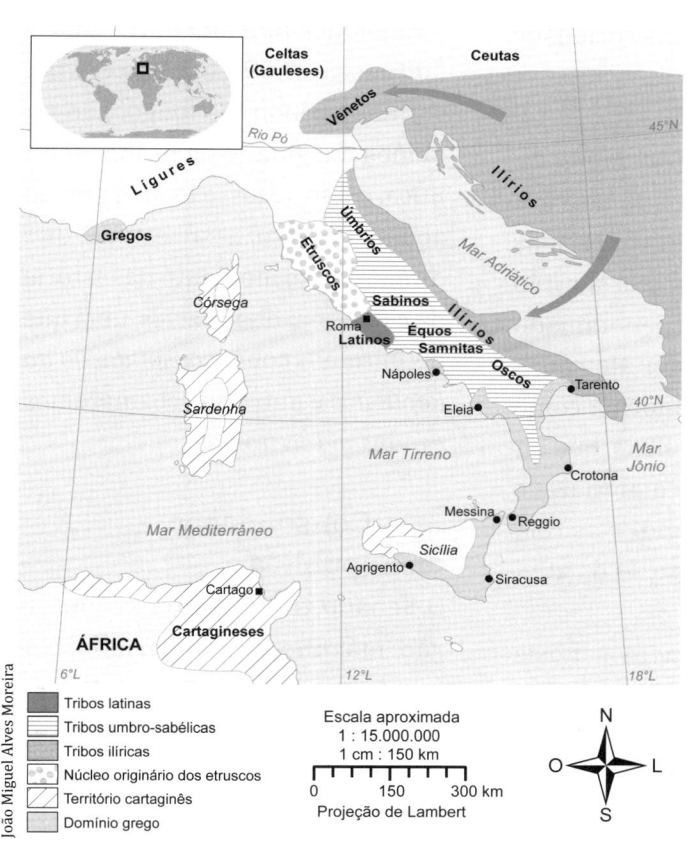

Mapa 2.3 – Principais povos que compunham a península romana

Fonte: Arruda, 2010, p. 10.

A história de Roma é convencionalmente dividida em três períodos: monarquia, república e império.

2.4.1 Monarquia

De acordo com a tradição clássica, Roma foi governada por sete reis – e os últimos três foram etruscos. Durante esse período, o rei acumulava funções executivas, religiosas e jurídicas, embora seu poder fosse limitado por um conselho de anciãos denominado *Senado*. Essa instituição tinha direito a veto e sanção das leis propostas pelo rei.

A sociedade, por sua vez, estava dividida em três grupos sociais:

1. **patrícios** – grandes proprietários de terra, formavam a aristocracia privilegiada;
2. **plebeus** – maioria da população, eram livres, mas não podiam participar do Senado;
3. **clientes** – subordinados a alguma família patrícia, prestavam diferentes serviços pessoais em troca de auxílio financeiro.

Os escravos passaram a fazer parte da sociedade romana principalmente após a República e a expansão territorial da cidade. Inicialmente, eram devedores, incapazes de pagar suas dívidas, mas depois passaram a constituir um grupo originário das conquistas de guerra. Portanto, durante esse primeiro período (Monarquia), parece que a escravidão não tinha grande importância, apesar de haver condições que a tenham favorecido. Nos períodos seguintes, o escravismo tornou-se o modo de produção predominante em Roma, ou seja, a mão de obra escrava foi a base de tudo o que foi produzido naquela sociedade.

Entre parênteses

Para compreender o capitalismo, Karl Marx desenvolveu, no século XIX, uma teoria que buscava dar conta das diferentes formas produtivas criadas pelo ser humano. Os princípios dessa teoria estão dispostos em seu método de análise denominado *materialismo histórico*. Para o pensador alemão, a estrutura de uma sociedade reflete a forma como os homens organizam a produção de bens, que engloba as forças produtivas (condições materiais de produção, inclusive o trabalho humano) e as relações de produção (formas de organização da atividade produtiva).

Assim, *modo de produção* é um conceito marxista que se refere à maneira como uma sociedade produz seus bens e serviços e como ela os distribui, e às relações que se estabelecem entre os homens para que a sociedade produza. O estudo desse conceito, por sua vez, é uma das maneias de compreender como uma sociedade se organiza e funciona. Marx identificou, além do sistema comunal primitivo, os modos de produção asiático, antigo, germânico, feudal e capitalista.

Em 509 a.C., os patrícios depuseram o último rei etrusco: Tarquínio, o Soberbo. Como veremos, foi esse fato que deu início à República.

2.4.2 República

A República Romana durou quase 500 anos, de 509 a.C. a 27 a.C. E por ser um período tão longo, não podemos imaginá-lo de forma monolítica, como se fosse igual do início ao fim. Por isso, neste estudo, dividiremos esse momento da história da cidade em duas partes, uma que definiremos como *consolidação da República* e outra que chamaremos *expansão territorial*.

2.4.2.1 Consolidação da República

O Senado transformou-se em órgão máximo nesse período. Somente patrícios tinham o direito de ocupar cargos senatoriais; dessa forma, também o acesso ao Legislativo (quem faz as leis) ficava nas mãos da elite.

O Poder Executivo era dividido nas seguintes magistraturas: cônsul, pretor, censor, edil, questor e ditador (apenas em épocas de crise). Existiam ainda três assembleias completando as instituições políticas da República:

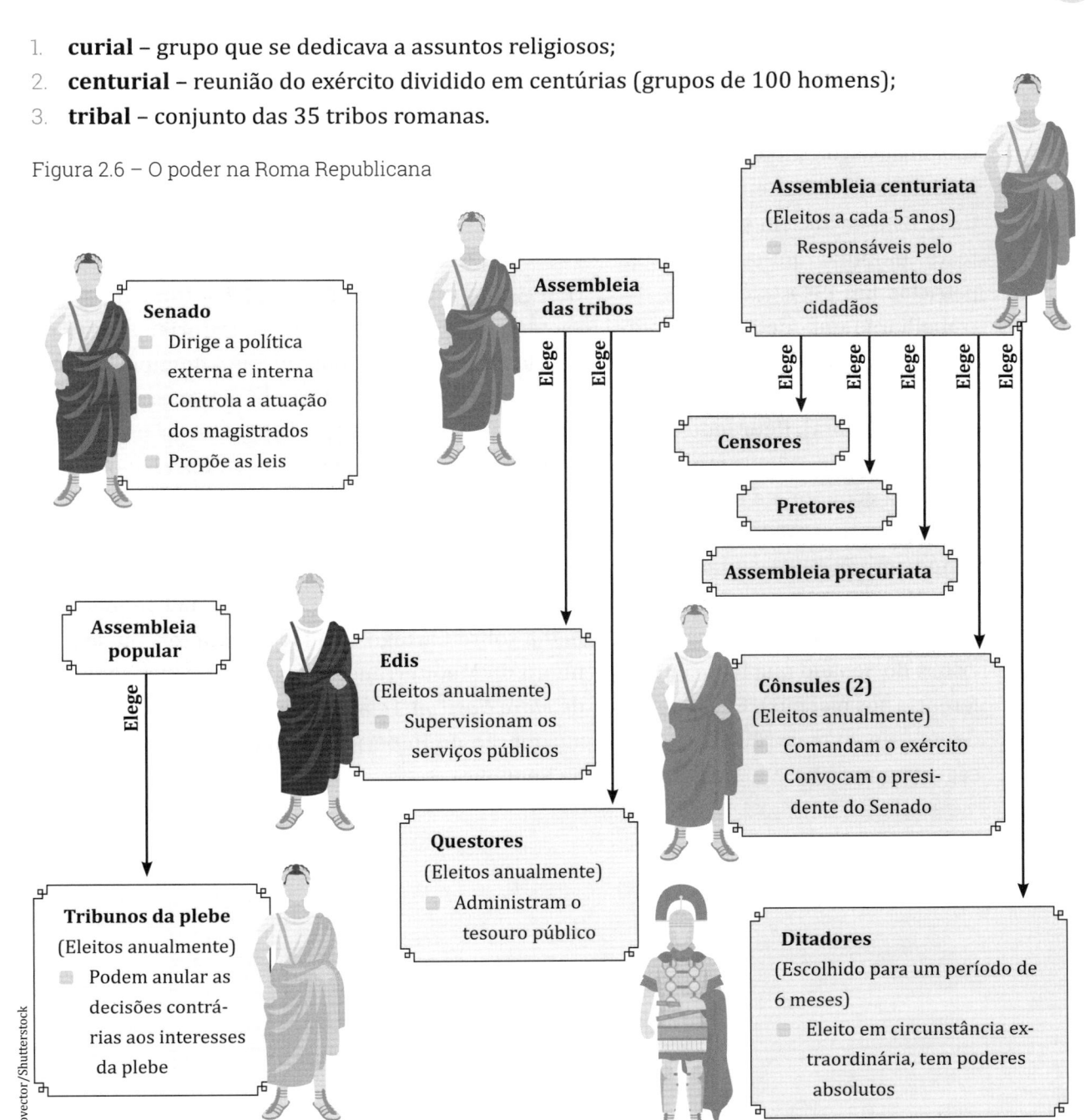

1. **curial** – grupo que se dedicava a assuntos religiosos;
2. **centurial** – reunião do exército dividido em centúrias (grupos de 100 homens);
3. **tribal** – conjunto das 35 tribos romanas.

Figura 2.6 – O poder na Roma Republicana

Senado
- Dirige a política externa e interna
- Controla a atuação dos magistrados
- Propõe as leis

Assembleia das tribos

Assembleia centuriata
(Eleitos a cada 5 anos)
- Responsáveis pelo recenseamento dos cidadãos

Censores

Pretores

Assembleia precuriata

Assembleia popular

Edis
(Eleitos anualmente)
- Supervisionam os serviços públicos

Cônsules (2)
(Eleitos anualmente)
- Comandam o exército
- Convocam o presidente do Senado

Questores
(Eleitos anualmente)
- Administram o tesouro público

Tribunos da plebe
(Eleitos anualmente)
- Podem anular as decisões contrárias aos interesses da plebe

Ditadores
(Escolhido para um período de 6 meses)
- Eleito em circunstância extraordinária, tem poderes absolutos

Grande parte da sociedade romana, leia-se *a plebe*, era marginalizada. Por isso, cansados de trabalhar, pagar impostos e não ter acesso às decisões e papéis políticos, os plebeus, em sinal de protesto, mobilizaram-se contra os patrícios. Em 494 a.C., deixaram de trabalhar, o que afetou imediatamente a economia local (na época, os plebeus ainda eram a principal mão de obra). Retirando-se ao Monte Sagrado, exigiram participação na economia e no exército e representação política. Com isso, conquistaram representação por meio dos Tribunos da plebe (que tinham direito de veto sobre as decisões do Senado que fizessem referência aos plebeus). Em 450 a.C., depois de outras revoltas, conseguiram aprovar a Lei das Doze Tábuas (compilação de leis romanas) e, na sequência, as Leis Licínias (que lhes dava direito sobre as terras conquistadas, e assegurava que um dos cônsules deveria ser plebeu) e Canuleia (que permitiu o casamento entre patrícios e plebeus).

2.4.2.2 Expansão territorial

O segundo momento da República Romana foi caracterizado pelas conquistas territoriais. Entre os séculos V e III a.C., Roma iniciou o domínio sobre a Península Itálica. Em seguida, voltou-se em direção ao sul, com o objetivo de conquistar o comércio no Mar Mediterrâneo. O principal obstáculo, no entanto, era Cartago (antiga colônia fenícia no norte da África). As guerras pela posse da Sicília e o domínio do Mediterrâneo ficaram conhecidas como *Guerras Púnicas* (264 a.C.-146 a.C.). Depois da conquista romana sobre Cartago, a cidade latina tornou-se a senhora do Mediterrâneo, que passou a ser chamado de *Mare Nostrum* (Mar Nosso). Observe, no Mapa 2.4, a extensão do Império Romano nessa segunda fase da República.

Mapa 2.4 – Bacia Mediterrânea: *Mare Nostrum*

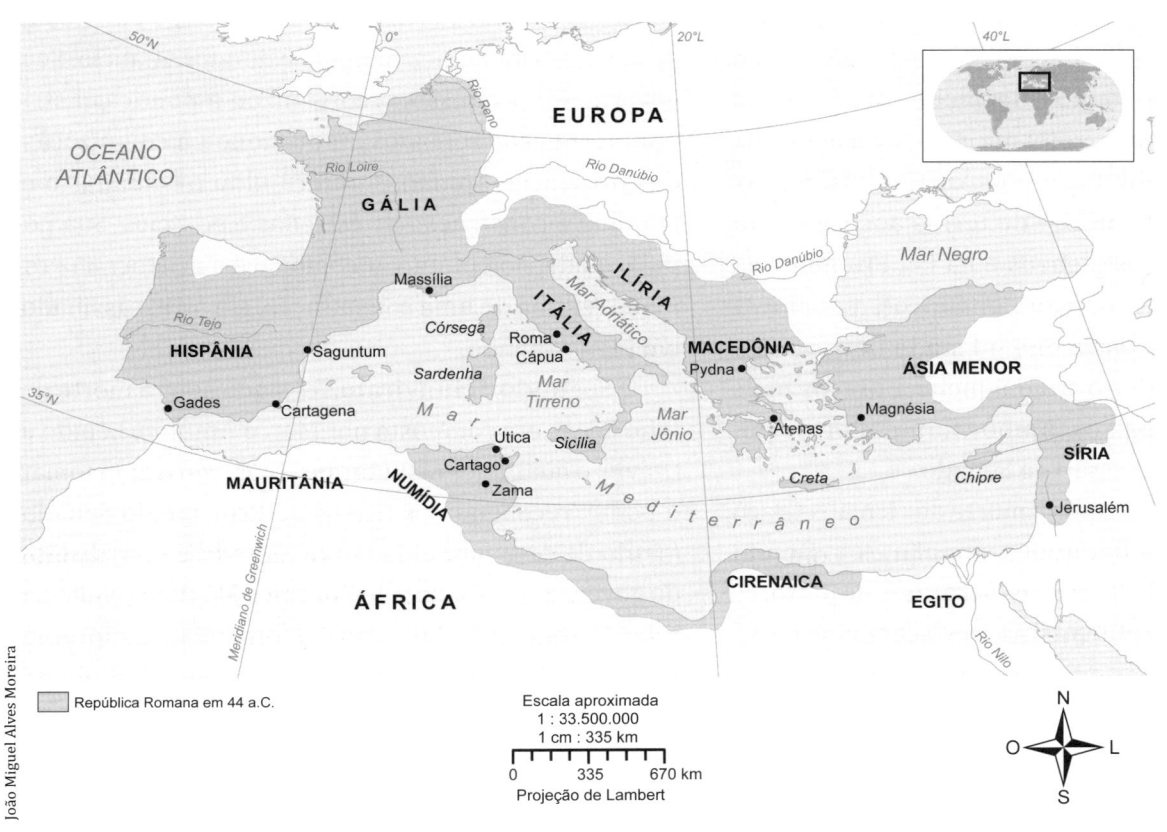

Fonte: República..., 2018.

Esse processo de expansão acarretou profundas mudanças, tanto negativas quanto positivas. Por exemplo, proporcionou inúmeras riquezas para Roma, tais como: escravos, ouro, prata, víveres e animais de várias espécies. No entanto, todo esse fausto também ocasionou, além do empobrecimento da plebe e do êxodo rural, a ruína dos pequenos proprietários de terra, impossibilitados de concorrer com a produção vinda de fora e com os que se utilizavam do trabalho escravo.

Em 326 a.C. a escravidão por dívida foi abolida; então, a mão de obra escrava originária das conquistas romanas tornou-se fundamental para a economia. Esse clima, em parte favorável, em parte hostil à plebe e aos escravos, provocou revoltas, como a de Spartacus (73 a.C.-71 a.C.).

A intensidade do momento provocou a crise do final da República. Os irmãos Tibério e Caio Graco, tribunos da plebe, propuseram uma reforma social baseada na limitação dos latifúndios, na distribuição de terras aos camponeses plebeus e na Lei Frumentária (proposta por Graco), a qual estipulava que o Estado deveria vender o trigo à plebe a preços mais baixos. Ambos foram mortos por pressão do Senado.

Após a morte dos irmãos Graco, a República se polarizou. De um lado, os **aristocratas** e, de outro, os **reformistas**. Destacaram-se nesse período o general Mário, defensor da plebe, e o general Silas, defensor dos conservadores. Durante as guerras, eles garantiram a lealdade de seus soldados distribuindo o espólio obtido nas con-quistas. A instabilidade aumentou após a abdicação de Silas, em 79 a.C., abrindo caminho para os triunviratos (governos de três pessoas).

Em 60 a.C., o Senado elegeu o **Primeiro Triunvirato**, composto por Pompeu, Crasso e Júlio César. O mais influente chefe militar da época, Júlio Cesar, assumiu quase todos os poderes em Roma. Entre suas conquistas estão a Gália e o Egito de Cleópatra, soberana que foi sua amante. César chegou ao posto de cônsul, tribuno permanente e ditador vitalício. Seu governo foi promissor: reorganizou a política, distribuiu terras aos soldados, impulsionou a colonização das províncias romanas, reformulou o calendário e ampliou a construção de estradas e edifícios. Sua popularidade, no entanto, incomodava a aristocracia romana. Vítima de uma conspiração, ele foi assassinado em pleno Senado.

O **Segundo Triunvirato**, formado após a morte de Júlio César, era composto por Marco Antônio, Lépido e Otávio, o qual, após disputas internas, conseguiu tomar o poder, recebendo os títulos de Príncipe do Senado (título de primeiro cidadão do Estado e com direito de governar o Senado), de Pontífice Máximo (chefe da religião romana) e Imperador (comandante supremo dos exércitos). Em 27 a.C., Otávio recebeu o título de Augusto, conferido apenas aos deuses. Era o início do Império Romano.

2.5 Roma Antiga: Império

O último período da história de Roma Antiga pode ser dividido em Alto Império (séculos I a.C. a III d.C.) e Baixo Império (século III a V).

Otávio Augusto preocupou-se com as obras públicas e, por isso, foi durante seu reinado que as mais magníficas edificações de Roma foram construídas. Em seu governo, organizou a distribuição de trigo à população e promoveu espetáculos públicos de circo, daí o nome *política de pão e circo*. Além disso, criou a guarda pretoriana, com o objetivo de aumentar a segurança da população e do imperador. Graças às medidas adotadas por ele – como a extensão da cidadania romana às províncias do Império e o aperfeiçoamento administrativo dessas localidades, além da organização e da ampliação do exército –, um longo período de paz foi conquistado: a chamada *Pax romana*, que durou por dois séculos após seu governo.

Entre parênteses
Política de pão e circo

Na Roma antiga, no início do período imperial, aumentou o número de desocupados oriundos do campo, pois o inchaço da população de escravos decorrente das grandes conquistas romanas fez decrescer o uso de mão de obra camponesa e plebeia. Além disso, a pequena agricultura local não dava mais conta de concorrer com a produção dos grandes latifúndios e com os produtos vindos de fora, das fronteiras mais longínquas do Império. A massa de desocupados, a plebe sem emprego, aumentou vertiginosamente. Essa população com direito a voto somava cerca de 200 mil pessoas e precisava ser contida, pois estava migrando velozmente para a cidade.

Os políticos poderosos trataram de fazer esse controle distribuindo a essa plebe urbana pão (trigo a preço baixo) e circo (espetáculos de gladiadores, jogos, torneios e corridas de biga). Com o passar do tempo, em torno de 200 dias do ano tornaram-se feriados, garantindo o divertimento público.

Hoje, a historiografia revê a ideia de que a plebe simplesmente cruzou os braços e viveu sem nenhum outro tipo de trabalho ou mesmo sob total controle. Trabalhos mais recentes debatem com a historiografia clássica sobre o tema. Ressaltamos, no entanto, a importância dessa jogada política e que, de certa forma, ela foi um relevante meio de controle da população.

Segundo as pesquisas do historiador Michael Parenti (2005, p. 211), referentes às formas de sobrevivência,

> *Diferentemente da imagem propagada por historiadores de ontem e hoje, os beneficiários das doações não viviam como parasitas, do "pão" que recebiam – na realidade uma magra ração de trigo ou milho usada para fazer pão e sopa. O homem (e a mulher) não vive só de pão, nem mesmo no nível psicológico mais simples. Os plebeus precisavam de dinheiro para o aluguel, para a roupa, para o óleo de cozinha e para as necessidades. A maioria precisava arranjar trabalho, por mais irregular e mal renumerado que fosse. A doação de pão era um suplemento necessário, a diferença entre sobrevivência e*

inanição, mas nunca chegou a ser o sustento completo que permitisse a alguém ficar à toa.

Da mesma maneira, para a historiadora Regina Maria Bustamante (2005, p. 229), os espaços de espetáculo sugeriam controle, mas, ao mesmo tempo, permitiam o encontro da massa e suas possíveis manifestações:

Não poderia haver meio melhor de enfatizar a importância dos espetáculos do que colocá-los no mesmo nível que a comida. A assistência aos jogos passou a fazer parte da ciuitas romana, sendo um dos direitos de cidadania romana, ao lado do abastecimento alimentar. O governo imperial em Roma gastava somas fabulosas, visando distrair o povo e evitar certos tipos de problemas políticos, ameaçadores à estabilidade do regime. Entretanto, tal perspectiva passiva do espectador e o efeito "entorpecedor" dos espetáculos devem ser relativizados, pois os jogos também podiam se constituir em um espaço de manifestação das manifestações populares, pressionando as autoridades no atendimento de suas exigências, na medida em que as assembleias foram sendo esvaziadas de poder e tornaram-se apenas formalidades na época imperial.

Após o ano 250, o Império romano passou a viver várias crises. Em 313, o cristianismo, religião que não era tolerada pelos imperadores, deixou de ser proibida graças ao Édito de Milão. A parca expansão territorial também aumentou a crise, pois, sem conquistas de novas terras, passou a haver poucos escravos, responsáveis pela grande parte da produção agrícola e pela defesa. Rebeliões nas províncias e ondas de invasões bárbaras (primeiramente pacíficas e depois mais violentas) abalaram a civilização romana.

Para superar a situação, alguns imperadores dos séculos III e IV tomaram as seguintes atitudes:

- Diocleciano (284-385) estabeleceu a Lei do Máximo (crise de preços) e a Tetrarquia (2 augustos e 2 césares);
- Constantino (313-337) promulgou o Édito de Milão (liberdade de culto aos cristãos), Constantinopla (segunda capital) e instituiu a Lei do Colonato (tentativa de resolver crise do escravismo. O colono era quem vivia na cidade e estava retornando ao campo, colocando-se sob proteção de um grande proprietário em troca do trabalho, produtos ou arrendamento);
- Teodósio (378-395) tornou o cristianismo a religião oficial e dividiu o Império em Ocidental (capital em Roma) e Oriental (capital em Constantinopla).

No Mapa 2.5, podemos observar a extensão do Império Romano à época de seu declínio e invasão. Observe a divisão em Ocidente e Oriente e as tribos bárbaras acima das fronteiras do Império Romano.

Mapa 2.5 – Invasões bárbaras sobre o Império Romano

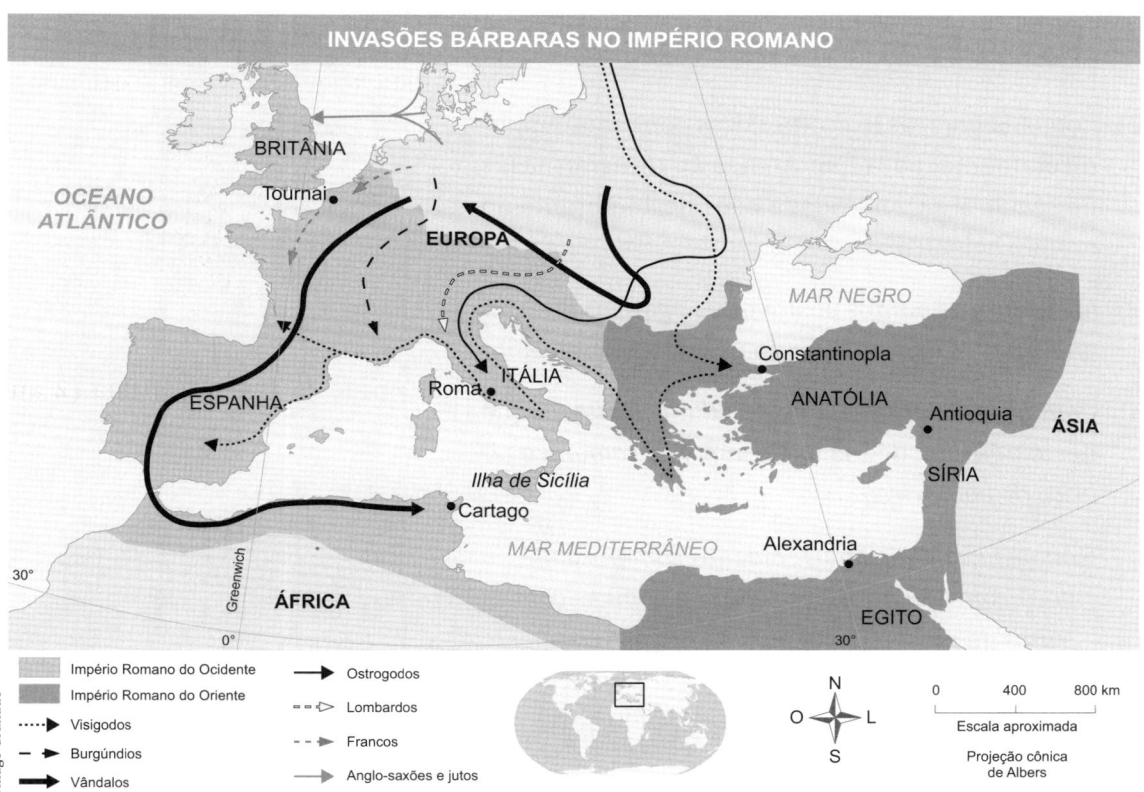

INVASÕES BÁRBARAS NO IMPÉRIO ROMANO

Legenda:
- Império Romano do Ocidente
- Império Romano do Oriente
- Visigodos
- Burgúndios
- Vândalos
- Ostrogodos
- Lombardos
- Francos
- Anglo-saxões e jutos

Fonte: Elaborado com base em Brasil, 1967.

Em 476, os germanos derrubaram o imperador Rômulo. Era o fim do Império Romano do Ocidente. No lugar desse vasto Império surgiram vários reinos bárbaros. Era a composição de um novo mundo em formação.

Luz, câmera, reflexão

TROIA. Direção: Wolfgang Petersen. EUA: Warner Bros. Pictures, 2004. 155 min.

GLADIADOR. Direção: Ridley Scott. EUA: Columbia Pictures do Brasil, 2000. 154 min.

Atividades

1) Apresente as diferenças entre Esparta e Atenas. Depois, formule um parágrafo, historicamente correto, sustentando a ideia de que sua formação inicial foi responsável pela composição da cidade e pela organização política.

2) Como as guerras greco-pérsicas contribuíram, indiretamente, para que Atenas se transformasse, no século V a.C., na cidade mais deslumbrante do mundo helênico?

3) Apresente os pontos positivos e negativos das conquistas romanas no final do período republicano.

4) Com base na citação a seguir e no conteúdo que deste capítulo, defina os termos *Pax romana* e *política de pão e circo*.

   Augusto conquistou os soldados com presentes, o povo com pão barato, e todos os homens com os frutos da paz. Assim tornou-se progressivamente mais poderoso, congregando em si as funções do Senado, dos magistrados e das leis. (Tácito)

5) Como tentativa de salvaguardar o Império e superar a crise secular, os últimos imperadores instituíram reformas e promulgaram éditos. Comente sobre as políticas de Constantino e Teodósio. Depois, disserte sobre como esses éditos ajudaram a minimizar as revoltas no Império e qual a possível relação deles com o cristianismo.

capítulo três

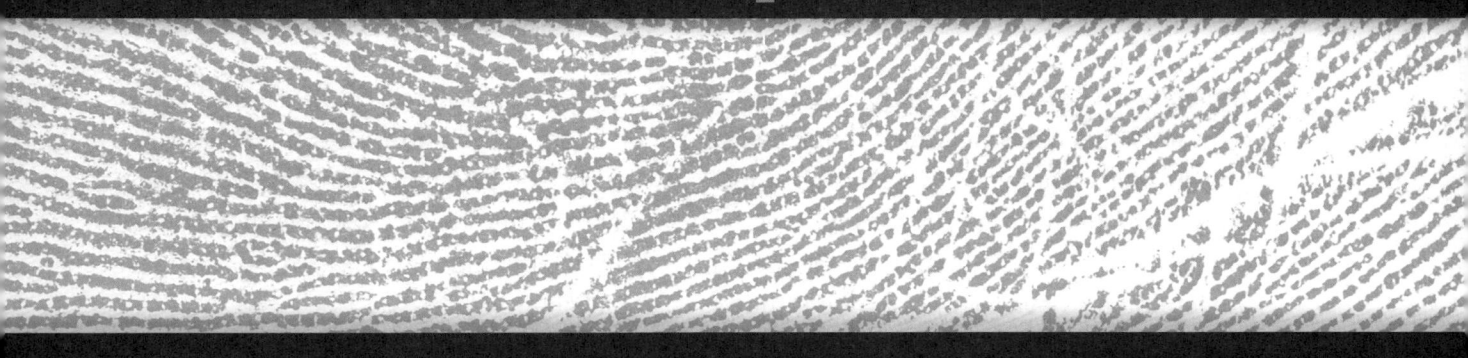

Idade Média

Epidemia é o nome dado ao aparecimento e difusão rápida e passageira de uma doença, seja ela infectocontagiosa ou não, que atinge um grande número de pessoas ao mesmo tempo. Na Europa do final da Idade Média, a peste negra devastou povoados inteiros e foi uma das causas da decadência feudal. Contemporaneamente, são consideradas epidemias doenças como a Síndrome de Imunodeficiência Adquirida (AIDS) e o Ebola, ou mesmo a malária e a dengue.

Entre aspas

Aedes e as epidemias atuais

O Brasil e outros países vivem uma epidemia emblemática, as doenças transmitidas pelo vetor Aedes aegypti. Não raramente nos deparamos com opiniões e informações confusas e, por vezes, equivocadas, que rapidamente são disseminadas pelas redes sociais.

O enfrentamento da atual situação engloba mobilização de toda a sociedade, envolvendo ações conjuntas para o controle deste vetor, assistência adequada às pessoas infectadas, e, sobretudo o investimento maciço em pesquisas.

[...]

Estamos diante do aumento expressivo da ocorrência de doenças já conhecidas, como febre amarela, dengue e febre chikungunya, mas, sobretudo diante da ocorrência da infecção pelo zika vírus e a recente associação com a microcefalia congênita e síndromes neurológicas. Trata-se de uma emergência de saúde pública. Um desafio para o sistema de saúde, para a comunidade científica e para a população brasileira.

Centro de Tecnologia em Saúde (Cetes) da Faculdade de Medicina da UFMG. Produzido para divulgação do seminário "Simpósio Aedes e as Epidemias Atuais: Realidade, Possibilidades e Ações", 2016.<https://www.medicina.ufmg.br/contraoaedes/index.php>

Fonte: Aedes..., 2016.

Neste capítulo, estudaremos o longo período de mil anos denominado *Idade Média*, buscando compreender a formação e a organização do feudalismo entre os séculos V e XI e, por fim, seu processo de decadência, nos séculos XII a XV.

O longo período medieval, que se convenciona registrar entre 476 e 1453, sofreu inúmeras transformações econômicas, políticas e culturais. Por isso, os historiadores propuseram a seguinte subdivisão: Alta Idade Média (séculos V ao X) e Baixa Idade Média (séculos XI ao XV).

Durante muito tempo, o período medieval foi conhecido como *Idade das trevas* – conceito forjado por Christoph Keller, pedagogo alemão do século XVII. Para ele, o período intermediário entre a Antiguidade e a Idade Moderna nada produziu, teria sido um retrocesso (O último..., 2015). No entanto, atualmente, muitos historiadores apontam em suas pesquisas que houve uma variedade de produções culturais na Idade Média. Então, aqui, você poderá identificar algumas delas e entender como esse período se constituiu, de modo que compreenda melhor aquela época e tire suas próprias conclusões.[i]

3.1 Alta Idade Média: povos bárbaros e Império Carolíngio

Os povos germânicos, um dos principais povos bárbaros, dividiam-se em diversos grupos, tais como anglos, saxões, visigodos, ostrogodos, vândalos, francos, suevos, lombardos, alamanos, hérulos, burgúndios.

Em grande parte, viviam em agrupamentos pequenos, chefiados por líderes de caráter militar, e sobreviviam graças à pesca, à caça e aos saques. Não dominavam a escrita (eram ágrafos) e se organizavam legalmente a partir de direito consuetudinário (costumeiro).

Depois de um longo processo em que se intercalaram migrações e invasões, esses povos bárbaros se instalaram nas terras que antes pertenciam ao Império Romano e lá formaram vários reinos independentes. As disputas internas e o deslocamento constante resultaram no fim de vários deles. No entanto, um se destacou e prosperou: o reino franco.

Clóvis foi o rei que iniciou a dinastia merovíngia e estabeleceu a capital do reino em Paris. Sua ascensão ao poder no século V ajudou a conquistar um vasto território, seja por guerras, seja por alianças, como foi seu casamento com Clotilde, princesa do Reino da Burgúndia (Borgonha). Graças à esposa devota, o rei estabeleceu uma sólida aliança com a Igreja cristã quando se converteu, em 496. Após sua morte, o reino foi dividido e passou por disputas internas, sendo governado pelos chamados *reis indolentes*, que enfraqueceram seu poder e deram passagem ao poder do prefeito do palácio ou mordomo do paço. Um deles, Carlos Martel, destacou-se por ter barrado o avanço árabe na Europa Ocidental, em 732, fato conhecido como *Batalha de Poitiers*.

Com a morte de Carlos Martel, seu filho, Pepino, o Breve, deu um golpe e iniciou uma nova dinastia, denominada mais tarde de *carolíngia*.

Em 768, Carlos Magno assumiu o Reino Carolíngio, iniciando uma política expansionista que conquistou territórios na Península Itálica e estabeleceu a chamada *Marca Hispânica* – limite com o domínio muçulmano, no sul dos Pirineus. Além disso, o rei impôs seus domínios sobre os saxões, na Germânia. Para controlar todo esse território, Carlos Magno usou de uma forte administração, estabelecendo uma série de obrigações de homem a homem, baseadas em laços de fidelidade. Oferecia terras, ou benefícios, em troca de ajuda militar, criando as chamadas *marcas*, *condados* e *ducados*.

[i] *"Em 1688, o historiador luterano alemão Christoph (Keller) Cellarius, no segundo tomo de sua História universal, define a primeira Idade Média como o período que vai do imperador Constantino até a tomada de Constantinopla pelos turcos em 1453. A expressão, ou expressões equivalentes ou vizinhas, acabou por triunfar entre os filósofos do século XVIII, de Leibniz a Rousseau."* (O último..., 2015).

Esses territórios eram fiscalizados pelos *missi dominici* (enviados do senhor ou inspetores reais), funcionários que garantiam que os condes se mantivessem fiéis ao rei, assegurando que fossem cumpridas, nos quatro cantos do reino, as decisões de Carlos Magno. Para se certificar de que isso realmente ocorria, o rei estabeleceu também as Capitulares, leis imperiais que foram as primeiras escritas na Idade Média.

Carlos Magno recebeu apoio da Igreja e garantiu a expansão do cristianismo. Sua coroação, em 800, deu início ao Império Carolíngio e se tornou o símbolo dessa aliança. Sob o olhar dos presentes na cerimônia, o Papa Leão III assim declarou: "A Carlos Augusto, coroado por Deus, grande e pacífico imperador dos romanos, vida e vitória!".

A estabilidade de seu governo permitiu ao rei incentivar o desenvolvimento das artes em geral. O período em que isso ocorreu ficou conhecido como *Renascimento Carolíngio*. Para tanto, mandou construir a Escola Palatina e, com o intuito de estimular a atividade intelectual, estabeleceu que os mosteiros formassem sábios e preservassem a cultura greco-romana com base no estudo e na cópia de obras de filosofia, medicina, arquitetura e astronomia.

Carlos Magno morreu em 814 e, depois disso, o reino foi governado por Luís, o Piedoso. Posteriormente, três herdeiros disputaram os domínios do Império, e o Tratado de Verdun definiu a partilha em três reinos menores. A fragmentação ampliou o poder dos grandes proprietários de terra e diminuiu as influências do rei, e essa autonomia política é uma das características do feudalismo.

3.2 Alta Idade Média: surgimento do feudalismo na Europa

A constituição do sistema feudal na Europa aconteceu por volta do século VIII. Entre os séculos V (queda do Império Romano do Ocidente) e VIII, houve a formação do feudalismo propriamente dito. Nesses três séculos, aconteceu a deterioração da civilização romana e o surgimento dos reinos bárbaros e do Império Carolíngio no território antes ocupado pelo Império Romano. A posterior fragmentação do Império Carolíngio, aliado ao poder crescente dos proprietários de terra, ajudou a forjar o sistema feudal. Portanto, o poder dos vários senhores, proprietários de terra, que contavam com exércitos particulares, passou a ser maior. Eles fortificaram seus castelos, fizeram leis próprias e exploraram seus servos ou camponeses.

> **Então, o que formou o feudalismo?**
>
> Com a crise do Império Romano, no século IV, foi criado o **colonato**, ou seja, como os grandes proprietários de escravos precisavam manter a produção e o número de escravos era cada vez menor, foi necessário que aqueles que ainda existiam tivessem uma condição jurídica melhor: eles passaram a ser colonos. Além disso, grande número de plebeus empobrecidos saiu da cidade em busca de alimentos, de uma vida melhor e de proteção, não mais garantida pelo Estado. Essas novas relações sociais podem ser observadas na Lei do Colonato.
>
> Ainda, uma progressiva integração do modo de vida romano aos costumes e tradições dos bárbaros germânicos nos séculos seguintes ajudou a constituir uma nova forma de organização política, social e econômica. Um dos costumes bárbaros adotados foi o *comitatus*, ou companheirismo, laço de fidelidade e lealdade que unia o chefe germano a seu guerreiro em um campo de batalha.
>
> O colonato, de origem romana, que criou uma aproximação entre as pessoas e a terra, originou também as futuras relações estabelecidas entre servos e senhores feudais. Por outro lado, o *comitatus* foi a origem das relações de fidelidade homem a homem entre dois senhores feudais, dois nobres, definidas como *suserania e vassalagem* (suserano era aquele que doava a terra, e vassalo, aquele que a recebia).

Dessa maneira, surgiu um novo modelo de organização social, política e econômica que conjugava elementos da cultura romana, da cultura cristã e das tradições germânicas. Então, é hora de analisarmos como funcionou o feudalismo europeu.

3.3 Alta Idade Média: o sistema feudal

O sistema feudal foi um modo de produção que, assim como os demais, articulou estruturas econômicas, sociais e políticas. A base da economia feudal era a agricultura, e quase toda a produção acontecia dentro do feudo. Existiam moedas, mas elas eram pouco utilizadas e, por isso, o mais comum eram as trocas.

De acordo com Le Goff (2005, p. 84), feudalismo

> *é um conjunto de laços pessoais que unem entre si, hierarquicamente, os membros das camadas dominantes da sociedade. Tais laços apoiam-se numa base real: o benefício que o senhor concede a seu*

vassalo [...]. Em sentido estrito, o feudalismo é a homenagem [cerimônia de juramento de fidelidade entre vassalo e suserano] e o feudo.

O feudo, naquele período, era a unidade básica de produção. Centenas desses domínios se espalhavam pela Europa Ocidental e havia senhores feudais que eram proprietários de vários deles. O tamanho de cada um variava e eram divididos nas seguintes partes:

- **manso senhorial** – terras do feudo que pertenciam ao senhor feudal, onde ficavam o castelo e sua terra arável (cultivada, alguns dias da semana, pelos servos);
- **manso servil** – onde ficavam as terras cultivadas pelos servos, as tenências, além das vilas ou aldeias;
- **manso comum** ou **terras comunais** – composto de celeiros, fornos, açudes, pastagens e uma igreja.

A terra cultivável era dividida em três partes. Os campos de plantio da primavera, de plantio no outono e outro para pouso ou descanso. Esse sistema ficou conhecido como *sistema de três campos*.

Figura 3.1 – Estrutura do feudo

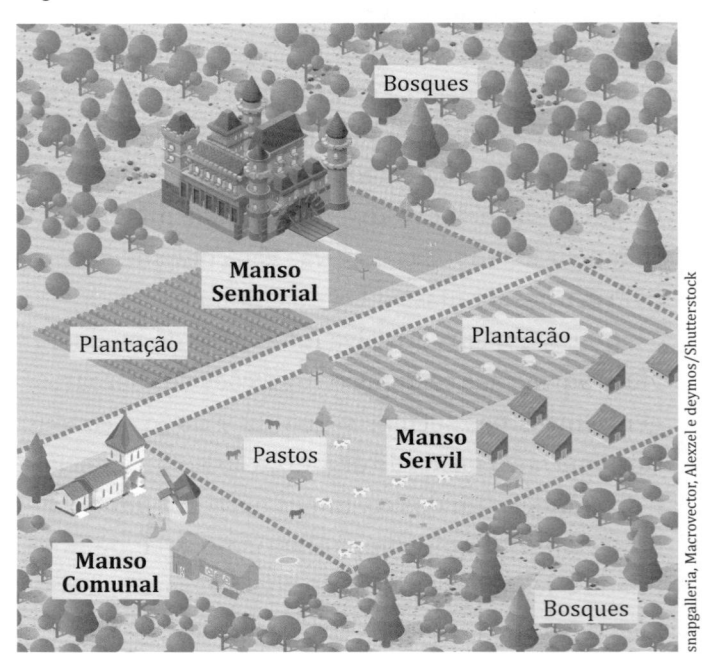

A sociedade feudal era extremamente hierárquica e imóvel, ou seja, a condição de nascimento do indivíduo determinava o que ele seria por toda a vida. Além disso, era também uma sociedade estamental, isto é, dividida em ordens ou estamentos: no topo da pirâmide social estava o **clero**, depois a **nobreza** (composta por senhores feudais, dividia-se em duques, condes, barões e marqueses) e por fim os servos (camponeses) e os vilões.

Figura 3.2 – Três ordens ou estamentos: clero, nobreza e servo

CLERO, nobreza e servo representando as três classes. Ilustração da Escola Francesa de Li Livres dous Santé, final do século XIII. Biblioteca Britânica.

Qual era a diferença entre servos e vilões?

Os servos não tinham propriedade ou posse da terra e viviam nas dependências do senhor feudal. O vilão descendia de pequenos proprietários que, em troca de proteção, entregavam suas propriedades. Além de livres, suas obrigações eram mais brandas que as dos servos.

A relação servil envolvia uma série de obrigações que garantiam ao servo o direito de viver na propriedade do senhor, entre elas:

- **talha** – entrega de parte da produção agrícola ou pecuária ao senhor feudal;
- **corveia** – obrigação servil de trabalhar alguns dias da semana nas terras do senhor feudal;
- **banalidade** – taxa pela utilização do equipamento do senhor como forno, moinho etc.

Por sua vez, a relação entre dois senhores feudais, denominada *suserania e vassalagem*, impunha outras obrigações. Lembre-se de que os senhores feudais governavam seus domínios com total autoridade judicial e militar. O nobre ou senhor que concedia terras a outro nobre era chamado *suserano*, e quem recebia terras, sendo também nobre, era chamado *vassalo*.

Como a sociedade em que viviam era guerreira e essencialmente produtora agrária, ter terras, dominar, viver em guerra e conseguir aliados ou inimigos era comum.

Por isso, a fidelidade e a ajuda mútuas eram fundamentais.

O suserano concedia feudos a outro nobre, seu vassalo, em uma cerimônia solene chamada *cerimônia de homenagem*. Nela, havia o juramento de fidelidade do vassalo (homenagem) e a transmissão do feudo (investidura), instituindo-se seus direitos e deveres:

- O **suserano** devia ajudar militar e juridicamente seu vassalo e podia reaver o feudo que não tivesse herdeiros diretos.
- O **vassalo** tinha direito à proteção e à ajuda militar, mas tinha o dever de pagar resgate se o suserano fosse aprisionado, comparecer ao tribunal do suserano sempre que preciso, ajudar no dote da filha do suserano etc.

Essas práticas sociais e a hierarquia rígida da sociedade eram justificadas pela Igreja.

Entre parênteses

Veja o discurso do Bispo Alalberón de Laon sobre a composição da sociedade que, segundo ele, é um designo de Deus:

A sociedade dos fiéis forma um só corpo; mas o Estado tem três corpos: com efeito, os nobres e os servos se regem pelo mesmo estatuto [...] uns são os guerreiros, protetores das Igrejas; são os defensores do povo, tanto dos grandes como dos pequenos. [...] A outra classe é a dos servos: esta desgraçada raça não possui senão à custa de sofrimento. Dinheiro, vestuário, alimento, tudo os servos fornecem a toda gente; nem um só homem livre poderia subsistir sem os servos. [...] O senhor é alimentado pelo servo, ele, que pretende alimentá-lo. Bispo Alalberón de Laon, séc. XI. (Le Goff, 1984, p. 9-10)

O poder dos senhores feudais dentro de seus domínios era total. Eles aplicavam as leis, faziam a justiça, declaravam guerra, e a maior parcela das decisões políticas e jurídicas cabia a eles. Assim, uma das características do feudalismo era o **poder fragmentado**. Nessa sociedade feudal, a Igreja justificava as posições sociais e a distribuição de "tarefas". Como mandatária de Deus, a Igreja defendia a ideia de que a condição social era definida por nascimento. Quem nascia nobre ou servo morreria nessa condição.

3.4 Alta Idade Média: Igreja cristã

Durante a Idade Média, a Igreja se fortaleceu como instituição e, em grande parte, isso aconteceu em virtude do aumento de territórios adquiridos sobre os povos bárbaros.

A Igreja teve grande importância na articulação das sociedades medievais e conquistou, nesse período, certa unidade cultural. Além disso, seu poder era de ordens temporal (poder material) e religiosa (garantia a fé dos indivíduos). As muitas ordens religiosas e o grande número de fiéis enriqueceram ainda mais a Igreja Católica e, durante a Idade Média, ela se tornou a maior senhora feudal, dona de um terço das terras cultiváveis. O **clero**, por sua vez, era dividido em secular e regular:

- **Secular** – Formado por sacerdotes que não estavam vinculados às congregações religiosas e viviam fora dos mosteiros. Eram geralmente os padres de paróquia. Na hierarquia, acima deles estava o bispo e, depois, o arcebispo. Por fim, no topo da hierarquia eclesiástica estava o papa.
- **Regular** – Constituído por monges que viviam em mosteiros e conventos. As ordens mais importantes eram dos beneditinos, dominicanos, agostinianos, carmelitas e franciscanos. Os mosteiros onde esses homens viviam tornaram-se importantes centros de estudos, de forma que documentos da Antiguidade Clássica foram preservados graças à arte de copiar e conservar manuscritos.

Figura 3.3 – Monge copista

No período medieval, a Igreja procurava manter a coesão de seus fiéis e a crença em seus dogmas. Toda manifestação contrária era vista como heresia (ação ou opção discordante). Algumas comunidades que tinham crenças diferentes eram denunciadas e castigadas pelos tribunais da Inquisição.

> A Inquisição (ou Santo Ofício) combatia os heréticos em nome da fé católica e foi oficializada em 1231, no papado de Gregório IX.

3.5 Baixa Idade Média: renascimento comercial e urbano

A partir do século XI, o comércio passou a renascer e mudanças profundas aconteceram na Europa da Baixa Idade Média.

No final do século X, a população da Europa já havia começado a crescer, em razão da melhoria da atividade agrícola. Naquele período, o cultivo recebeu novos incrementos, como o uso da enxada, da foice e do arado, que, antes era de madeira e passou a ser feito de ferro. Também houve melhoria no transporte e na comunicação, como animais com ferraduras nos cascos e peitoral para a tração. Além disso, foram construídos moinhos de água e criadas pontes pênseis sobre os rios. Essas mudanças possibilitaram formar um excedente de produção, que, por sua vez, garantiu uma melhor alimentação e, consequentemente, a diminuição da mortalidade e do crescimento populacional.

Assim, uma parcela da população que vivia no campo migrou para as novas cidades e vilas que estavam florescendo ou procurou terras para plantar em áreas mais distantes.

A atividade comercial também começou a aflorar. A troca de mercadorias entre os feudos e as longas distâncias passaram a abrigar rotas de comércio – essa expansão aconteceu até a crise do século XIV. Em pouco tempo, rotas terrestres, fluviais e marítimas comunicavam boa parte da Europa Ocidental. Por exemplo, os Mares Mediterrâneo, Báltico e Norte tornaram-se importantes eixos econômicos. Na Itália, as cidades de Gênova e Veneza passaram a ser importantes polos do comércio mediterrâneo, bem como houve grande desenvolvimento das feiras comerciais das regiões de Champagne (França), Flandres (França/Bélgica), Colônia e Frankfurt (Alemanha).

Essas novas rotas de comércio fizeram nascer, em seus cruzamentos e percursos, inúmeros povoados e vilas, que, fortificados, originaram os **burgos**. Os habitantes desses locais, comerciantes e artesãos, eram chamados **burgueses**. Esses homens de negócios não tinham relação direta com as imposições e os laços feudais.

Inicialmente, essas cidades pagavam impostos e taxas aos senhores feudais, pois ficavam dentro dos feudos. Com o tempo, compraram sua autonomia, por meio das cartas de franquia e, uma vez independentes, deram origem às **comunas**. Além disso, é importante ressaltar que, com o surgimento da burguesia, a estrutura social também se modificou.

Para organizar a produção e a distribuição das mercadorias, surgiram duas instituições:

1. As **corporações de ofício** atendiam aos artesãos que procuravam regulamentar a profissão e controlar a produção das mercadorias. Nessas corporações, havia três estágios – aprendiz, oficial e mestre.
2. As **ligas de mercadores ou comerciantes** tinham o objetivo de garantir o monopólio do comércio e controlar os preços das mercadorias na localidade ou na região.

Quem era essa nova classe social, a burguesia? O que ela trouxe de tão diferente? Como ela foi incorporando antigos hábitos e, ao mesmo tempo, construindo um gosto próprio?

Segundo Le Goff (1991), os mercadores amam o dinheiro, usufruem de sua influência, têm espírito de inciativa e procuram frutificar o capital. Eles se relacionam com artesãos, fidalgos, barões, príncipes e prelados de todas as categorias. Muitos precisam dele e o procuram com frequência.

1. O dinheiro – o amor ao dinheiro continua sendo sua paixão fundamental.

O mercador, diz Cotrugli, deve governar-se, a si e aos sus negócios, de maneira racional para atingir seu objetivo, a fortuna.

Todos os mercadores, sobre os quais se debruçaram os historiadores da Idade Média, têm esse amor fanático pelo dinheiro, desde os banqueiros de Arras, dos quais Adam de La Halle disse no século XIII: "ali eles amam excessivamente o dinheiro", desde os florentinos, pintados por Dante como "gente cúpida invejosa, orgulhosa", apaixonada pelo florim, essa "flor maldita que extraviou as ovelhas e os cordeiros", até os mercadores tolosanos e ruandeses do século XV. (Le Goff, 1991, p. 84)

No começo, quando a falta de educação artística obrigava os novos-ricos a adotar o gosto das classes dominantes tradicionais e mais tarde quando os mercadores [...] se tornaram cada vez mais desejosos de ingressar na nobreza, suprimir as distâncias entre a antiga aristocracia e a nova que eles queriam constituir, as tendências artísticas burguesas não se distinguiram das da nobreza e da Igreja. Para tornar-se nobre, afirmou-se, o melhor meio era, antes de mais nada, adotar "gênero de vida" nobre. Que domínio, melhor que o da literatura e da arte, oferecia aos mercadores o ensejo para essa assimilação? Foi aí que eles logo puderam imitar as maneiras nobres. Sabemos que Gênova foi 'o centro de difusão da poesia provençal na Itália. Membros das maiores famílias de mercadores genoveses – um Calega Panzano, um Luccheto Gattilusio – cantam e rimam em provençal, naquele dolce stil nuovo no qual se reconheceu uma das formas mais aristocráticas, mais requintadas e mais "estetas" da poesia. (Le Goff, 1991, p. 116)

Todo esse comércio efervescente mudou as características do medievo. Não havia mais apenas os elementos que compunham o feudalismo, e novas possibilidades se abriam. Os antigos senhores feudais já não garantiam sustento e proteção aos servos, a atividade comercial voltara a florescer, a força econômica da burguesia era uma realidade e suas necessidades se conjugavam com a vontade do rei. Desejosa de facilidades, tais como uma moeda única para comercializar, impostos unificados, uma língua que facilitasse o comércio a longas distâncias (uma língua "nacional"), pesos e medidas padrão e proteção, a burguesia aliou-se ao rei. Era o início dos **Estados nacionais**.

Antes de finalizar esta seção, é importante abordar as Cruzadas, que configuram um dos elementos mais marcantes da Baixa Idade Média. Provavelmente você já tenha ouvido falar ou até assistido a algum filme ou documentário sobre esse tema. São muitos. As Cruzadas foram expedições militares que aconteceram entre os séculos XI e XIII, cujo objetivo principal era tirar a Terra Santa do domínio muçulmano. No entanto, além dessa "missão" confessamente cristã, havia outros interesses em jogo.

A burguesia, grupo social que citamos há pouco, via no Oriente uma fonte de riquezas comerciais; os reis, por sua vez, avistavam a expansão de seus territórios; nobres "valentes" tinham o espírito de aventura e de conquista de terras; por fim, havia um número incalculável de homens e mulheres em busca de perdão e possibilidade de sobrevivência.

De acordo com o discurso do Papa Urbano II, em 1095, as Cruzadas foram, para o simples fiel, o perdão absoluto de Deus. Entre 1096 e 1270, aconteceram oito cruzadas ao Oriente Médio, que geraram consequências como: maior empobrecimento dos senhores feudais, reabertura do comércio com o Oriente, ampliação dos contatos culturais da Europa com o Oriente e fortalecimento do poder do rei (em razão do empobrecimento dos senhores feudais).

As mudanças que vieram no século XIV nos deixam às portas da Idade Moderna.

3.6 Crise do século XIV e a peste negra

No final da Idade Média, as pessoas experimentaram momentos de grande tensão e instabilidade relacionados a diversos conflitos bélicos. Por isso, vilas e cidades foram saqueadas, propriedades devastadas e plantações destruídas e roubadas. Esse momento é genericamente denominado *crise do século XV*, na qual a escassez de terras, a falta de servos e o empobrecimento dos senhores feudais foram marcantes. Entre as causas da crise estão a peste negra (1347-1351) e a Guerra dos Cem Anos (1337-1453).

3.6.1 Peste negra

É provável que a peste negra tenha entrado na Europa pela Itália, onde inúmeros navios mercantes chegavam com produtos do Oriente. É provável que a pulga, um dos vetores da doença, tenha sido levada ao território europeu nos porões das embarcações. Sabe-se que a peste era causada por um bacilo, *Pasteurella pestis,* que podia ser transmitido pela picada das pulgas que tivessem tido contato com ratos portadores do bacilo ou de pessoa a pessoa pela tosse, uma vez que outra forma da doença era a pulmonar. A moléstia provocava infecção pulmonar, podendo levar à morte. Seu nome origina-se dos bubões escuros que proliferavam no corpo dos enfermos, além do inchaço nas ínguas. A peste se espalhou de forma epidêmica e calcula-se que um terço da população da Europa tenha morrido. Em grande parte, a doença seguia as rotas comerciais pelo interior do continente e foi dizimando as cidades e, depois, os campos para onde as pessoas procuravam fugir da doença.

Figura 3.4 – Vítimas da peste negra: corpos cheios de bubões (furúnculos negros)

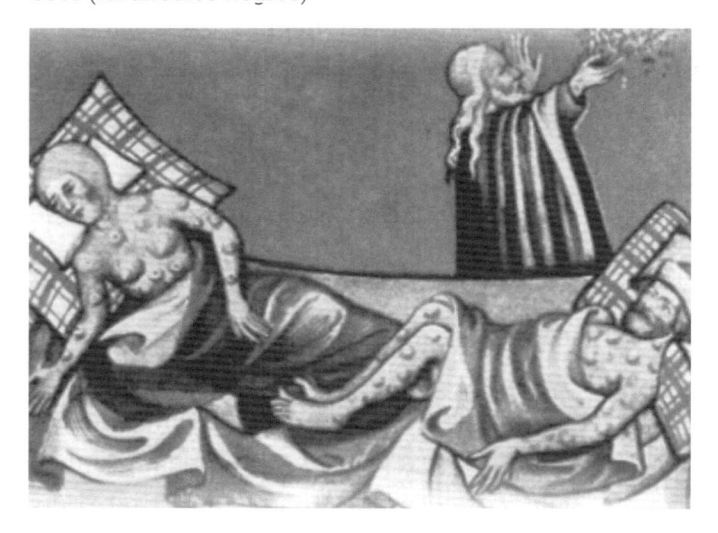

Entre aspas

A grande peste

A doença foi levada para a Europa por ratos e pulgas. Uma em cada três pessoas morreu em menos de cinco anos. Nunca, nenhuma guerra ou catástrofe matou tanta gente em tão pouco tempo: 25 milhões de pessoas

Os sintomas não deixavam dúvidas. Atacada por uma febre de 40 graus, a vítima sentia crescer na virilha ou na axila um inchaço que assumia a forma de um doloroso furúnculo do tamanho de um ovo ou de uma laranja. Insônia e delírios complementavam o mal-estar, fazendo com que o infeliz temesse tanto o sono como o despertar. No segundo ou no terceiro dia, seu corpo estaria tomado por esses bubões. Se tivesse sorte, os caroços se abririam em pus, diminuindo a dor e a febre. Aí surgiriam as manchas pretas na pele.

[...]

Ainda mais rápido que a doença corriam as histórias sobre ela. As primeiras notícias da peste vinham da Ásia, onde ela já fazia vítimas. [...]

[...] no porto de Kaffa, a doença apareceu após um ataque de mongóis da Horda de Ouro. O lugar era frequentado por mercadores genoveses e venezianos, que aportavam seus navios à espera de bons negócios. Sem saber que podiam estar infectados, os marinheiros alçaram velas para retornar à Europa. Passaram por Constantinopla e, em seguida, já abalados pelo efeito epidêmico, rumaram para o porto de Messina, na Sicília.

Além dos homens doentes, o navio transportava ratos. Milhares deles. E, claro, ocultas nos pelos dos roedores, uma impressionante carga de pulgas. Ali, todos foram vetores da contaminação, já que uma vez que chega ao hospedeiro, a peste desenvolve dois tipos de epidemia: a bubônica e a pneumônica. A primeira expande-se pelo sangue, gerando os bubões nas ínguas e as ulcerações pelo corpo. Mas, mantendo-se na corrente sanguínea, só pode ser transmitida pela picada da pulga ou pela mordida do rato. A outra forma, no entanto, invade os pulmões, destruindo-os, provocando a expectoração. Essa forma pode ser transmitida também pelos humanos, já que a cada vez que tossem lançam milhares de bacilos no ar.

A peste negra não era uma completa desconhecida em terras europeias. [...] Dessa vez, porém, ela encontrou um ambiente diferente, muito mais atraente para seu apetite. A população da Europa crescera muito nos séculos anteriores e havia mais gente do que comida disponível. Nos anos que precederam a década de 1340, invernos rigorosos dizimaram as colheitas, aumentando o contingente de famintos.

As más colheitas e a fome concentraram ainda mais gente nas cidades já superlotadas, onde as más condições de habitação e a falta de higiene e asseio contribuiriam para a propagação da peste. [...]

A morte chegou

Foi assim, em cidades sujas e superpovoadas que ratos e pulgas encontraram o ambiente perfeito para espalhar o mal. Do Mediterrâneo, a peste atingiu o norte da África: Alexandria, Cairo, Túnis, Argel, Tânger e do Marrocos para a península Ibérica foi um pulo. O sul da Espanha foi devastado: de Córdoba, na Andaluzia, até Barcelona tudo ficou de pernas para o ar: 290 mil pessoas morreram no reino da Catalunha. Europa adentro, a doença chegou a Roma e Florença. De Marselha, no sul da França [...], rumou para o interior do país mais povoado do continente. Nas ilhas britânicas, a peste desembarcou em Weymouth, no dia 7 de julho de 1348. Insaciável, também por mar ela chegou a Bristol, então a segunda maior cidade do reino, matando 10 mil habitantes. Em Gales, Escócia e Irlanda, a doença só cederia em 1350.

Fonte: Schilling, 2003.

Entre aspas

A palavra "lazareto" – a estrutura pública que abrigava os contagiados pela peste bubônica [...] derivaria de Nazarethum, nome pelo qual era vulgarmente conhecida a Ilha de Santa Maria de Nazaré. Lá, em 1423, a República de Veneza fundou o primeiro lazareto da História. O objetivo: afastar os doentes do convívio da população sadia e combater a peste.

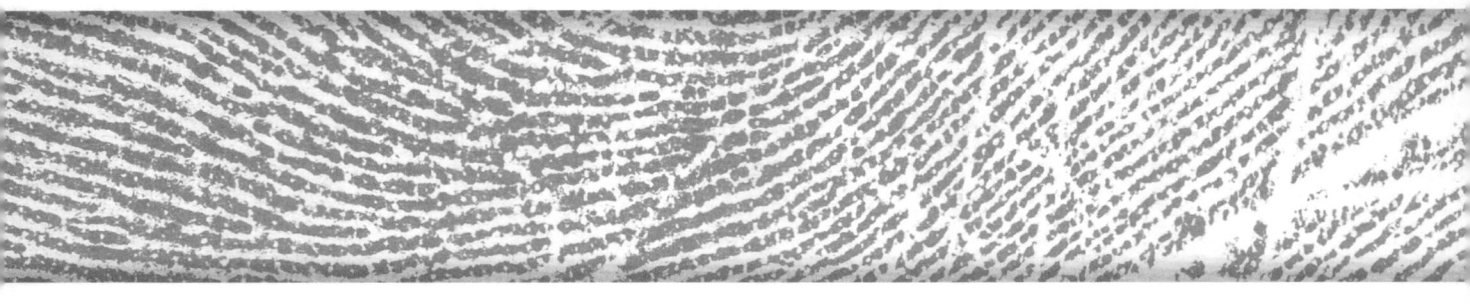

Morte Negra

A peste chegou à Europa vinda da Ásia em 1347. A "Morte Negra" consumiu um terço da população europeia, levando governos a pensar em como proteger suas populações. Algumas cidades criaram estruturas para isolar os contagiados. Veneza, muito exposta às epidemias por causa de seu intenso tráfego comercial e atividades navais, foi a primeira a idealizar um lugar onde colocar os infectados que vinham de países onde a doença estava presente em 40 dias de isolamento total do mundo externo, a chamada "quarentena".

[...]

"Precisamos imaginar os lazaretos mais como prisões do que como hospitais modernos. Quem entrava no lazareto não o fazia quase nunca por vontade própria, mas por ordem judicial, e só sairia se estivesse curado da doença ou morto por ela. E o segundo caso era muito mais frequente do que o primeiro", afirma Sergio Zamperetti, historiador da Universidade Ca' Foscari, de Veneza.

[...] Além disso, capitães dos navios e marinheiros foram envolvidos nas políticas de prevenção, com a ordem de recolher qualquer notícia que pudesse levantar a suspeita de casos de peste a bordo.

Em caso positivo, as embarcações teriam que se manter em isolamento antes de desembarcar tripulação, passageiros e mercadorias. [...] Tudo isso trazia custos elevados para os cofres públicos, mas os políticos preferiam gastar com prevenção e tornar o tráfego comercial mais lento a enfrentar a hecatombe econômica e demográfica provocada pela epidemia.

Logo o modelo do lazareto foi replicado em outras ilhas da lagoa vêneta. A morfologia favorável permitiu aos governantes venezianos ordenar a construção de uma rede de abrigos divididos entre casos suspeitos da doença, outro para doentes efetivos e um terceiro para as mercadorias, estocadas em um galpão separado para não juntá-las com produtos "sadios".

[...]

Fora dos muros

Durante os surtos, os lazaretos se enchiam rapidamente de doentes – que se tornavam cadáveres em poucos dias. Em muitos casos, as precárias condições higiênicas dos lazaretos favoreciam, e não evitavam, o contágio. Até os médicos acabavam afetados pela doença, contaminando a população sadia.

Foi justamente a necessidade de prevenir os contágios que fez com que os lazaretos fossem construídos fora das cidades. De preferência em lugares isolados e de difícil acesso. As ilhas perto dos portos foram as preferidas.

Fonte: Cauti, 2017.

3.6.2 Guerra dos Cem Anos

A Guerra dos Cem Anos, disputa entre a França e a Inglaterra, foi ocasionada pela sucessão dinástica francesa e pelo domínio da região de Flandres, rica na manufatura de lã. Em períodos diferentes, os dois países obtiveram vitórias, até que os franceses saíram vencedores. A longa guerra prejudicou a vida econômica dessas localidades e foi um dos fatores de empobrecimento da nobreza feudal. Por outro lado, solidificou as monarquias locais e ajudou na formação desses novos países.

Luz, câmera, reflexão

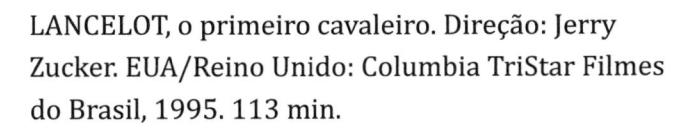

LANCELOT, o primeiro cavaleiro. Direção: Jerry Zucker. EUA/Reino Unido: Columbia TriStar Filmes do Brasil, 1995. 113 min.

CRUZADA. Direção: Ridley Scott. EUA/Reino Unido/Espanha/Alemanha: Fox Filmes do Brasil, 2005. 144 min.

O NOME da rosa. Direção: Jean-Jacques Annaud. Alemanha: Constantin Film, 1986. 130 min.

Atividades

1) Quais foram os principais fatos que caracterizaram o Império Carolíngio, sob o governo de Carlos Magno?

2) Qual é a relação do Império Carolíngio com a formação do feudalismo?

3) Leia os textos a seguir e responda às questões propostas.

A maioria das terras agrícolas da Europa ocidental e central estava dividida em áreas conhecidas como "feudos". Um feudo consistia apenas de uma aldeia e as várias centenas de acres de terra arável que a circundavam, e nas quais o povo da aldeia trabalhava. Na orla da terra arável havia, geralmente, uma extensão de prados, terrenos ermos, bosques e pasto. Nas diversas localidades, os feudos variavam de tamanho, organização e relações entre os que os habitavam, mas suas características principais se assemelhavam, de certa forma.

Cada propriedade feudal tinha um senhor. Dizia-se comumente do período feudal que não havia "senhor sem terra, nem terra sem um senhor". [...] Nessa moradia fortificada, o senhor feudal vivia (ou o visitava, já que frequentes vezes possuía vários feudos; alguns senhores chegavam mesmo a possuir centenas) com sua família, empregadas e funcionários que administravam sua propriedade.

Pastos, prados, bosques e ermos eram usados em comum, mas a terra arável se dividia em duas partes. Uma, de modo geral a terça parte do todo, pertencia ao senhor e era chamada seus "domínios"; a outra ficava em poder dos arrendatários que, então, trabalhavam a terra.

Fonte: Huberman, 1982, p. 12.

Com fim de assegurar uma proteção eficaz das terras, o senhor confia uma terra, o feudo, a um vassalo, do qual passa a ser o suserano. Suserano e vassalo têm obrigações recíprocas. O senhor deve proteger seu vassalo e preservar a integridade do feudo. O vassalo deve aconselhar o seu suserano e ajudá-lo militar e financeiramente. Além disso, o vassalo jura fidelidade ao seu suserano através da cerimônia de homenagem. [...].

Por seu lado, um vassalo pode proceder da mesma forma e tornar-se suserano de um outro vassalo, cujo feudo será sempre menos que o seu.

Fonte: Herman, 1981, p. 90.

a) O que era o feudo?
b) Como o feudo era divido?
c) Quais eram os deveres dos suseranos e dos vassalos?
d) Por que era importante a relação de suserania e vassalagem?
e) O que era a cerimônia de homenagem?

4) Analise a gravura a seguir.

Agora, descreva o trabalho e as obrigações do servo durante a Idade Média.

5) O período denominado *Baixa Idade Média* foi caracterizado por profundas mudanças que desestabilizaram o sistema feudal. Apresente as principais diferenças entre o feudalismo, predominante durante a Alta Idade Média, e a organização política, econômica e social que se constituiu.

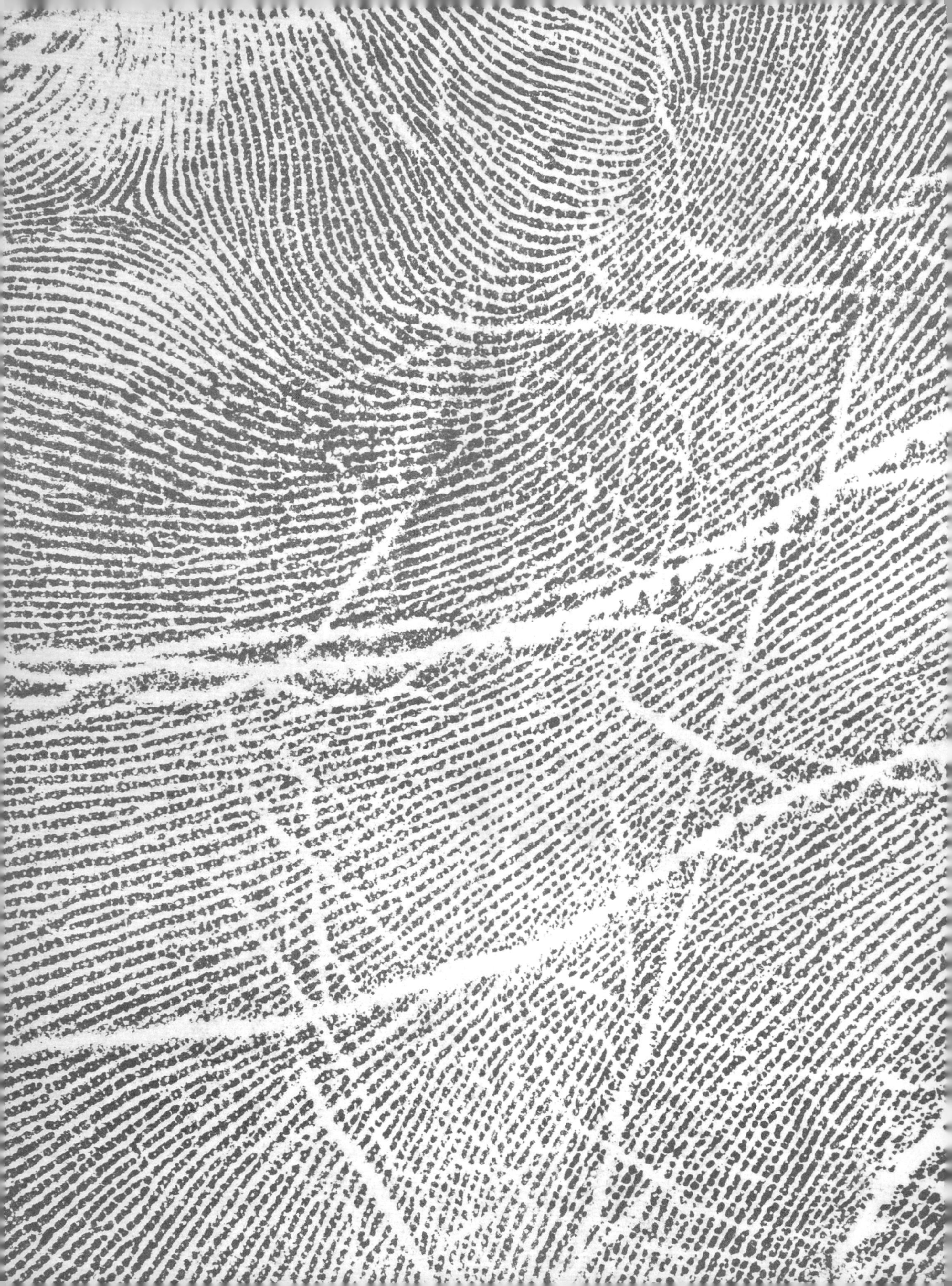

capítulo quatro

Idade Moderna: transição

O início da Idade Moderna foi marcado por grandes transformações. O ser humano descobriu outras formas de manifestações artísticas, criou e desenvolveu novos aparatos tecnológicos, repensou sua religiosidade, desbravou mundos e divinizou a figura do rei. O Renascimento cultural e científico, a Reforma Religiosa e o Absolutismo são os temas que mostram essas mudanças e revelam a construção de um mundo novo.

E hoje, quem são os monarcas que ainda governam? Qual o seu modo de governo? Que poder eles têm? Compare a Figura 4.1 à Figura 4.2 e reflita sobre esses aspectos.

Figura 4.1 – Luís XVI, Rei da França

Figura 4.2 – Elizabeth II – fotografia que registra o discurso da rainha na abertura oficial do Parlamento Inglês, na Câmara dos Lordes

CALLET, A.-F. **Portrait of King Louis XVI in Full Coronation Regalia**. 1780. Óleo sobre tela: color.; 164 × 132 cm. Coleção particular.

Vamos, então, descobrir o mundo moderno e as transformações que aconteceram entre os séculos XVI e XVIII.

4.1 Formação dos Estados nacionais

No final da Idade Média, certas condições favoráveis a colocar o rei no centro do poder foram fundamentais para a formação das denominadas *monarquias nacionais* ou *Estados nacionais*. A burguesia, ávida por garantir facilidades para o comércio e proteção para suas atividades, financiou, em grande medida, a organização de uma burocracia estatal e da força militar do Estado. Assim, conquistou, em um vasto território, moeda única, uma língua nacional, pesos e medidas padrão e proteção.

No entanto, o poder dos senhores feudais era um obstáculo para o comércio e para as atividades financeiras da burguesia – a cobrança de taxas e a falta de garantia de proteção eram os maiores entraves. A centralização do poder facilitaria essas transações e, para o rei, era fundamental mandar em seus domínios e garantir maior independência em relação aos nobres e à Igreja. Então, para tornar todo esse processo efetivo, o financiamento de banqueiros e de comerciantes foi primordial.

Assim, os últimos séculos da Idade Média e o início da Idade Moderna alavancaram o rei para o centro da cena política, ou seja, o poder do nobre feudal sobre os servos começava a definhar e, em seu lugar, nascia o poder do rei sobre os súditos.

Gradativamente, os Estados modernos passaram a se constituir. Os primeiros Estados formados foram: Portugal, em 1140, resultado das Guerras de Reconquista; França, depois da Guerra dos Cem Anos; e Espanha, após a expulsão definitiva dos árabes da Península Ibérica. No entanto, esse lento processo de formação dos países só se completou no século XIX, tendo como exemplos os casos da Alemanha e da Itália.

Portanto, a Era Moderna viu nascer a influência das monarquias que, nessa nova configuração política, assumiram um perfil muito semelhante ao do absolutismo. Vale lembrar que uma das figuras mais famosas desse período foi Luís XIV, que chegou a definir sua importância, na época, com a famosa frase: "O Estado sou eu".

4.2 Renascimento cultural

O chamado *Renascimento cultural* foi um movimento cultural e artístico que teve início no século XIV como desdobramento de modificações ocorridas ainda no período da Baixa Idade Média, alcançando seu auge nos séculos XV e XVI. A Itália é conhecida como o *berço do Renascimento*, uma vez que as diversas cidades italianas viram surgir os principais artistas daquele período. Em parte, isso se deve ao financiamento dos **mecenas** (papas, príncipes, ricos comerciantes e banqueiros) às artes, além da existência de grandes vestígios e heranças da cultura greco-romana – templos, prédios públicos, estátuas – e da riqueza das cidades italianas (oriunda do comércio mediterrâneo).

Mapa 4.1 – Península Itálica – cidades de Gênova e Veneza

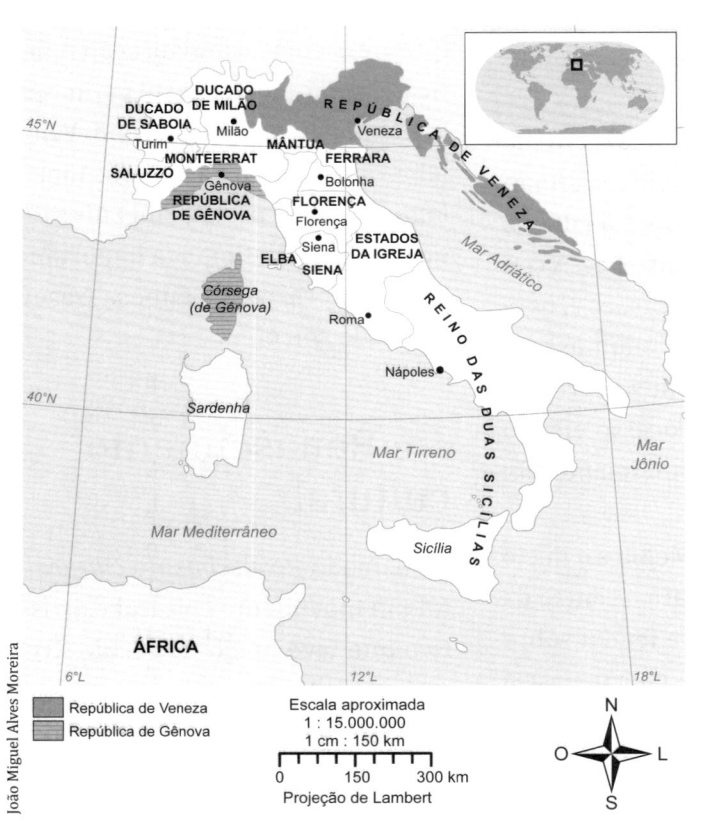

Fonte: University of Texas Libraries, 2018.

Uma das obras mais famosas do período é *O casal Arnolfini*. Pintada por Jan Van Eyck, em 1434, a tela retrata o casamento de um famoso banqueiro da cidade de Bruges, uma das mais ricas da Europa no século XV. O quadro apresenta o casal no centro da pintura, acima está escrito *Johannes van Eyck fuit hic 1434* (Jan van Eyck esteve aqui em 1434). A obra dialoga com tantas outras produzidas no período e nos ajuda a compreender a necessidade de afirmação de uma cultura/identidade burguesa que passa a ser projetada na arte. Em outras palavras, esse foi o momento em que a arte passou a ser compreendida como objeto comercial.

Figura 4.3 – *O casal Arnolfini*, de Jan van Eyck

EYCK, J. van. **O casal Arnolfini**. 1434. Óleo sobre madeira, color., 82 × 60 cm. National Galery, Londres, Inglaterra.

um deles, talvez um membro da família Arnolfini, Jan van Eyck pintou seu maior e mais extraordinário retrato, *O casal Arnolfini* [...]. Na pintura, o jovem casal está solenemente trocando juras conjugais, a privacidade de sua câmara nupcial. Parecem estar a sós, mas ao olharmos para o espelho atrás deles descobrimos no reflexo, que outras duas pessoas também estão presentes. Uma delas deve ser o artista, já que as palavras acima do espelho [...], em uma florida inscrição latina, nos informam que 'Johannes de Eyck fuit hic' (Jan van Eyck esteve aqui), e também a data, 1434. O papel de Jan é, então, o de uma testemunha; o painel pretende mostrar exatamente o que ele viu, e tem a função de uma certidão de casamento pictórica. Todavia, o cenário conquanto realista, está repleto do mais sutil simbolismo dissimulado, através do qual a natureza sacramental do casamento é transmitida. A única vela do candelabro, queimando em plena luz do dia, representa

Entre aspas

As cidades flamengas onde floresceu o novo estilo de pintura – Tournai, Ghent, Bruges – rivalizavam com Florença como centros bancários e comerciais internacionais. Os estrangeiros que nelas viviam incluíam muitos homens de negócios italianos. Para

Cristo que tudo vê; os sapatos que os cônjuges descalçaram lembram-nos que esse é um 'solo sagrado' [...]; até mesmo o cãozinho é um emblema da fidelidade marital. Aqui, como na *Anunciação de Merode*, faz-se com que o mundo natural contenha o mundo do espírito, de tal forma que os dois na verdade fundem-se em um só.

Fonte: Janson; Janson, 1996, p. 177.

Características do Renascimento

- **Individualismo** – Em vez de ênfase no aspecto coletivo e fraternal da cristandade, há o reconhecimento das diferenças individuais dos homens e a valorização do individualismo e do espírito de competição.
- **Racionalismo** – Explicação do mundo pela razão, pela investigação e pela experiência, e não mais segundo princípios religiosos.
- **Otimismo** – Crença nas possibilidades humanas e na construção de uma sociedade mais feliz.
- **Naturalismo** – Interesse em retratar os elementos da natureza como são.
- **Hedonismo** – Valorização do prazer como a finalidade da vida, culto ao belo e à perfeição.
- **Repúdio ao medievalismo** – Oposição às concepções do medievo.
- **Humanismo** – No lugar da crença em um mundo centrado em Deus (teocêntrico), crença em um mundo centrado no ser humano (antropocêntrico) e no papel que este desempenha no Universo. Desenvolvimento de uma cultura humanista.
- **Mecenato** – Estímulo e patrocínio ao trabalho de artistas e intelectuais do Renascimento.

Na Itália, berço do Renascimento, o período pode ser estudado em três momentos, os quais apresentamos a seguir.

4.2.1 *Trecento* (1300-1399)

Período de transição entre a estética medieval e a renascentista. Na pintura, destacaram-se artistas como Giotto (ca. 1267-1337), Duccio (ca. 1255-1319), Cimabue (ca. 1240-1302), Simone Martini (1284-1344) e Ambrogio Lorenzetti (ca. 1290-1348).

Figura 4.4 – *A Lamentação ou deposição da cruz*, de Giotto

GIOTTO. **A Lamentação ou deposição da cruz.** 1304-1306. Afresco. 200 × 185 cm. Cappella degli Scrovegni (Capela Arena), Pádua, Itália.

Na literatura, os principais nomes são Francesco Petrarca e Boccaccio, autor de *Decameron* (1348-1353), uma das obras mais polêmicas do período e que, na forma de cantos satíricos, critica o ascetismo medieval, ou seja, a autodisciplina, as orações para uma vida mais espiritual, típicas de uma mentalidade medieval cristã.

4.2.2 *Quattrocento* (1400-1499)

Desse período são as obras de Masaccio (1401-1428) e Botticelli (1447-1510), como *O nascimento de* e *Alegoria da Primavera*, entre outras.

Um dos grandes nomes do final do *Quattrocento*, já na transição para o *Cinquecento*, é Leonardo Da Vinci (1452-1519). Artista completo e dono de múltiplas habilidades, foi arquiteto, cientista, pintor, filósofo, matemático. Entre suas obras mais conhecidas destacam-se *A virgem dos rochedos* e *La Gioconda* (Mona Lisa), além de projetos de anatomia, desenho, pintura e diversos inventos.

Veja, na Figura 4.5, a cena de *A última ceia*.

Figura 4.5 – *A última ceia*, de Leonardo Da Vinci

DA VINCI, L. **A última ceia**. 1495-1498. 1 Têmpera e óleo sobre duas camadas de gesso aplicadas em estuque. 460 × 880 cm. Refeitório de Santa Maria delle Grazie, Milão, Itália.

Na Figura 4.6, verifique alguns aspectos interessantes e inovadores desse afresco de Leonardo.

Figura 4.6 – Esquema da perspectiva na obra *A última ceia*

Primeiramente, é interessante observar o movimento dos apóstolos, todos em torno de Jesus, ao centro, conversando, gesticulando, apontando. Acima da cabeça de Jesus é possível ver a claridade que entra pela janela, substituindo a antiga auréola que fazia parte das pinturas dos santos. Ainda, podemos identificar a concepção de perspectiva, vendo, ao fundo, a estrutura do ambiente onde a cena se passa. Para que a pintura ficasse centralizada, Leonardo Da Vinci usou cravos, cordas de um instrumento musical.

4.2.3 Cinquecento (1500-1599)

No *Cinquecento*, o movimento renascentista já ocupava lugar de destaque na Península Itálica e em outras partes da Europa Ocidental. Na literatura, sobressaem as teses políticas de Nicolau Maquiavel (1469-1527), autor de *O príncipe*. Nas artes, Michelangelo Buonarroti (1475-1564) ganhou notoriedade com os afrescos da Capela Sistina; além das esculturas *Pietá*, *Moisés* e *Davi*.

Concomitantemente às manifestações renascentistas em várias frentes, apareciam novos valores e concepções científicas. Os pesquisadores, por sua vez, valorizavam a **razão** e a **experimentação** para compreender a natureza e a sociedade. Não à toa, surgiram novas teorias, como a heliocêntrica (o Sol como centro do Universo), postulada por Nicolau Copérnico (1473-1543). Posteriormente, Johannes Kepler (1571-1630) e Galileu Galilei (1564-1642) voltaram a defendê-la.

Além disso, graças à descoberta da imprensa de tipos móveis, desenvolvida pelo alemão Johannes Gutenberg (ca. 1398-1468), muito do que se produziu na época teve melhor circulação.

Livros de política, filosofia e literatura passaram a ser editados nas línguas nacionais. Foi o caso de *Gargântua* e *Pantagruel*, de François Rabelais (1494-1553?); *Dom Quixote de la Mancha*, de Miguel de Cervantes (1547?-1616); *Os lusíadas*, de Luís Vaz de Camões (ca. 1524-1580) e várias obras de William Shakespeare (1564-1616), tais como *Ricardo II*, *Romeu e Julieta*, *Macbeth* e *Hamlet*. Em parte, essas obras apresentavam em sua composição elementos da cultura greco-latina ou faziam oposição ao medievalismo.

Por exemplo, em *Romeu e Julieta*, faz-se notar a ironia de Shakespeare ao ridicularizar a antiga tradição dos arranjos de casamento, como foi o caso dos Montecchio e dos Capuleto; e em *Dom Quixote de la Mancha*, de Cervantes, emerge a sátira aos ideais da cavalaria medieval sugerida nos personagens Dom Quixote e Sancho Pança. Por sua vez, em *Os lusíadas*, um épico moderno, no centro da narrativa está o herói coletivo: o povo português. Na obra, Camões descreve as aventuras do descobrimento, as façanhas da viagem de Vasco da Gama e trechos da história de Portugal. Em muitos desses versos, estão presentes musas, deuses e lendas da Antiguidade Clássica.

Na arquitetura, o modelo clássico aparece nas colunas de diferentes estilos gregos, nas abóbadas octogonais inspiradas em modelos romanos e na contínua busca pela perfeição, pelo equilíbrio e pelo belo, típicas da mentalidade greco-latina.

Figura 4.7 – Perspectiva de Bruneleschi na Basílica de São Lourenço, Florença, 1440-1465

BRUNELLESCHI, F. San Lorenzo: vista da nave em direção ao coro. 1419-1460. Piazza di San Lorenzo, Florença.

4.3 Reformas religiosas

As alterações sociais, econômicas e políticas ocorridas nos séculos XIV e XV prepararam os terrenos para a mudança da mentalidade europeia e, consequentemente, para a transformação em sua visão sobre o mundo e a condição religiosa humana. A ascensão de reis e príncipes, o surgimento e fortalecimento da burguesia e a crise do século XIV ajudaram a mudar as percepções da fé da instituição por ela responsável, a Igreja.

Monarcas passaram a querer governar seus reinos com maior autonomia, sem tantas interferências do poder papal; a burguesia, desejosa de praticar o lucro e a usura sem o controle e as restrições da Igreja, almejava libertar suas formas de organização econômica e, ainda, a nobreza e a população em geral (camponeses e assalariados) vislumbravam diminuir suas obrigações perante o clero, como o pagamento do dízimo. Esse contexto, aliado à corrupção do clero, às vendas de indulgências e de relíquias sagradas, fomentaram cisões no mundo dos fiéis e, por vezes, dentro da Igreja.

Alimentado por esse contexto, Martinho Lutero (1483-1546), monge agostiniano, publicou as famosas *95 Teses* na porta do monastério de Wittenberg, em 1517, questionando os desígnios e desmandos do Papa Leão X (que desejava, com as indulgências, construir a Basílica de São Pedro). Imediatamente, o papa exigiu a retratação de Lutero. A negação do monge alemão levou à sua excomunhão em 1520. A partir desse momento, Lutero se recolheu no castelo de seu protetor, Frederico, o Príncipe da Saxônia. Nesse local, o religioso desenvolveu as principais ideias que constituiriam o centro da doutrina luterana: a salvação pela fé; a livre interpretação da Bíblia; a negação à hierarquia da Igreja (o papa é um impostor); a negação ao grande número de sacramentos, com a preservação apenas do Batismo e da Eucaristia; a adoção da língua nacional como idioma dos cultos religiosos em substituição ao latim.

Na Suíça, uma reforma muito mais radical foi preparada por Calvino. Nascido de uma família pequeno-burguesa e estudioso em leis, aderiu às propostas da Reforma em meios cultos da França. Assim como Lutero, Calvino defendia a salvação pela fé, no entanto com concepções mais radicais. A fé só poderia salvar o ser humano, criatura miserável, caso a salvação fosse vontade divina – a "predestinação". A Suíça foi o lugar certo para que Calvino desenvolvesse sua religião. Lá, um número significativo de burgueses, que ansiavam encontrar uma concepção favorável a suas práticas lucrativas, acabaram sendo o sustentáculo da nova doutrina. Em Genebra, Calvino tornou-se um ditador religioso e político, defensor de uma radical moralidade. Formou uma Assembleia, o Consistório, composta por pastores e anciãos que vigiavam os costumes da cidade, impunham a lei do Evangelho e proibiam atividades de jogo, dinheiro, dança, luxo. A doutrina de Calvino defendia a austeridade e a poupança. O sucesso material era aliado à predestinação divina. Tal prática, considerava a pobreza desaprovação de Deus; por isso, havia a valorização do trabalho e do acúmulo de capital – elementos fundamentais de aspiração burguesa. Séculos mais tarde, o sociólogo Max Weber (1864-1920) explicou, em *A ética protestante e o espírito do capitalismo*, o acúmulo de capital inglês e o sucesso na Revolução Industrial vinculados às práticas calvinistas (referidos na Inglaterra como *puritanos*).

Na Inglaterra, a difusão da Reforma aconteceu em virtude de uma disputa pessoal entre Henrique VIII e o Papa Clemente VII

(1478-1534). A briga ocorreu quando o chefe da Igreja Católica se negou a dissolver o casamento do rei inglês com Catarina de Aragão. O motivo da dissolução é que a rainha não havia gerado um filho homem. Por isso, Henrique VIII desejava se casar com Ana Bolena. No entanto, como Catarina era sobrinha de Carlos V, principal apoiador da Igreja Cristã (mais tarde conhecida como *Católica*) no combate às novas religiões, o papa negou o pedido do rei inglês, o qual decidiu romper com a Igreja.

A oficialização desse rompimento aconteceu quando o Parlamento Inglês aprovou o Ato de Supremacia, em 1534, colocando a Igreja sob autoridade do rei e instituindo a Igreja Anglicana. Assim, o rei pôde se casar com Ana Bolena, segunda de suas seis mulheres. Em 1539, pelo Ato dos Seis Artigos, os dogmas católicos foram mantidos, exceto a autoridade do papa. Essa dubiedade do Ato colocou católicos e anglicanos em conflito. As brigas continuaram com Eduardo VI, filho e sucessor do rei, que impôs o culto calvinista; depois, com Maria Tudor, filha de Catarina de Aragão e Henrique VIII, ultracatólica e casada com o rei espanhol Filipe II e, finalmente, apaziguadas no trono de Elizabeth I, que instituiu oficialmente a religião anglicana.

Elizabeth foi uma das maiores rainhas inglesas e, em seu governo, criou atos famosos: o Ato de Uniformidade (criava a liturgia anglicana, negava as indulgências, a missa e a Eucaristia), os 39 Artigos ou Artigos da religião (fundamentavam a fé anglicana) e o II Ato de Supremacia (tornava o rei o chefe supremo da nova Igreja). Essas decisões elisabetanas foram fundamentais para forjar as bases da Igreja Anglicana.

4.4 Contrarreforma ou Reforma Católica

Com o intuito de frear o crescimento do movimento protestante, ou reformista, a Igreja Católica organizou um conjunto de medidas e reforçou seus dogmas. Esse movimento ficou conhecido como *Contrarreforma*.

Uma das medidas tomadas pela Igreja foi organizar o Concílio de Trento (1545-1563), uma reunião de autoridades eclesiásticas que tinha o intuito de estabelecer normas para a Igreja e reafirmar propostas e sua doutrina. Algumas das definições foram: a organização da disciplina do clero, com a formação dos padres em seminários para estudar; a confirmação da infalibilidade do papa; o estabelecimento da Igreja como instituição capaz de ler e interpretar a Bíblia; a reafirmação dos dogmas da virgindade de Maria e da transubstanciação; a proibição das indulgências; e, finalmente, a criação de uma lista, denominada *Índex*, com os livros cuja leitura foi proibida a seus fiéis.

Ainda como medida da Contrarreforma, foi fundada, em 1534, a **Companhia de Jesus**, ordem religiosa que tinha a missão de expandir a fé católica pelo mundo. Organizada quase como ordem militar, foi responsável pela catequização das populações nativas da América e da Ásia. Além disso, criou colégios com rígida estrutura de ensino aliada ao modelo catequético (*Ratio Studiorum*).

Finalmente, reorganizaram e passaram a utilizar de modo sistemático o Tribunal do Santo Ofício. A função da Inquisição era combater os desvios de fiéis católicos e perseguir protestantes, judeus e islâmicos (vistos como infiéis). Nesses tribunais eram frequentes as denúncias de heresia, bruxaria e blasfêmia. A instituição atuou fortemente na Península Ibérica, deixando registros de sua presença também no Brasil.

4.5 Antigos regimes europeus: absolutismo e mercantilismo

Entre os séculos XVI e XVIII, a Europa experimentou o que é definido como o *Antigo Regime*. O absolutismo foi a forma política adotada no continente, na economia prevaleceu o mercantilismo e a sociedade caracterizou-se pela estrutura estamental, rigidamente constituída.

Vamos estudar separadamente cada um desses elementos que compõem o Antigo Regime. No entanto, lembre-se, eles são elementos inter-relacionados e interdependentes.

4.5.1 Absolutismo

Absolutismo é o nome dado ao sistema político e administrativo do Antigo Regime e relaciona-se às mudanças ocorridas no final da Idade Média. Esse sistema predominou entre os séculos XVI e XVIII em quase toda a Europa. Com o passar dos séculos, o poder real foi aumentando, assim como a estrutura burocrática em seu entorno. Inicialmente, para benefício da burguesia e, mais tarde, da nobreza constituída, a sociedade abriu mão de sua liberdade e delegou ao rei sua administração. Para sustentar tal poder, teóricos justificaram a necessidade de sua existência e atuação. Alguns, como Nicolau Maquiavel e Thomas Hobbes, defendiam a necessidade de uma administração que pusesse ordem sobre o caos. Outros, como Jean Bodin e Jacques Bossuet, utilizavam como argumento a divindade do poder real (teoria do direito divino). Um bom exemplo é *O príncipe*, obra de Maquiavel, um dos livros de referência para que se entenda o poder dos monarcas no início da Idade Moderna. De certa forma, é possível identificar a defesa dos poderes ilimitados do rei em nome da segurança do Estado e da coesão do poder.

Entre aspas

Surge daí uma questão: se melhor é ser amado que temido ou o inverso? A resposta é que seria de se desejar ser ambas as coisas, mas, como é difícil combiná-las, é muito mais seguro ser temido do que amado, quando se tem de desistir de uma das duas. Isto porque geralmente se pode afirmar o seguinte acerca dos homens, que são ingratos, volúveis, simulados e dissimulados, fogem dos perigos, são ávidos de ganhar e, enquanto lhes fizeres bem pertencem inteiramente a ti, te oferecem o sangue, o patrimônio, a vida e os filhos, como disse acima, desde que o perigo esteja distante; mas quando precisas deles, revoltam-se. O príncipe que se apoia inteiramente sobre suas palavras, descuidando-se de outras precauções, se arruína, porque as amizades que se obtêm mediante pagamento, e não com a grandeza e nobreza de ânimo, se compram, mas não se possuem, e, no devido tempo, não podem ser usadas. Os homens que têm menos receio de ofender a quem se faz amar do que a outro que se faça temer; pois o amor é mantido por vínculo reconhecido, o qual, sendo os homens perversos, é rompido sempre que lhes interessa, enquanto o temor é mantido pelo medo ao castigo, que nunca te abandona.

Deve, contudo, o príncipe fazer-se temer de modo que, se não conquistar o amor, pelo menor evitará o ódio; pois é perfeitamente possível ser temido e não ser odiado ao mesmo tempo, o que conseguirá sempre que se abstenha de se apoderar do patrimônio e das mulheres de seus cidadãos e súditos. Se precisar derramar o sangue de alguém, deverá fazê-lo quando houver justificativa conveniente e causa manifesta. Mas, sobretudo, deverá respeitar o patrimônio alheio, porque os homens esquecem mais rapidamente a morte do pai do que a perda do patrimônio. Além disso, não faltarão jamais razões para se apropriar de um patrimônio, pois aquele que começa a viver de rapina sempre encontra motivos para se apoderar violentamente do que pertence aos outros; enquanto as razões para matar são, ao contrário, mais raras e terminam mais rapidamente.

Fonte: Maquiavel, 1990, p. 79-80.

A França foi o país que experimentou mais radicalmente o que entendemos por *absolutismo*. Um dos episódios mais sangrentos da história da França está relacionado à centralização do poder e, ao mesmo tempo, a questões religiosas.

Entre parênteses

Você já ouviu falar da famosa Noite de São Bartolomeu? Nessa noite, no ano de 1572, a Rainha Catarina de Médici ordenou a execução de milhares de protestantes. O massacre se alastrou pela França e foi um episódio inesquecível para a história francesa.

A morte de milhares de protestantes a mando da Catarina pôs fim à trégua de dez anos firmada com o Tratado de Saint-Germain, por meio do qual ela mesma havia oferecido a paz aos protestantes

O ódio da rainha foi despertado por episódios relacionados entre si. Entre eles estava o casamento da irmã do rei da França com Henrique III de Navarra (huguenote fervoroso). Conspirações e tentativas de assassinato se somaram ao fato e acabaram pondo fim ao período de trégua.

Apenas em 1589, quando Henrique IV ascendeu ao trono e se converteu do protestantismo ao catolicismo, é que foi garantida a tolerância religiosa com o famoso Édito de Nantes (1598). No século XVII, derrotada a ameaça protestante, Luís XIII e Luís XIV atingiram o apogeu absolutista.

Sob o governo de Luís XIII, a autoridade absoluta do rei e as necessidades do Estado tornaram-se sinônimos. A racionalização do Estado e a noção de que ele teria interesses próprios justificou qualquer tipo de ação do governo para que ele fosse preservado. Por trás dessa concepção estava o primeiro-ministro de Luís XIII, o Cardeal de Richelieu (cargo que administrou entre 1624 e 1642).

Esse cenário favoreceu a continuidade do governo absolutista com Luís XIV, conhecido como *Rei Sol*. Para estabelecer e manter seu poder, os assessores do rei instituíram rituais quase teatralizados para todos os gestos e momentos de seu dia. Nas finanças, para gerir seus suntuosos gastos e de sua enorme corte, contou com a ajuda do Ministro Colbert, de uma eficiente taxação de impostos e de uma correta promoção da manufatura, ofertando à Europa o modo de vida francês. A marca da grandiosidade de seu governo foi Versalhes e a vida no palácio.

Figura 4.8 – *Retrato de Luís XIV*, de Rigaud

RIGAUD, H. **Retrato de Luís XIV**. 1701. Óleo sobre tela: color.; 2,77 × 1,94 m. Museu do Louvre, Paris, França.

Na Inglaterra, as questões religiosas também deram o tom inicial para a centralização do poder. A experiência relativamente curta ficou sob a tutela de Henrique VIII, que criou a religião anglicana, e de sua filha Elizabeth I, que subiu ao trono em 1558 – reinado no qual o absolutismo se consolidou. A rainha também trouxe um período de grande prosperidade para a Inglaterra graças aos acordos que estabeleceu e aos contatos que fez com os piratas. Estes, a serviço do Estado, passaram a ser conhecidos como *corsários* e foram responsáveis por muitos roubos, conquistas e riquezas durante o reinado elisabetano.

Observe, na Figura 4.9, a obra *O retrato da Armada da Rainha Elizabeth I*, de 1588, atribuída a George Gower. Ela foi encomendada para comemorar a vitória inglesa sobre a poderosa armada espanhola de Filipe II. Observe, na figura, o poder sobre o globo, representado pela mão direita sobre a esfera e, ao fundo, a chegada da armada e o temporal que assolou a esquadra na costa inglesa.

Figura 4.9 – *O retrato da Armada da Rainha Elizabeth I*, de Gower

GOWER, G. **O retrato da Armada da Rainha Elizabeth I**. 1588. Óleo em carvalho, color. Woburn Abbey, Bedfordshire, Inglaterra.

Entre parênteses

Elizabeth I, filha de Henrique VIII e Ana Bolena, reforçou a autoridade dos nobres e, ao mesmo tempo, garantiu melhorias aos pobres com a criação da Lei dos Pobres, segundo a qual o senhor feudal era obrigado a cuidar dos necessitados de seu feudo. Além disso, para solidificar seu poder interno e estabelecer garantias políticas e econômicas, a rainha propôs acordos com a França, cedendo a posse do porto de Calais, garantiu riquezas ao financiar a pirataria britânica e sufocou revoltas religiosas de cunho católico.

Um dos momentos cruciais de seu governo foi o embate com o Rei espanhol Felipe II, em 1585. O conflito entre a "invencível armada" espanhola e a frota inglesa ocorreu no Canal da Mancha. Castigados por uma forte tempestade, os navios espanhóis tornaram-se alvo fácil da parca frota inglesa, que, favorável ao vento, empreendeu ataques sistemáticos aos espanhóis. A guerra vencida alçou, política e economicamente, a Inglaterra no continente europeu. Ao morrer, em 1603, a *Rainha Virgem*, como era conhecida por nunca ter casado, deixou seu reino com relativa estabilidade econômica e um trono vazio. Terminava, assim, a Dinastia Tudor.

4.5.2 Mercantilismo

O mercantilismo foi a prática econômica adotada pelos Estados absolutistas e sua principal característica é a intervenção estatal em todos os negócios financeiros. Nessa perspectiva, o acúmulo de riquezas garantia ao Estado um maior desenvolvimento. Assim, era fundamental uma balança comercial favorável (garantida pelas altas taxas sobre os produtos estrangeiros), pela proteção alfandegária e pelo metalismo (acúmulo de metais preciosos). Além disso, os países que tinham colônias usufruíam de seu domínio arrecadando ouro, produtos tropicais ou exóticos, especiarias e outros itens. A colônia devia, ainda, comercializar apenas com a sua metrópole. Essa prática de exclusivismo comercial era denominada *Pacto Colonial*.

Mapa 4.2 – O Pacto Colonial e os produtos comercializados entre metrópoles e colônias

das Américas para a Europa, África e Ásia

Abóbora • Batata • Peru • Tomate • Batata doce • Milho • Abacaxi • Tabaco
Pimenta • Cacau • Amendoim • Feijão • Baunilha

da Europa, África e Ásia para as Américas

Cebola • Frutas cítricas • Azeitona • Uva • Nabo • Café • Cana • Cereais
Banana • Pêra • Pêssego • Mel • Gado • Doenças

Créditos das imagens: popularvector, stas11, SunshineVector, Vectorpocket, mollicart, antart, Irina Simkina, PurpleBird, Murina Natalia, mescal, Lutsina Tatiana, Wanwisspaul, Nature Art, naucken, Victoria Sergeeva, Natykach Natalia e Tatiana Liubimova/Shutterstock

Entre aspas

[...]
A Espanha acumulou grande quantidade de riqueza a partir da exploração de seus territórios coloniais na América. Para o país, o colonialismo foi a base de acumulação de riqueza metalista. Os demais países europeus, que não obtinham metais através da exploração direta, desenvolveram uma política com o objetivo de obter uma "balança comercial favorável" [...].

Os metais preciosos permitiriam ao governo comprar armas, contratar soldados, construir navios, pagar funcionários e custear as guerras.

O caso espanhol demonstrou, entretanto, o quanto era enganosa a política metalista. [...] O atraso do comércio das manufaturas e da agricultura espanholas, entretanto, obrigavam a Espanha a importar de outros países europeus a quase totalidade das mercadorias necessárias ao seu consumo. [...] A Espanha tornou-se, assim, a 'garganta por onde passava o ouro para o estômago de outros países mais desenvolvidos do ponto de vista comercial e industrial, como a França, a Inglaterra e a Holanda.

Fonte: Historianet, 2018.

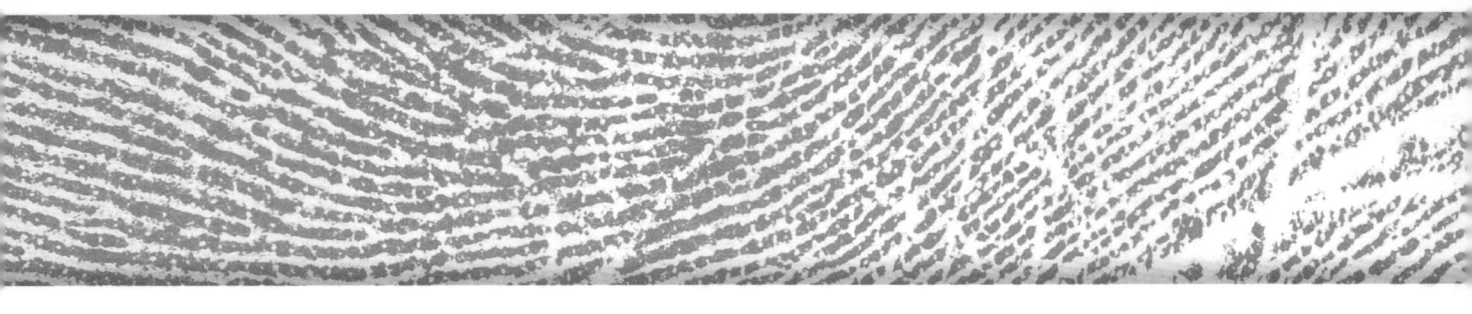

4.5.3 Sociedade estamental

A sociedade do Antigo Regime era dividida em estados ou estamentos. No topo da pirâmide social, no primeiro estado, estava o clero; no segundo estado, estava a nobreza; e, por fim, no terceiro estado, o povo (burguesia, trabalhadores, servos etc.).

Essa sociedade era regida pela chamada *lei do privilégio de classe*, de acordo com a qual os primeiros estados estavam isentos de impostos e usufruíam de privilégios, ao passo que o terceiro estado sustentava os demais por meio dos tributos e impostos.

Esse modelo de sociedade marcou boa parte da história da Europa Ocidental e garantiu pouca mobilidade entre os grupos. Ainda na modernidade, essa divisão permanecia, mesmo baseada em concepções religiosas, típicas do medievo.

Luz, câmera, reflexão

GIORDANO Bruno. Direção: Giuliano Montaldo. França/Itália: Versátil Home Vídeo, 1973. 116 min.

LUTERO. Direção: Eric Till. Alemanha/EUA: UIP/Pandora Filmes, 2003. 112 min.

ELIZABETH. Direção: Shekhar Kapur. Universal Pictures do Brasil, 1998. 124 min.

Atividades

1) Leia os fragmentos a seguir e responda às questões propostas.

"Que obra-prima é o homem! Como é nobre em sua razão! Como é infinito em faculdades! Em forma e movimentos, como é expressivo e maravilhoso! Nas ações, como se parece com um anjo! Na inteligência, como se parece com um deus! A maravilha do mundo! O padrão de todos os seres criados!" (Shakespeare, 2002, p. 47)

"As armas e os barões assinalados,
Que da ocidental praia Lusitana,
Por mares nunca de antes navegados,
Passaram ainda além da Taprobana,
Em perigos e guerras esforçados,
Mais do que prometia a força humana,
E entre gente remota edificaram
Novo Reino, que tanto sublimaram;
Cessem do sábio Grego e do Troiano
As navegações grandes que fizeram;
Cale-se de Alexandro e de Trajano
A fama das vitórias que tiveram;
Que eu canto o peito ilustre Lusitano,
A quem Neptuno e Marte obedeceram:
Cesse tudo o que a Musa antiga canta,
Que outro valor mais alto se alevanta."
(Camões, 1572)

Por que esses dois fragmentos, de Shakespeare e de Camões, são representativas obras do Renascimento? Como você faz essa identificação?

2) Identifique as principais características do movimento renascentista, que nasceu na Itália no século XIV. Aponte, também, quais especificidades das cidades italianas permitiram que elas se tornassem o berço do Renascimento.

3) Leia o texto a seguir.

A Igreja ensina com segurança que, para obter indulgências, é necessário se confessar e comungar. Por outro lado, ela não fazia depender em absoluto a recepção de uma indulgência do pagamento duma esmola. Porém – não tenhamos dúvida – as populações do Ocidente medieval, timoratas, exaltadas, pouco instruídas, por vezes à beira do desespero, acreditaram ser possível 'comprar' a salvação. Ou antes, tentaram acreditar que tal comércio era praticável. Contudo, ficaram com uma dúvida, e essa dúvida é exatamente a angústia da Idade Média agonizante. É ela que explica o sucesso de Lutero. Sem dúvida, a velha mamãe de Villon, que se reconhece grande pecadora, parece segura de sua salvação, pois coloca toda sua confiança nos méritos da virgem. (Delumeau, 1989, p. 65-66)

Responda:
a) Quais eram os abusos praticados pela Igreja e que passaram a ser questionados pelos fiéis?
b) O que levou a burguesia a apoiar o movimento reformista?
c) Qual era o ponto de dúvida que a cristandade, temorosa da transição do medievo para a modernidade, colocava em xeque?

4) Leia o fragmento a seguir e responda à questão proposta.

Não há poder sem a vontade de Deus: todo governo, seja qual for sua origem, justo ou injusto, pacífico ou violento, é legítimo; todo depositário da autoridade, seja qual for, é sagrado: revoltar-se contra ele é cometer um sacrilégio. O trono não é o trono de um homem, mas o trono do próprio Deus. (Bossuet citado por Freitas, 1977, p. 201)

Assim como os marqueteiros atuais defendem candidatos e partidos, na Idade

Moderna, a figura do rei era defendida por diferentes teóricos. Quais eram essas teorias e propostas? Quais eram os mecanismos de convencimento?

5) O absolutismo inglês alcançou seu auge durante a Dinastia Tudor, nas figuras dos reis Henrique VIII e Elizabeth I. Caracterize as ações políticas e econômicas do governo elisabetano que garantiram a soberania da rainha e a supremacia inglesa no início da modernidade.

capítulo cinco

Idade Moderna: expansão marítimo-comercial europeia

As civilizações ameríndias (incas, maias e astecas) despertam até os dias de hoje admiração e curiosidade. No século XVI, ao entrarem em contato com os europeus, essas civilizações foram dizimadas. As conquistas europeias desorganizaram as atividades econômicas locais, desmantelaram as estruturas políticas e quebraram as tradições culturais até então existentes. A população, em menos de 100 anos, foi reduzida por doenças como varíola, sarampo e gripe, além das guerras e da fome. Segundo Leslie Bethell (1998), em 1519, a população no Planalto Mexicano era de 25 milhões e, em 1580, não passava de 1,5 milhão; em 1530, nos Andes, a população era de 10 milhões de pessoas e, até 1590, foi reduzida para cerca de 1,5 milhão.

Ainda contemporaneamente, arqueólogos e historiadores fazem muitos estudos para revelar o modo de vida daqueles povos e compreender o processo de dominação.

Entre parênteses

Machu Picchu, no Peru, é um dos maiores legados incas. Revelada ao mundo em 1911, a antiga cidade permanece sendo um lugar que atrai os olhares do mundo e, ao mesmo tempo, é palco de diversas teorias e descobertas sobre sua existência.

No início do século 20, sistematicamente milhares de ruínas foram estudadas (não só no Peru, mas também no México e na Guatemala) e as pessoas que participaram das pesquisas, segundo Santos, acabaram se intitulando descobridores. "Eles chegaram às ruínas com a ajuda da população local que, infelizmente, até hoje permanece anônima.

O diretor nacional do Santuário Histórico de Machu Picchu, Luis Guillermo Lumbreras Salcedo, lembra que foi um menino de 10 anos, da família campesina Alvarez, que conduziu Bingham, em 1911, pelas trilhas incas até a cidade histórica. "E desde que o local foi revelado ao mundo, sabíamos que era da época inca. Nunca houve dúvidas sobre isso", diz.

Mistérios

Os peruanos acreditam que Machu Picchu é um santuário, mas os pesquisadores avaliam que são necessárias mais escavações para comprovar o que havia no local. Pode ter sido um santuário, mas também pode ter sido um centro administrativo ou um lugar residencial. "Os colonizadores espanhóis não tiveram acesso a Machu Picchu.

Por isso não sabemos responder, até hoje, o que dizimou os incas, se foi a fome, a rivalidade entre as tribos ou um outro fator", diz Santos. Os incas resistiram até cerca de 1571, 40 anos depois da invasão espanhola. Um dos candidatos a se tornar chefe da nação, Atahualpa, foi executado pelo espanhol Francisco Pizarro, mesmo depois de ter deixado com ele boa parte do ouro inca.
(Milan, 2011)

Figura 5.1 – Machu Picchu

Neste capítulo, abordaremos o mundo das Grandes Navegações e explicaremos como e por que os europeus empreenderam essas viagens. Além disso, analisaremos brevemente as civilizações que se desenvolveram na América às vésperas da conquista europeia. Também investigaremos como foram os primeiros contatos e a devastação dos indígenas e de suas culturas.

5.1 Expansão comercial europeia

Você lembra do que estudamos sobre a crise do século XIV na Europa? Pois bem, aquele século foi repleto de catástrofes e dificuldades: fome, peste e guerras. Passado esse momento, novos desafios e perspectivas colocaram os europeus no curso dos séculos XV e XVI. Já mencionamos, também, que os séculos XV e XVI trouxeram novidades, tais como a Reforma, o Renascimento cultural e a ascensão de monarquias nacionais. Além desses fatos, a mentalidade do europeu e a perspectiva política e econômica também haviam mudado, e isso tudo favoreceu um novo olhar e interesse por terras distantes ou, ao menos, ao que elas podiam trazer de lucrativo, como especiarias (cravo, canela, açafrão, pimenta-do-reino, anis) e metais preciosos. Esses interesses, então, motivaram as Grandes Navegações.

Primeiramente, o comércio que os europeus faziam com o Oriente dependia da passagem por portos e cidades italianas como

Pisa, Gênova e Veneza, que monopolizavam o comércio no Mar Mediterrâneo. Então, para as monarquias e comerciantes de outras localidades europeias, era interessante conquistar outros meios de contato com o Oriente que fossem, preferencialmente, meios seguros, rápidos e econômicos. Contornar a África era uma possibilidade, mas, naquele período, pouco se sabia sobre a extensão daquele continente e sobre o que poderia ser encontrado ao longo do trajeto em direção ao Sul.

A partir do ano 1453, procurar uma rota alternativa para além do Mediterrâneo se tornou ainda mais necessário, pois os turcos otomanos tomaram Constantinopla, passando a dificultar o acesso ao Oriente e, ainda, estabeleceram alianças com comerciantes italianos. Então, mais do que nunca, navegar era preciso.

Como reis e burgueses estavam interessados nesse comércio, mais um motivo favorável às Grandes Navegações surgia no horizonte. Apoio do Estado e financiamento burguês foram fatores que viabilizaram homens, material, navios, instrumentos de navegação, abastecimento e outros recursos necessários.

Por fim, para tal empreendimento, foi necessário criar e aprimorar instrumentos de navegação capazes de cumprir essa tarefa. Muitos desses instrumentos foram desenvolvidos pelos árabes e já eram conhecidos na Península Ibérica (reinos espanhóis e Portugal), como a bússola e o astrolábio.

Os mapas a seguir ilustram quais eram os caminhos feitos pelos europeus até então e quais acrescentaram para conseguir fazer contato com o Oriente. Observe, no Mapa 5.1, as rotas de comércio com o Oriente e a passagem pelas cidades italianas. Identifique, no Mapa 5.2, o novo caminho pensado pelos europeus para quebrar o monopólio do Mediterrâneo e chegar às Índias.

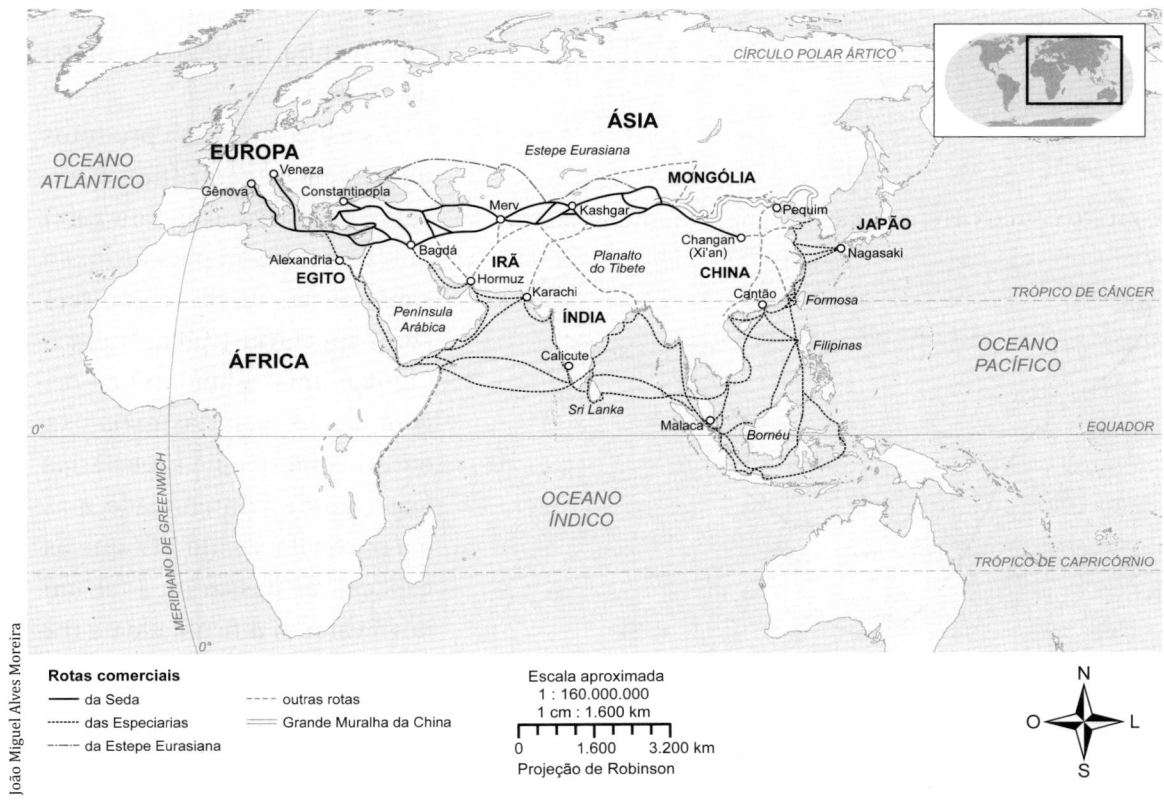

Mapa 5.1 – Rotas comerciais entre Europa e Oriente – Séculos XIII e XIV

Rotas comerciais
— da Seda
······ das Especiarias
–·–· da Estepe Eurasiana
---- outras rotas
═══ Grande Muralha da China

Escala aproximada
1 : 160.000.000
1 cm : 1.600 km
0   1.600   3.200 km
Projeção de Robinson

João Miguel Alves Moreira

Fonte: Unesco, 2018.

Mapa 5.2 – Nova rota comercial a partir do século XV

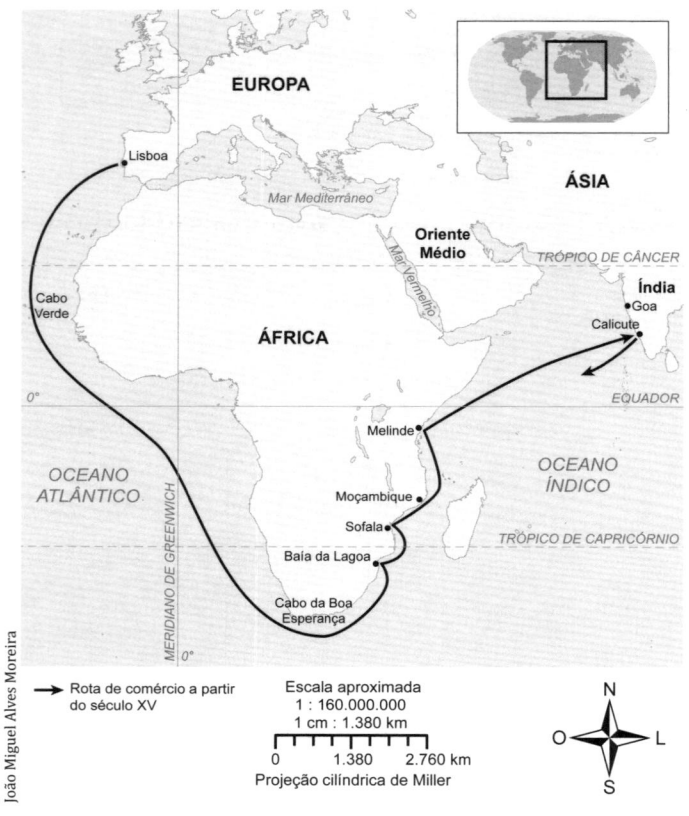

Fonte: Elaborado com base em Albuquerque, 1986, p. 112-113.

Entre aspas

Pimenta-do-reino, noz-moscada, cravo, canela. Quem diria que essas especiarias, hoje tão facilmente encontradas em qualquer mercado, já foram responsáveis por uma verdadeira revolução? Há seis séculos, essas especiarias eram utilizadas para dar sabor e conservar alimentos e também na Medicina. Raras, eram vendidas a preço de ouro e, para consegui-las, grandes expedições eram realizadas – o que acabou mudando o mapa do mundo.

As especiarias são produtos de origem vegetal (flor, fruto, semente, casca, caule ou raiz), que se destacam pelo aroma e sabor fortes. Cada região tem sua especiaria típica, Índia e China eram – e ainda são – origem das especiarias mais usadas. O comércio de especiarias existe desde a Antiguidade, mas é a partir do século XIV que as especiarias passaram a ter um novo valor. A dificuldade de trazer os produtos até a Europa e o preço altíssimo desses condimentos tornaram as especiarias artigo de luxo, e de muito desejo. "O comércio de especiarias na Europa expandiu-se com as Cruzadas, mas, após a Tomada de Constantinopla pelos turcos em 1453, a rota dos mercadores europeus foi bloqueada. Isso dificultou muito o comércio, aumentou o preço dos produtos e fez com que os países europeus buscassem novas rotas, especialmente marítimas", conta Ana

> Rosa Domingues dos Santos, professora do Centro de Excelência em Turismo da Universidade de Brasília (UNB) e especialista em história dos alimentos.

Fonte: Bueno, 2016-2017.

Portugal foi o país pioneiro desse empreendimento marítimo. Você consegue imaginar por que isso aconteceu?

5.2 Pioneirismo português

Entre os principais fatores que justificam o pioneirismo português no que se refere às navegações está o geográfico. Às portas do Oceano Atlântico, dominar o mar, principalmente para pescar e para comercializar, era fundamental, e foi mar adentro que os portugueses se aventuravam em busca dos melhores bacalhaus. Sendo seu país uma rota de passagem e entreposto comercial, os portugueses desenvolveram formas de fazer trocas e compras e passaram a se interessar cada vez mais por esse modelo econômico. Além disso, a presença moura (ou muçulmana) na península deixou como herança o conhecimento de vários instrumentos de navegação. Portugal também tinha uma burguesia mercantil desejosa de ampliar os negócios e foi a primeira monarquia nacional a se estabelecer. Todos esses pontos favoreceram alianças e negociações entre pessoas que se interessavam em expandir seus domínios e aumentar sua riqueza

Ainda, em terras lusas, aconteciam encontros entre os melhores estudiosos do mar, na famosa Escola de Sagres, iniciada pelo infante D. Henrique. Os homens que ali se encontravam compartilhavam estudos de astronomia, cartografia e geografia.

As primeiras navegações portuguesas começaram a partir de 1415, após a conquista de Ceuta, ao norte da África. Depois dessa empreitada, os lusitanos foram às ilhas do Atlântico e, na sequência, contornaram a costa africana em um sistema de cabotagem (de cabo a cabo, de porto a porto). Finalmente, em 1488, cruzaram o Cabo da Boa Esperança (antigo Cabo das Tormentas) com Bartolomeu Dias e, em 1498, chegaram a Calicute, na Índia, com Vasco da Gama.

Nesse cenário de conquistas, depois de comercializarem com o Oriente, os portugueses voltaram-se para o Ocidente, para tomar posse das terras que lhe pertenciam desde o Tratado de Tordesilhas, de 1494. Assim, no ano de 1500, uma frota capitaneada por Pedro Álvares Cabral rumou ao Brasil.

Mapa 5.3 – Navegações portuguesas no século XV

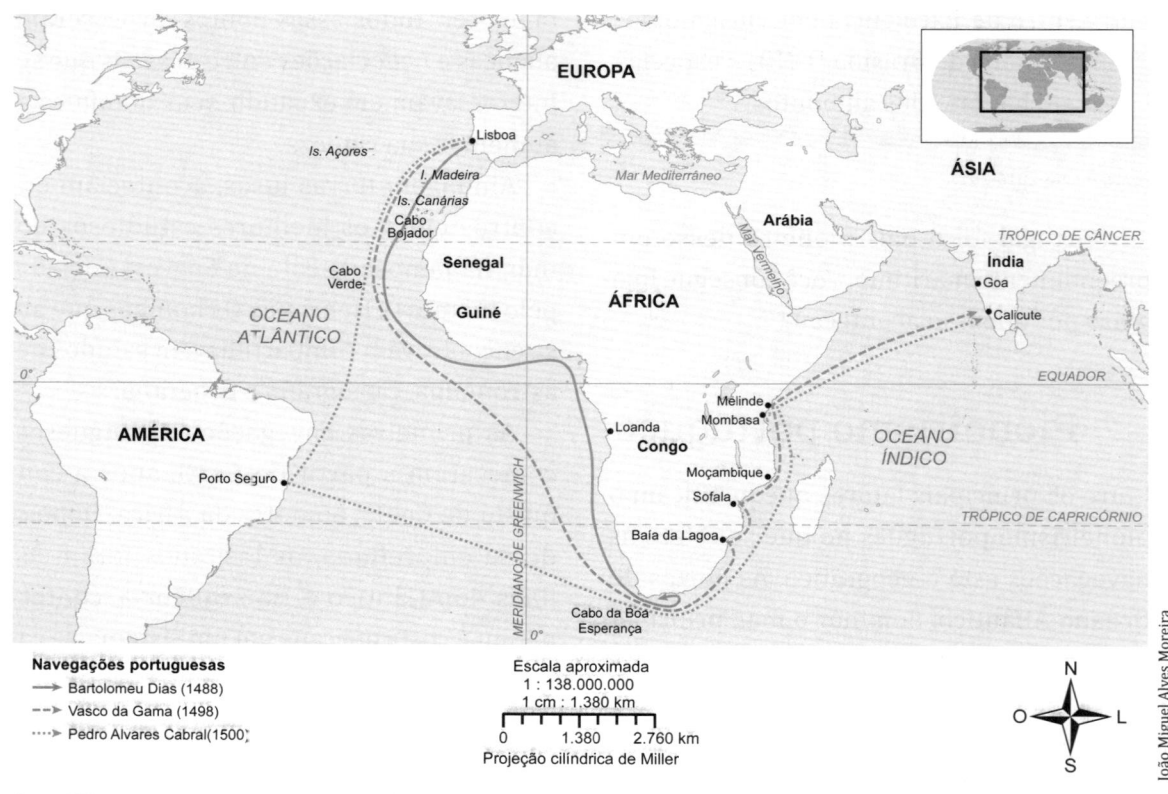

Navegações portuguesas
- Bartolomeu Dias (1488)
- Vasco da Gama (1498)
- Pedro Álvares Cabral (1500)

Escala aproximada
1 : 138.000.000
1 cm : 1.380 km

0   1.380   2.760 km
Projeção cilíndrica de Miller

João Miguel Alves Moreira

Fonte: Elaborado com base em Albuquerque, 1986, p. 112-113.

O que foi o Tratado de Tordesilhas?
Foi um acordo firmado entre Portugal e Espanha pela posse das terras descobertas a oeste, navegando pelo Atlântico.

Depois dos portugueses, os espanhóis também começaram a procurar novas rotas. No final do século XV, a Espanha se formou como reino, graças ao casamento de Fernando e Isabel. Os *Reis Católicos*, como eram conhecidos, expulsaram os árabes da península ao tomar o último reduto de resistência, Granada. Assim, consolidados como reino, partiram para as Grandes Navegações. No mesmo ano da expulsão das árabes, 1492, ao navegar com Cristóvão Colombo em direção ao oeste, com o objetivo de chegar às Índias contornando o globo terrestre, encontram, sem saber de sua existência, um novo continente, a América. Colombo fez quatro viagens à América. Além dele, outros navegadores fizeram viagens entre 1492 e 1519, como Fernão de Magalhães, que fez a primeira viagem de circum-navegação, completada por Sebastião d'el Cano, pois Magalhães morreu durante o trajeto.

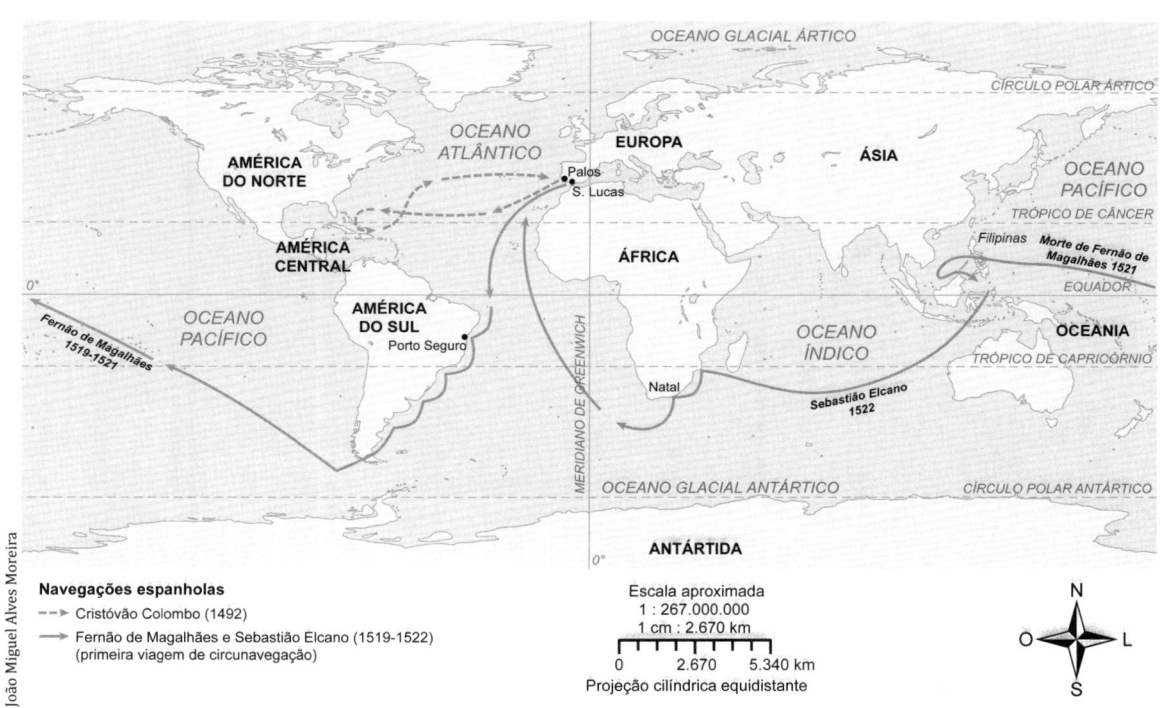

Mapa 5.4 – Navegações espanholas

Fonte: Elaborado com base em Albuquerque, 1986, p. 54.

Descoberta a América, portugueses e espanhóis fizeram um acordo de partilha de todas as terras descobertas por eles até então: o famoso Tratado de Tordesilhas. O acordo estabelecido entre os dois países foi efetuado depois da proposta da *Bula intercoetera* firmada pelo Papa Alexandre VI, na qual ficou decidido que as terras seriam divididas entre os dois reinos por uma linha imaginária situada a 100 léguas a oeste das ilhas de Cabo Verde. O que estivesse a oeste da linha pertenceria à Espanha e o que estivesse a leste pertenceria a Portugal. Esse documento estabelecia que os espanhóis ficariam com as terras descobertas ou a descobrir e que os lusitanos ficariam com a África.

Não aceitando essa proposição, Portugal exigiu uma nova negociação. Assim, a linha imaginária foi deslocada para 370 léguas da Costa de Cabo Verde, cabendo à Espanha o lado oeste da linha e a Portugal o lado leste (Mapa 5.5). Esse novo acordo foi assinado em Tordesilhas.

Mapa 5.5 – Tratado de Tordesilhas

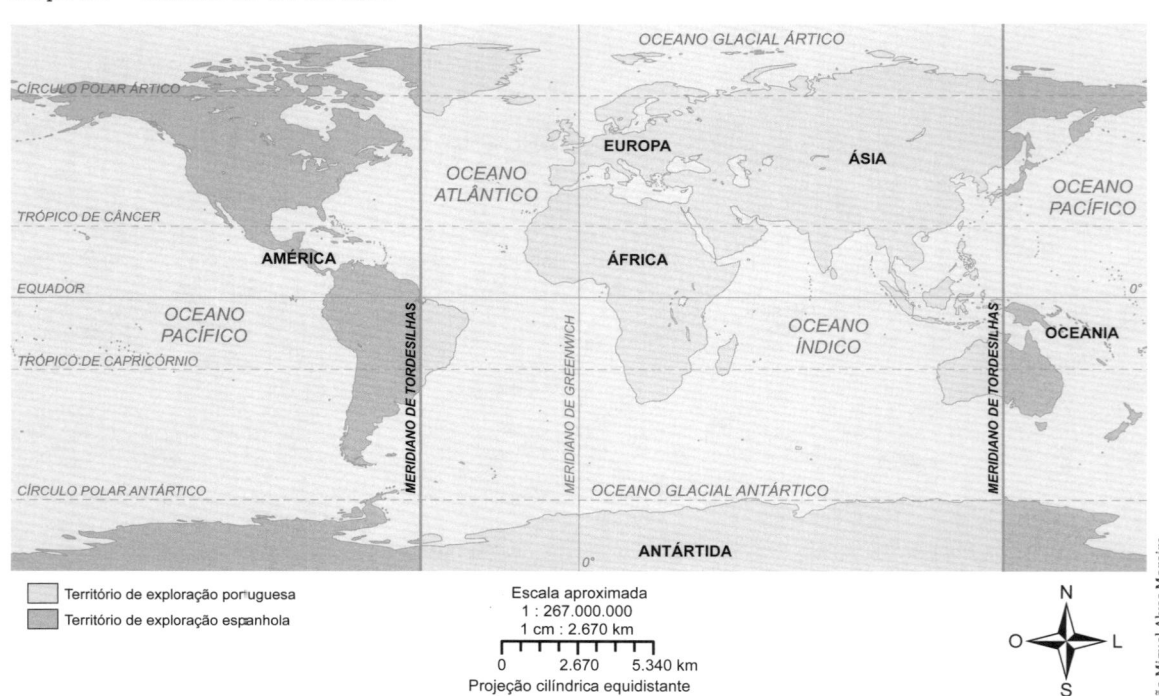

Fonte: UFRGS, 2018.

5.3 Ameríndios ou povos da América

Definimos como *povos da América* todos aqueles que viviam no continente americano antes da chegada dos colonizadores europeus. Ao longo do tempo, a população ameríndia recebeu diferentes designações, tais como:

Povos pré-colombianos – São anteriores à chegada de Colombo. Definição eurocêntrica, que visava construir a história do continente americano tendo como referência a ocupação do continente pelos europeus.

Povos nativos – São naturais da localidade, viviam no continente antes da chegada dos europeus.

Imaginando ter chegado às Índias, Colombo chamou genericamente os habitantes da América de *índios*. No entanto, esses povos se organizavam de diferentes maneiras, em sistemas tribais ou em estruturas mais complexas, como as civilizações. Aqui, estudaremos três dessas grandes civilizações que se desenvolveram na América Central e na América do Sul: maias, astecas e incas.

5.3.1 Povos ameríndios

Os povos que se encontravam na América à época da colonização europeia chegaram ao continente, provavelmente, entre 50 mil e 12 mil anos, segundo a maior parte das teorias. Provavelmente se instalaram no continente a partir de correntes migratórias vindas de várias regiões do planeta. Algumas hipóteses são:

- **Asiática** – Supõe que os primeiros povoadores teriam chegado pelo Estreito de Bering, que separa a Ásia (Sibéria, Rússia) da América (Alasca, Estados Unidos) e descerem continuamente o continente. Isso teria ocorrido em um período de glaciação, quando o nível das águas do mar baixou e, assim, formou-se uma "ponte de gelo" entre os dois continentes.
- **Malaio-polinésia** – Entende que os primeiros povoadores chegaram à América em pequenas canoas pelo Oceano Pacífico, a partir das Ilhas da Polinésia. Os achados arqueológicos, encontrados nas últimas cinco décadas, permitiram a formulação de diferentes teorias consoantes com essa linha.
- **Dupla origem** – Sugere que migrações de diferentes lugares em momentos distintos teriam trazido o *Homo sapiens* para a América. Essa teoria é defendida porque a datação dos fósseis encontrados em escavações arqueológicas no continente varia de 12 mil a 20 mil anos, o que sugere que a povoação da América teria sido feita a partir de várias migrações, não em uma única leva. No Brasil, as pesquisas realizadas pela arqueóloga Guidon (2003) indicam travessias ainda mais antigas, chegando a quase 50 mil anos.

O aparecimento de diferentes grupos humanos ajudou a formar as civilizações maia, asteca e inca, bem como os grupos indígenas espalhados pelo continente, como os Sioux, nos Estados Unidos, e os povos indígenas brasileiros, a exemplo dos Tupi, subdivididos em diversas famílias.

No Brasil, os indígenas foram classificados em quatro principais troncos linguísticos: tupi, jê, aruaque e caribe (ver Seção 6.1). Outros povos e grupos indígenas falam línguas não aparentadas ou línguas isoladas.

Entre parênteses

Nos anos de 1970, a pesquisadora Niède Guidon (2003) começou seus estudos na Serra da Capivara, em São Raimundo Nonato, no Piauí. Sua pesquisa, inicialmente, consistia em fazer um levantamento das pinturas rupestres, distribuídas pelos inúmeros sítios arqueológicos do lugar. No entanto, restos de fogueira datados de 50 mil anos sugerem a chegada do ser humano no continente há mais tempo. Os grupos humanos naquela localidade eram caçadores e coletores e abrigavam-se em grutas. Além disso, tinham o domínio do fogo e construíam instrumentos de pedra.

Nosso interesse inicial eram a arte rupestre, pinturas e gravuras. Logo na primeira missão de 1973, descobrimos 55 sítios, a maior parte com pinturas. Alguns eram aldeias em cujo solo abundavam cacos de cerâmica e objetos de pedra lascada e polida. Pensávamos, então, que esses sítios eram recentes pois, como todos os arqueólogos americanos, acreditávamos que a América havia sido povoada tardiamente e que a América do Sul havia sido a última parte da Terra a receber representantes do gênero Homo.

Nas primeiras missões nada mais fizemos do que documentar as pinturas rupestres e buscar dados sobre a região. Essa pesquisa bibliográfica demonstrou que nunca ninguém havia pesquisado naquela região e que nada se sabia sobre a mesma, nem sobre as bases físicas, nem sobre fauna e flora. Por esta razão, em 1978, transformamos nossa equipe de pesquisas, que passou a integrar especialistas de outras áreas, de modo a poder desenvolver um trabalho interdisciplinar [...]. No mesmo ano realizamos as primeiras sondagens visando encontrar vestígios dos povos que haviam realizado as pinturas. [...]. Em junho de 1979, era criado o Parque Nacional Serra da Capivara.

Dispomos, para o sítio Toca do Boqueirão da Pedra Furada, de 63 datações por C-14, realizadas em laboratórios da Europa, América e Austrália que permitiram o estabelecimento de uma coluna cronoestratigráfica sem inversões, que vai de 59.000 até 5.000 anos antes do presente [...]. Essas

> *datações antigas levantaram objeções entre certos colegas americanos e a polêmica se instalou [...]. Objetavam esses colegas que as peças líticas podiam ser o resultado de lascamentos naturais, que os carvões eram o resultado de fogos naturais e que os fogões encontrados eram também formados por fenômenos naturais, diversos blocos caídos perto um do outro. Essas objeções foram destruídas por uma série de trabalhos feitos. Gisele Daltrini Felice [...] realizou uma série de sondagens, descendo a encosta do sítio, até o fundo do vale, subindo a encosta oposta até o paredão da cuesta. Se os carvões do sítio Toca do Boqueirão da Pedra Furada tivessem sido originados por incêndios naturais, a pesquisadora deveria ter encontrado as mesmas camadas de carvões nas encostas, ou no vale.*
>
> *Fora do sítio não foram encontradas camadas de carvões correspondentes às encontradas dentro do abrigo, o que elimina a possibilidade de fogos naturais. pois sabemos que o fogo sobe encostas e não é lógico pensar que ele se declarou unicamente dentro do abrigo que tem cerca de 70 metros de comprimento por 15 de largura. Análises ao microscópio de varredura, realizadas na Texas A & M University confirmam a origem antrópica dos lascamentos.* (Guidon, 2003)

A seguir, comentaremos um pouco mais sobre as riquezas indígenas da América.

5.3.2 Desenvolvimento das civilizações ameríndias

A Península de Lucatã – situada ao sudeste do atual México e parte da América Central (território que hoje corresponde a países como Guatemala, Belize, El Salvador e Honduras) – era ocupada por sociedades agrícolas que, com o passar do tempo, deram origem à **civilização maia**, cuja cultura chegou ao apogeu a partir do século II e a influência estendeu-se até o século X. Os maias não se organizaram sob um governo centralizado, mas baseado nas próprias cidades, nas quais viviam a família real e servidores do Estado, tais como sacerdotes e funcionários responsáveis pela cobrança de impostos. Em cada localidade, havia um centro cerimonial independente e existia também circulação comercial entre as cidades. A base da economia era a agricultura, e os principais produtos eram cacau, abacate, algodão, feijão, abóbora e tabaco.

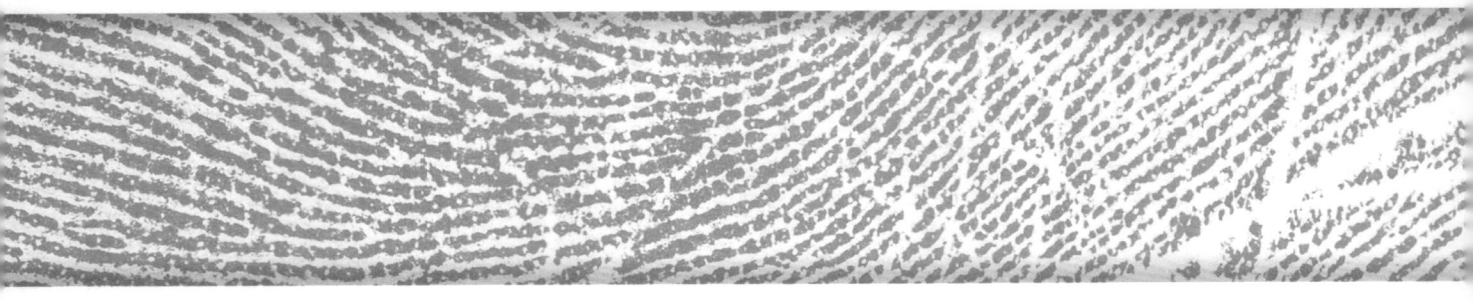

Mapa 5.6 – Povos indígenas da América

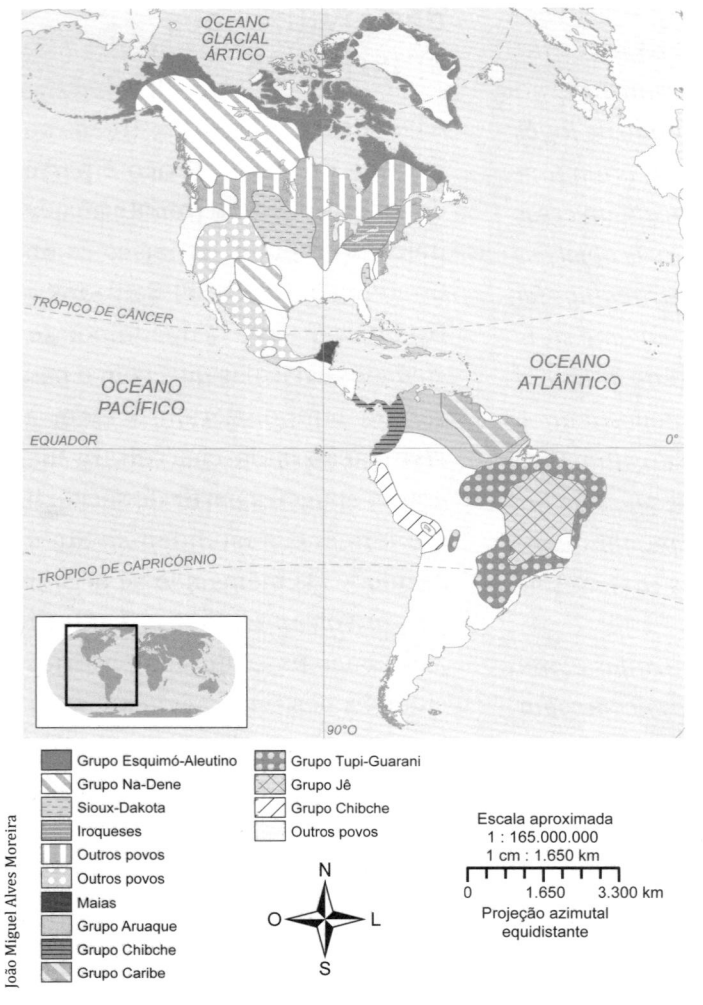

Fonte: Arruda, 2010, p. 21.

Os maias acreditavam em vários deuses e desenvolveram diversos rituais religiosos para celebrá-los, praticando, inclusive, sacrifícios humanos. Na matemática, conheciam o zero e desenvolviam operações e cálculos complexos. Além disso, estudavam astronomia e sabiam os movimentos do Sol e da Lua, bem como tinham um calendário de 365 dias e o ano bissexto. Desenvolveram, ainda, a pintura mural e a arte cerâmica.

Figura 5.2 – Arte maia – episódio de uma batalha

Figura 5.3 – Templo das inscrições, Palenque, Chiapas, México

Quando os espanhóis chegaram, a civilização maia já havia entrado em colapso. As cidades já estavam em ruínas e haviam sido tomadas pelas florestas. Alguns historiadores acreditam que os conflitos

frequentes entre as cidades foi uma das causas de sua destruição. Outras causas teriam sido o desgaste e a erosão do solo, provocados pelas queimadas, o que aumentou a fome e a necessidade desse povo de migrar para outros lugares.

Já os **astecas** desenvolveram-se como civilização a partir do século XII, na região do atual México. Sua origem está relacionada a um povo que se fixou no Lago Texcoco, os *mexicas*. O nome desse grupo posteriormente tornou-se também o nome do país que se formaria, o México.

A organização política, diferentemente da adotada pelos maias, era baseada no poder centralizado nas mãos de um rei. A principal cidade era Tenochtitlán, capital do império. A cidade, quando os espanhóis a conheceram, contava com campos, pontes, ruas e canais, pelos quais eram transportados pessoas e mantimentos (Figura 5.4).

Figura 5.4 – Tenochtitlán, capital dos astecas

Os astecas viviam basicamente da agricultura e produziam feijão, cacau, milho, tomate e tabaco, comercializavam cerâmica, sal, peles, ouro e prata. Além disso, dominavam técnicas de tecelagem e ourivesaria. A região do Lago Texcoco era bastante pantanosa e, para garantir boa produtividade, desenvolveram aperfeiçoado sistema chamado *chinampas* (ilhas flutuantes semelhantes a balsas, sustentadas por estacas. Usavam esteiras para servir como base a essas ilhas e, sobre elas, colocavam a lama do fundo do lago, garantindo maior área de plantio e produzindo um terreno fértil). Como conquistaram outros povos no entorno de seu território, escravizavam parte dessa população e cobravam altos tributos, o que garantia parte de sua riqueza.

Figura 5.5 – Técnica de chinampas

O poder militar era muito importante naquela sociedade, e os exércitos eram comandados pelo rei. Nobres, militares e sacerdotes formavam a camada mais alta da sociedade. Na camada intermediária, estavam os comerciantes e artesãos. Por fim, na base, estavam os camponeses e os trabalhadores urbanos, que eram a maioria da população e viviam dos alimentos e roupas cedidos pelo Estado. Havia, ainda, os prisioneiros de guerra, os escravos.

Os astecas eram politeístas e construíram grandes templos. Como os maias, faziam sacrifícios humanos em rituais religiosos, mas parte desses sacrifícios era garantida com as conquistas de guerra.

Essa civilização foi conquistada pelos espanhóis em 1519, com a chegada de Hernán Cortés. O jovem capitão espanhol atacou a cidade por duas vezes, sendo vencedor na segunda graças à ajuda de povos inimigos dos astecas e de grande parte do conhecimento da cultura daquele povo. Uma índia chamada Malinche casou-se com Cortés e foi a principal ajuda do espanhol em suas táticas de guerra. Ao atacar a cidade e cercar o local, deixou seus habitantes morrerem de fome e sede. Com violência, saqueou o lugar e prendeu o Imperador Montezuma. Sobre as ruínas de Tenochtitlán, foi erguida a Cidade do México, capital do atual México (América do Norte).

Por sua vez, os **incas** ocupavam a encosta da Cordilheira do Andes, na América do Sul, onde hoje ficam Peru, Colômbia, Equador, oeste da Bolívia e norte do Chile e da Argentina. Segundo lendas, eles se fixaram na região por volta do século XII e se expandiram sobre as demais localidades no início do século XV.

O poder político era centralizado na figura do filho do deus-sol, o Inca. Ele comandava todo o Estado, principalmente a terra. As melhores terras eram para os sacerdotes e a família imperial, o restante pertencia à população, para que nelas produzissem seu sustento.

Os camponeses estavam organizados nos *ayllus*, comunidades baseadas em laços familiares e vínculos com antepassados comuns. Esses trabalhadores ocupavam a terra e realizavam trabalhos coletivos. O *curaca*, homem mais idoso, governava a terra coletiva.

A economia ainda era baseada na agricultura. As lavouras eram feitas em terraços, nas encostas das montanhas, em grandes degraus construídos com estruturas laterais de pedras. Além disso, diferentemente das outras civilizações da América, os incas domesticaram animais, como a lhama, a alpaca e a vicunha, para transporte, carne, couro, lã e esterco.

Figura 5.6 – Comunidade inca fazendo a colheita nos terraços

Figura 5.7 – Terraços, construções de pedra na encosta das montanhas

Esse povo desenvolveu um complexo sistema de estradas no litoral e nas montanhas, favorecendo as trocas rápidas de informações por mensageiros e ajudando a organização imediata de grupos militares contra qualquer oposição ao Inca (rei).

Produziam artesanato em madeira, pedra, tecido, cobre, prata e ouro. Além disso, desenvolveram os *quipos*, um complexo sistema de registro baseado na numeração decimal e feito em cordões, às vezes, coloridos. Cada posição dos nós e das cores determinava certa quantidade. Conheciam técnicas cirúrgicas, usavam ervas e sangrias e, ao enterrarem seus mortos, faziam um processo de mumificação.

Figura 5.8 – Quipos

Em 1531, o Império Inca foi atacado pelos espanhóis, liderados por Francisco Pizarro. O Inca foi feito refém e, mesmo mediante pagamento de exorbitante resgate, foi morto, o que significou o fim do Império.

> **Entre parênteses**
>
> A chegada dos espanhóis provocou o que pode ser definido como um *encontro de culturas*. No entanto, o domínio europeu sobre a América indígena aculturou o povo, expropriou sua forma de vida e provocou um grande genocídio. Os espanhóis impuseram sua língua, seus costumes e sua religião. Desestruturaram a economia local e instauraram a estrutura latifundiária e escravocrata. Doenças como varíola, tifo, coqueluche e gripe dizimaram populações. Todo processo foi uma grande catástrofe demográfica.

No lugar, organizou-se um complexo sistema administrativo espanhol, cujo poder centralizado estava no outro lado do Atlântico, em Sevilha, na Casa de Contratação, responsável pelo controle de pessoas e mercadorias. Ainda havia o Conselho das Índias, com sede em Madri, responsável pela nomeação de altos postos da administração colonial e pelo Tribunal de Justiça. Para estruturar a administração, a Espanha dividiu as terras em quatro vice-reinos (Nova Espanha, Nova Granada, Peru e Prata) e quatro capitanias-gerais (Cuba, Guatemala, Venezuela e Chile). Na esfera local (vilas e cidades), havia o *cabildo*, conselho que regulava a vida dos moradores, administrados por *chapetones* (funcionários espanhóis). A elite nascida na América e proprietária de terras ficava em uma posição secundária da administração e seus membros eram chamados *criollos*.

As formas de exploração do trabalho indígena não eram intituladas como *escravidão*, mas funcionavam como tal. Havia a *encomenda*, pela qual os indígenas estavam sujeitos ao trabalho até a quarta geração, os *encomienderos* podiam explorar o trabalho indígena em troca de assistência material e do compromisso de convertê-los ao cristianismo. Havia também a *mita*, a qual instituía a obrigação de trabalhar, principalmente nas regiões mineradoras, em troca de baixos salários – uma forma de exploração cruel que deixou muitos indígenas desnutridos e isolados de sua região de origem.

> **Entre parênteses**
>
> Malinche foi uma indígena entregue como escrava aos espanhóis. Fluente em nauatle (língua asteca), usou desse artifício para se tornar intérprete para os espanhóis e, assim, ter alguma importância social. Com sua ajuda, os espanhóis negociaram e estabeleceram alianças com os indígenas. Sua ligação com Cortés, conquistador espanhol, gerou um dos primeiros filhos americanos mestiços e favoreceu a conquista espanhola sobre os astecas.

De acordo com Ribeiro (2009):

Malinche tornou-se fundamental para os planos do conquistador porque, como diz Bernal, "Cortés, sem ela, não podia entender os índios". Apesar da importância estratégica e de ser mãe do filho do espanhol, Malinche foi novamente entregue. Dessa vez, por Cortés para um companheiro de expedição, Juan Jaramillo. Ela se casou, ganhou a liberdade e teve uma filha, Maria. Não se sabe quando Malinche morreu, acredita-se que foi em 1529, mas algumas fontes falam em 1551.

Mais de três séculos depois de sua morte, o ex-linguista Tzvetan Todorov afirmou em seu livro A Conquista da América: "É verdade que a conquista do México teria sido impossível sem ela". Todorov destacava a importância da linguagem em todo o processo de domínio da civilização asteca e dos povos ao redor por Cortés. E explicava, assim, a dimensão que o nome de Malinche tomou no país.

Não só sua imagem mudou ao longo dos séculos, mas também a importância atribuída a ela. "Na época da conquista, ela era respeitada. Não foi só tradutora e amante, tinha influência", afirma Leandro Karnal. "Depois da independência, o México construiu a identidade do asteca como ancestral de sua nacionalidade, como um povo feliz, o que é uma visão romântica. Então ela vira a traidora. Sua imagem só começa a ser reabilitada nos anos 80, quando a importância da comunicação, da mulher e dos aliados indígenas cresceu nas análises históricas."

[...]

Para Todorov, a índia que ajudou a Espanha a dominar o México "anuncia o estado atual de todos nós, inevitavelmente bi ou tri culturais". O problema é que a mistura que Malinche representa é vista até hoje como impura em seu país, atrelado ao passado romântico. Com isso, a população não reconhece nela o que Octavio Paz chama de "Eva mexicana" ou a "mãe simbólica" de todo um povo.

A exploração do trabalho indígena com emprego da *mita* foi utilizada até o final do século XVIII no Peru (1780), quando uma revolta liderada por José Gabriel Condorcanqui Noguera (Tupac Amaru II) exigiu o fim dessa forma de exploração. Mesmo sem o sucesso da libertação da América indígena e com a morte violenta do líder, a revolta garantiu o fim da *mita*.

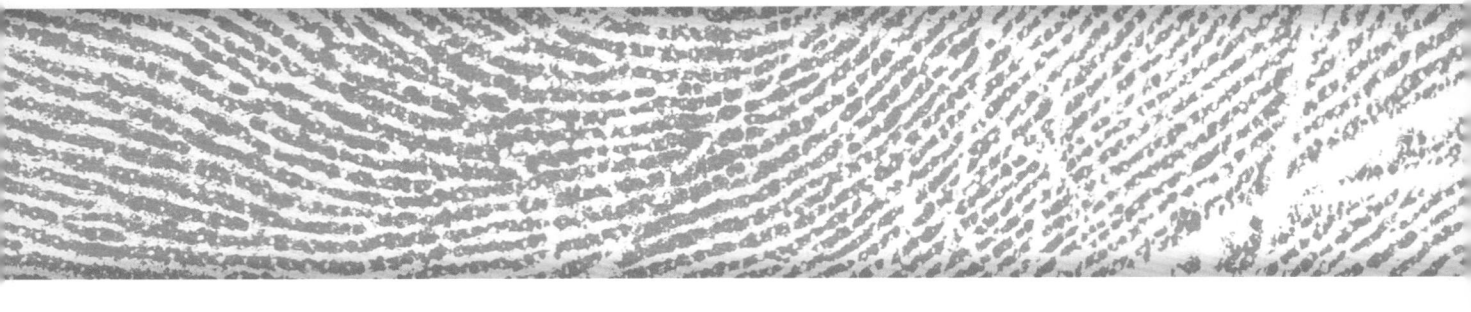

Luz, câmera, reflexão

A CONQUISTA do paraíso. Direção: Ridley Scott. EUA/Inglaterra/França/Espanha: Paramount Pictures, 1992. 140 min.

A OUTRA conquista. Direção: Salvador Carrasco. EUA, 1998. 105 min.

Atividades

1) Identifique as principais motivações econômicas que levaram os europeus ao processo das Grandes Navegações.

2) Quais foram os avanços tecnológicos promovidos nos séculos XV e XVI que permitiram aos europeus iniciar suas longas viagens marítimas?

3) Leia estas estrofes do poema *Mar português*, de Fernando Pessoa e, com base nelas, faça o que se pede.

> Ó mar salgado, quanto do teu sal
> São lágrimas de Portugal!
> Por te cruzarmos, quantas mães choraram,
> Quantos filhos em vão rezaram!
> Quantas noivas ficaram sem casar
> Para que fosses nosso, ó mar!
> Valeu a pena? Tudo vale a pena
> Se a alma não é pequena.
> Quem quer passar além do Bojador
> Tem que passar além da dor.
> Deus ao mar o perigo e o abismo deu,
> Mas foi nele é que espelhou o céu.
> (Pessoa, 1969, p. 82)

a) Pesquise na internet ou em livros de literatura quem foi Fernando Pessoa e qual foi sua importância para a literatura de Portugal.

b) Como o tema do poema está relacionado às Grandes Navegações portuguesas?

c) Descreva as rotas de navegação traçadas por Portugal para chegar às Índias. Apresente seus navegadores e o ano das conquistas. Verifique o que é "Bojador".

4) O Tratado de Tordesilhas foi questionado por Francisco I, Rei da França, que declarou, em 1540: "Gostaria de ver o testamento de Adão para saber de que forma este dividira o mundo."

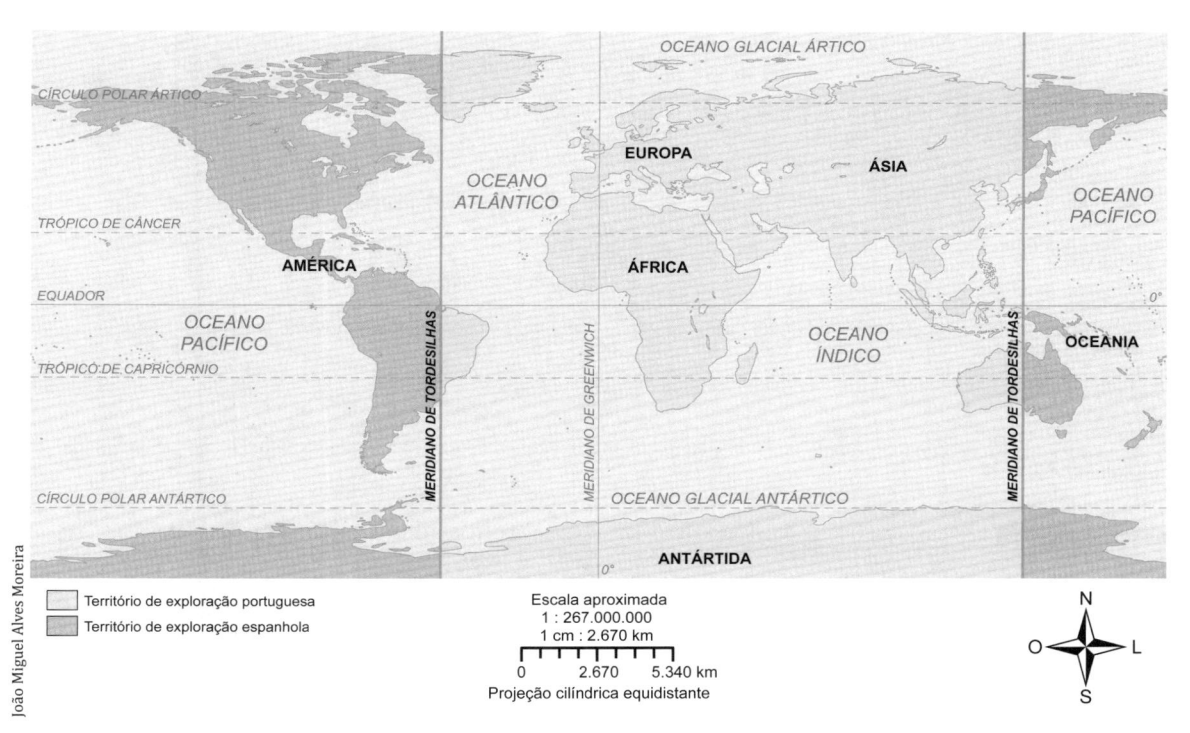

Fonte: UFRGS, 2018.

  a) O que foi o Tratado de Tordesilhas?
  b) Por que alguns países da Europa, como a França, contestavam o tratado?

5) Elabore um quadro comparativo sobre os seguintes aspectos das civilizações maia, asteca e inca:
   - localização geográfica;
   - economia;
   - política; e
   - cultura.

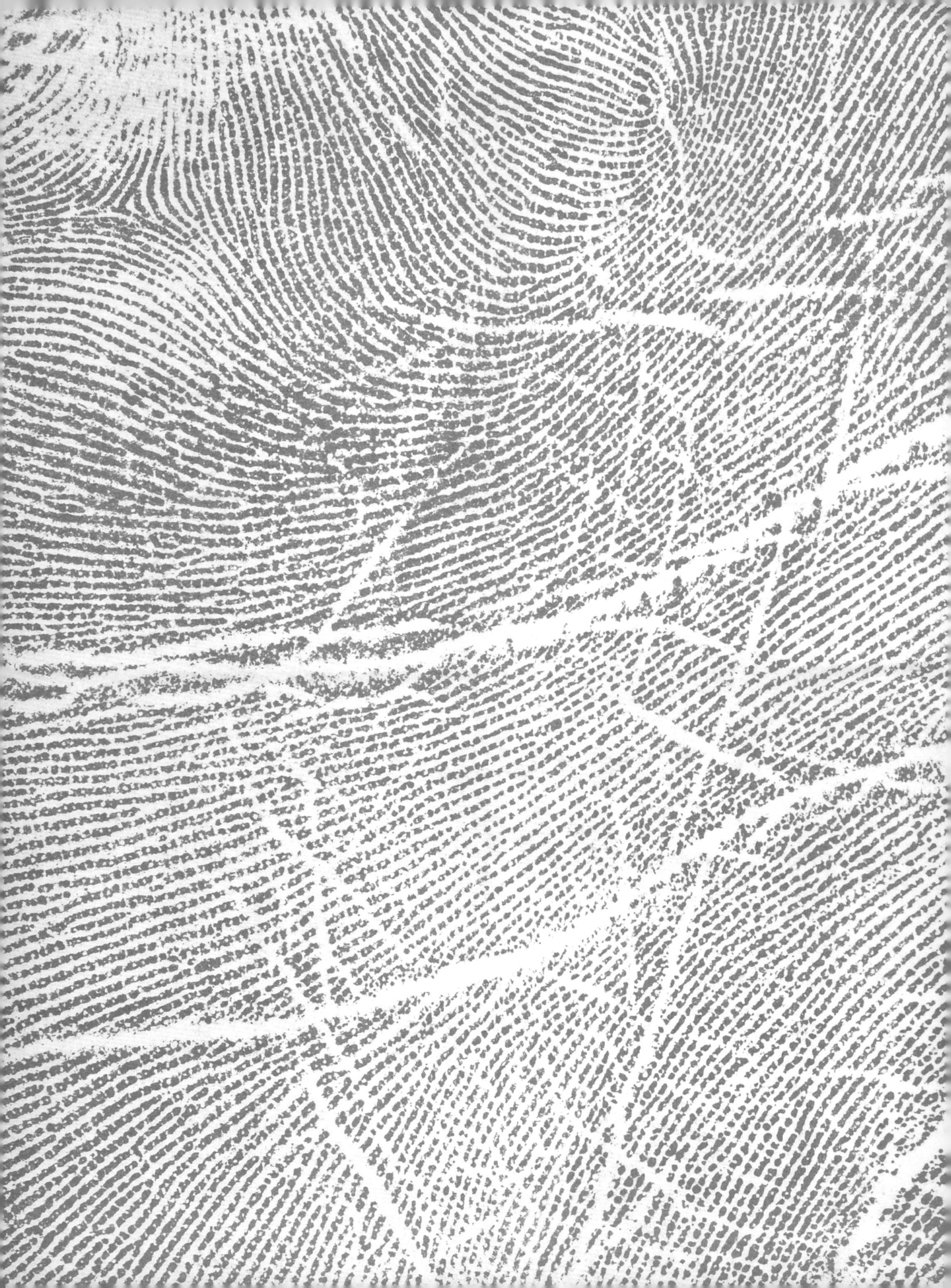

capítulo seis

Brasil Colônia

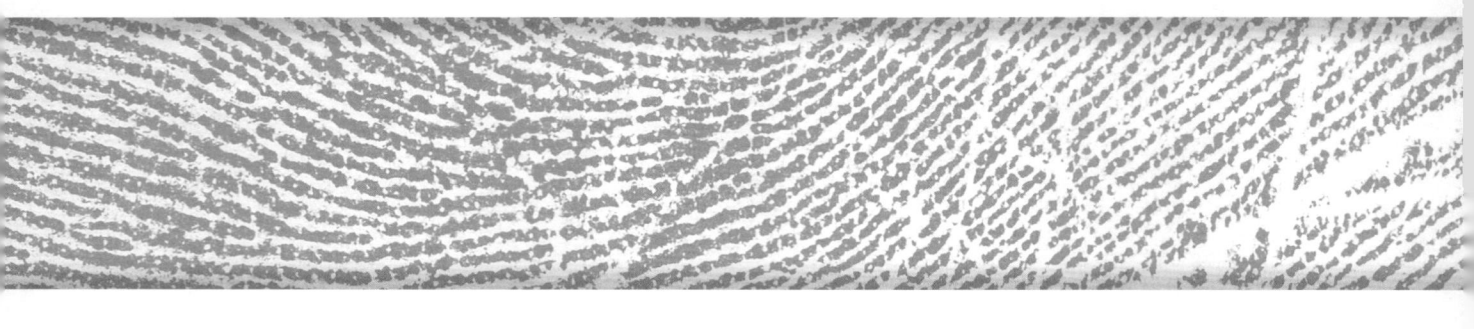

As produções do barroco baiano e do barroco mineiro, dos séculos XVII e XVIII, podem ser vistas no Centro Histórico de Salvador (o Pelourinho) ou em algumas cidades de Minas Gerais. São Igrejas, casas e sobrados, ruas e praças com a cara do seiscentos e do setecentos. Essas obras remontam à arquitetura, à pintura, à escultura e à literatura do período colonial como legado de muito trabalho em terras brasileiras, de escravidão, de tributação e de gênios da arte.

Figura 6.1 – Vista de Ouro Preto, cidade mineira

Figura 6.3 – Igreja de São Francisco, Salvador, BA

Figura 6.2 – Interior da Igreja de Nossa Senhora do Pilar, Ouro Preto, MG

Figura 6.4 – Pelourinho, Salvador, BA

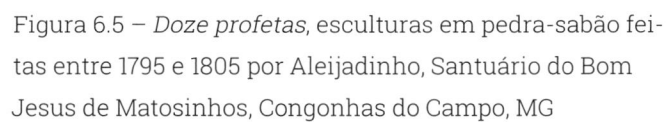

Figura 6.5 – *Doze profetas*, esculturas em pedra-sabão feitas entre 1795 e 1805 por Aleijadinho, Santuário do Bom Jesus de Matosinhos, Congonhas do Campo, MG

O período colonial brasileiro se estendeu do século XVI ao início do XIX, tanto que a ocupação inicial das áreas litorâneas do país está relacionada ao plantio da cana-de-açúcar nesse momento da história do país. Nos séculos XVI e XVII, a produção açucareira dependia do trabalho escravo nos engenhos. No final do século XVII, foram encontradas minas de ouro e pedras preciosas no território que hoje corresponde a Minas Gerais. Novamente, a riqueza brasileira foi produzida por mãos escravas e serviu para abastecer a metrópole portuguesa, que impunha seus domínios sob o recrudescimento do Pacto Colonial. Uma parcela muito pequena das riquezas geradas pelo açúcar e das toneladas de ouro extraídas do solo brasileiro ficou aqui. É dessa pequena quantidade, se comparada às grandes remessas enviadas a Portugal, que os brasileiros fizeram emergir as belezas barrocas que tocam nossos sentidos até hoje.

6.1 Povos indígenas brasileiros

Conforme estudamos no capítulo anterior, os povos indígenas da América, à época do descobrimento, eram muitos e de organização bastante diversificada. Quando Cabral chegou ao Brasil, em abril de 1500, foram feitos os primeiros contatos entre indígenas e portugueses. Tempos depois, os europeus classificaram os povos indígenas brasileiros por proximidade linguística, com base nos chamados *troncos linguísticos*: tupi, jê, aruaque e caribe. Esses povos, subdivididos em famílias, estavam espalhados por todo o território brasileiro. No litoral. ficavam os tupis, que foram os primeiros a encontrar os portugueses na costa da Bahia.

A organização sociocultural dos povos indígenas brasileiros era bastante diversificada, conforme já mencionamos. Não existia uma estrutura de Estado complexa e organizada, então se dividiam em tribos que falavam a mesma língua, ou seja, viviam em aldeamentos compostos por várias habitações ou por apenas uma.

Mapa 6.1 – Distribuição dos troncos linguísticos brasileiros

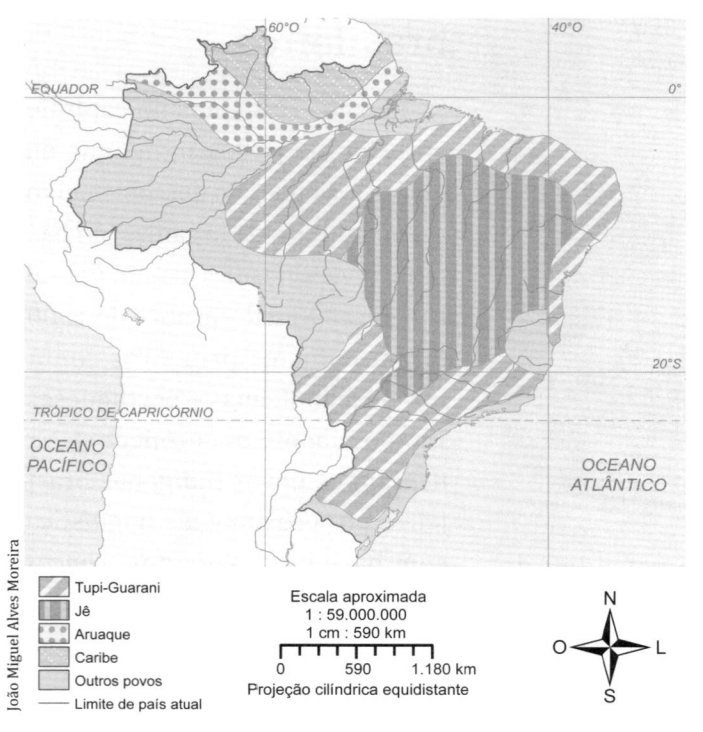

Tupi-Guarani
Jê
Aruaque
Caribe
Outros povos
— Limite de país atual

Escala aproximada
1 : 59.000.000
1 cm : 590 km
0   590   1.180 km
Projeção cilíndrica equidistante

João Miguel Alves Moreira

Fonte: Arruda, 2010, p. 21.

Os tipos de habitação, por sua vez, variavam de acordo com a geografia brasileira. Em climas quentes, as ocas eram mais frequentes, em climas frios, como nas regiões ao sul do país, faziam-se escavações na terra, as quais eram cobertas com estrutura de palha ou madeira para evitar os fortes ventos e o frio. De forma geral, os povos indígenas praticavam a coleta, a pesca e, em alguns casos, a agricultura (por exemplo, cultivo da mandioca). Os povos não agricultores deslocavam-se com maior frequência, pois, para o preparo do solo para o plantio ateavam fogo no terreno, técnica indígena denominada *coivara*.

Nas tribos, a propriedade era de todos, e o trabalho, dividido por sexo e por idade. As tarefas femininas estavam relacionadas à comida: coleta, plantio, preparo; e aos homens cabia a preparação da terra, a caça e a pesca. De forma geral, essas comunidades eram poligâmicas (um homem podia ter várias mulheres) e politeístas (crença em vários deuses), com um processo mágico-religioso próximo aos elementos da natureza. Inúmeras plantas eram conhecidas e serviam para os rituais de cura, proposto pelo pajé (líder religioso).

Além disso, esses grupos produziam adornos de pluma, pinturas e confeccionavam potes de cerâmica, urnas funerárias, brincos, mantas, braceletes, esteiras, redes e cestos, conforme sua cultura.

Entre aspas

O grande contingente populacional indígena localiza-se, não por acaso, na Amazônia. [...] Os índios são mais numerosos na Amazônia pela simples razão de que grande parte da região ficou à margem, nos séculos passados, dos surtos econômicos. O que se prova até pelas exceções: onde houve borracha, por exemplo no Acre, as populações e as terras indígenas foram duramente atingidas e a maior parte dos sobreviventes dos grupos pano[i] do Brasil hoje estão em território peruano. Quanto aos Yanomami, habitam terras altas que até recentemente não interessavam a ninguém. As populações indígenas encontram-se hoje onde a predação e a espoliação permitiu que ficassem.

Os grupos da várzea amazônica foram dizimados a partir do século XVII pelas tropas que saíam em busca de escravos. Incentivou-se a guerra entre grupos indígenas para obtê-los e procedeu-se a maciços descimentos de índios destinados a alimentar Belém em mão de obra. No século XVIII, como escrevia em 1757 o jesuíta João Daniel, encontravam-se nas missões do baixo Amazonas índios de "trinta a quarenta nações diversas". Alguns grupos apenas foram mantidos nos seus lugares de origem para que atestassem e defendessem os limites da colonização portuguesa: foram eles os responsáveis pelas fronteiras atuais da Amazônia em suas regiões. E o caso dos Macuxi e Wapixana, na Roraima atual, chamados no século XVIII de muralhas do sertão. O Barão de Rio Branco e Joaquim Nabuco fundamentaram na presença destes povos e nas suas relações com os portugueses a reivindicação brasileira na disputa de limites com a então Guiana inglesa, no início deste século. E há quem venha agora dizer que os Macuxi se instalaram apenas recentemente na área Raposa-Serra do Sol! Do ponto de vista da justiça histórica, é chocante hoje se contestar a conveniência de grupos indígenas povoarem as fronteiras amazônicas que eles ajudaram a consolidar.

Outra objeção que frequentemente se levanta, paradoxal em um país ocupado por latifúndios numa proporção que beira os 50% (48,5%), é o tamanho das terras indígenas na Amazônia. [...] Mas grandes áreas na Amazônia não são o privilégio de alguns grupos indígenas. A Manasa Madeireira Nacional tinha, em levantamento do Incra de 1986, nada menos do que 4 milhões e 140 mil hectares no Amazonas: área maior que a Bélgica, a Holanda [...]. E neste caso, contrariamente às terras indígenas que pertencem à União, trata-se de terras particulares.

Em matéria de territórios indígenas, o Brasil está longe da liderança. No Canadá (segundo a Folha de S.Paulo; 5 set. 1993, p. 3-4), criou-se em dezembro de 1991 um território semiautônomo esquimó (ou Inuit) de cerca de 2 milhões de km^2, (cerca

---

[i] *Os panos são um grupo indígena do Acre que, no final do século XIX, com a chegada dos seringalistas e seringueiros, saiu da região. Seu nome é dado por outros povos, de famílias linguísticas distintas, e, pejorativamente, quer dizer os "chorões".*

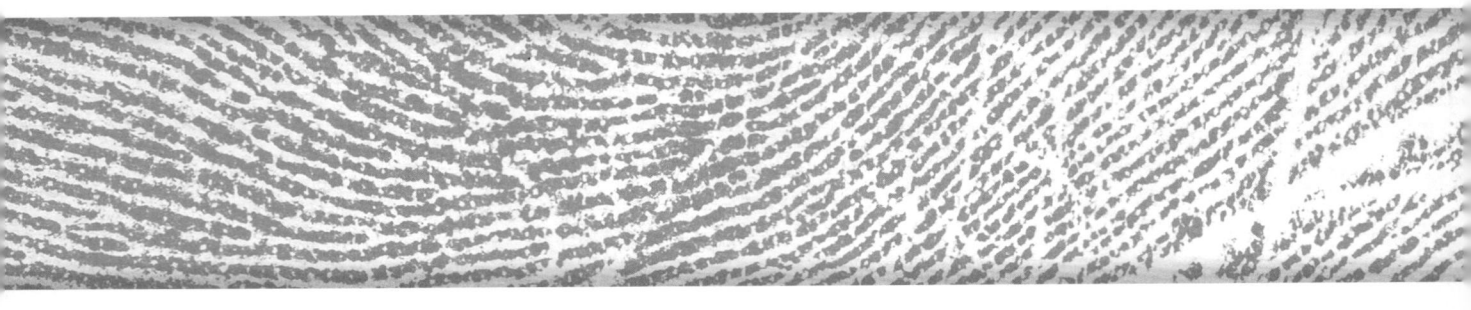

de 20% do território total do Canadá, e em área contínua), equivalente aos estados de Amazonas, Amapá, Acre e Roraima juntos, com 17.500 habitantes. Em 1/6 do território, os Inuit têm controle absoluto das riquezas naturais e autogoverno. Nos outros 5/6, recebem 5% sobre a exploração de riquezas naturais. Trata-se de território contínuo que sozinho totaliza mais do dobro de todas as áreas indígenas brasileiras.

No Brasil, com efeito, contam-se atualmente 519 áreas indígenas esparsas que, juntas, totalizam 10,52% do território nacional, com 895.577,85 km². Apesar da Constituição (no art. 67 das disposições transitórias) prever a data de 5 de outubro de 1993 para a conclusão das demarcações dessas áreas, atualmente cerca de metade (256) estão demarcadas fisicamente e homologadas (Cedi, 1993). As demais 263 áreas estão em diferentes estágios de reconhecimento, desde as 106 totalmente sem providências até às 27 demarcadas fisicamente, mas ainda não homologadas. Acrescente-se o dado muito relevante de que cerca de 85% das áreas indígenas sofrem algum tipo de invasão.

Fonte: Cunha, 1994.

Desde a Constituição de 1934 (Brasil, 1934), é garantida aos povos indígenas a posse inalienável de suas terras. Na Constituição de 1988 (Brasil, 1988), criou-se um capítulo próprio para tratar dos direitos indígenas. Ele demanda sobre as terras indígenas o direito sobre recursos naturais, de foros de litígio e de capacidade processual. A maior parte da população indígena vive em reservas, sendo as mais conhecidas a dos ianomâmi e o Parque Indígena do Xingu. A primeira, localizada nos estados de Roraima e do Amazonas, é uma das maiores em extensão territorial: nela habitam mais de 9.300 pessoas, que falam várias línguas da família ianomâmi. A segunda fica no nordeste do Mato Grosso e acolhe 17 tribos indígenas.

6.2 Brasil pré-colonial: início da colonização e da administração

Quando Portugal iniciou as Grandes Navegações do século XV, o objetivo primeiro era entrar em contato com o Oriente por uma nova rota. Estabelecido o contato com a Índia, após a viagem de Vasco da Gama, em 1498, Portugal voltou-se para o Brasil para tomar posse oficialmente de suas terras, já acordadas no Tratado de Tordesilhas (1494).

Assim, uma frota comandada por Cabral, a mando da Coroa Portuguesa, partiu para o Brasil. Ao chegar, o escrivão Pero Vaz de Caminha relatou oficialmente ao rei o que podia ser visto e explorado nessa nova terra. No entanto, ficou claro que havia uma grande quantidade de pau-brasil, mas, em um primeiro momento, não descobriram ouro. Assim, o governo português manteve o comércio vantajoso com os produtos africanos e asiáticos e, nas novas terras, limitou-se a fazer, entre 1500 e 1530, a extração da madeira, sem, no entanto, iniciar um efetivo processo de colonização.

Na carta, Pero Vaz de Caminha faz rica descrição da fauna e da flora, bem como dos habitantes do lugar. Ao analisar o documento que escreveu, é possível, ainda, identificar os interesses portugueses naquele momento.

Entre aspas

E assim seguimos nosso caminho, por este mar de longo, até que terça-feira das Oitavas de Páscoa, que foram 21 dias de abril, topamos alguns sinais de terra, estando da dita Ilha – segundo os pilotos diziam, obra de 660 ou 670 léguas – os quais eram muita quantidade de ervas compridas, a que os mareantes chamam Botelho, e assim mesmo outras a que dão o nome de rabo-de-asno. E quarta-feira seguinte, pela manhã, topamos aves a que chamam furabuchos.

Neste mesmo dia, a horas de véspera, houvemos vista de terra! a saber, primeiramente de um grande monte, muito alto e redondo; e de outras serras mais baixas ao sul dele; e de terra chã, com grandes arvoredos; ao qual monte alto o capitão pôs o nome de O Monte Pascoal e à terra A Terra de Vera Cruz! [...]

E dali avistamos homens que andavam pela praia, uns sete ou oito, segundo disseram os navios pequenos que chegaram primeiro. [...] Pardos, nus, sem coisa alguma que lhes cobrisse suas vergonhas. Traziam arcos nas mãos, e suas setas. Vinham todos rijamente em direção ao batel. E Nicolau Coelho lhes fez sinal que pousassem os arcos. E eles os depuseram. Mas não pôde deles haver fala nem entendimento que aproveitasse, por o mar quebrar na costa. Somente arremessou-lhe um barrete vermelho e uma carapuça de linho que levava na cabeça, e um sombreiro preto. E um deles lhe arremessou um sombreiro de penas de ave, compridas, com uma copazinha de penas vermelhas e pardas, como de papagaio. E outro lhe deu um ramal grande de continhas brancas, miúdas que querem parecer de aljôfar, as quais peças creio que o Capitão manda a Vossa Alteza. E com isto se volveu às naus por ser tarde e não poder haver deles mais fala, por causa do mar.

[...] A feição deles é serem pardos, um tanto avermelhados, de bons rostos e bons narizes, bem feitos. Andam nus, sem cobertura alguma. Nem fazem mais caso de encobrir ou deixa de encobrir suas vergonhas do que de mostrar a cara. Acerca disso são de grande inocência. Ambos traziam o beiço de baixo furado e metido nele um osso verdadeiro, de comprimento de uma mão travessa, e da grossura de um fuso de algodão, agudo na ponta como um furador. Metem-nos pela parte de dentro do beiço; e a parte que lhes fica entre o beiço e os dentes é feita a modo de roque de xadrez. E trazem-no ali encaixado de sorte que não os magoa, nem lhes põe estorvo no falar, nem no comer e beber. [...]

O Capitão, quando eles vieram, estava sentado em uma cadeira, aos pés uma alcatifa por estrado; e bem vestido, com um colar de ouro, mui grande, ao pescoço. E Sancho de Tovar, e Simão de Miranda, e Nicolau Coelho, e Aires Corrêa, e nós outros que aqui na nau com ele íamos, sentados no chão, nessa alcatifa. Acenderam-se tochas. E eles entraram. Mas nem sinal de cortesia fizeram, nem de falar ao Capitão; nem a alguém. Todavia um deles fitou o colar do Capitão, e começou a fazer acenos com a mão em direção à terra, e depois para o colar, como se quisesse dizer-nos que havia ouro na terra. E também olhou para um castiçal de prata e assim mesmo acenava para a terra e novamente para o castiçal, como se lá também houvesse prata!

[...] Viu um deles umas contas de rosário, brancas; fez sinal que lhas dessem, e folgou muito com elas, e lançou-as ao pescoço; e depois tirou-as e meteu-as em volta do braço, e acenava para a terra e novamente para as contas e para o colar do Capitão, como se dariam ouro por aquilo. Isto tomávamos nós nesse sentido, por assim o desejarmos! Mas se ele queria dizer que levaria as contas e mais o colar, isto não queríamos nós entender, por que lho não havíamos de dar!

[...] E alguns, que andavam sem eles, traziam os beiços furados e nos buracos traziam uns espelhos de pau, que pareciam espelhos de borracha. E alguns deles traziam três daqueles bicos, a saber um no meio, e os dois nos cabos. E andavam lá outros, quartejados de cores, a saber metade deles da sua própria cor, e metade de tintura preta, um tanto azulada; e outros quartejados d'escaques.

[...] Enquanto andávamos nessa mata a cortar lenha, atravessavam alguns papagaios essas árvores; verdes uns, e pardos, outros, grandes e pequenos, de sorte que me parece que haverá muitos nesta terra. Todavia os que vi não seriam mais que nove ou dez, quando muito. Outras aves não vimos então, a não ser algumas pombas-seixeiras, e pareceram-me maiores bastante do que as de Portugal. Vários diziam que viram rolas, mas eu não as vi. Todavia segundo os arvoredos são mui muitos e grandes, e de infinitas espécies, não duvido que por esse sertão haja muitas aves!

[...] Alguns deles traziam arcos e setas; e deram tudo em troca de carapuças e por qualquer coisa que lhes davam. Comiam conosco do que lhes dávamos, e alguns deles bebiam vinho, ao passo que outros o não podiam beber. Mas quer-me parecer que, se os acostumarem, o hão de beber de boa vontade! Andavam todos tão bem dispostos e tão bem feitos e galantes com suas pinturas que agradavam. Acarretavam dessa lenha quanta podiam, com mil boas vontades, e levavam-na aos batéis. E estavam já mais mansos e seguros entre nós do que nós estávamos entre eles. [...]

Ao sairmos do batel, disse o Capitão que seria bom irmos em direitura à cruz que estava encostada a uma árvore, junto ao rio, a fim de ser colocada amanhã, sexta-feira, e que nos puséssemos todos de joelhos e a beijássemos para eles verem o acatamento que lhe tínhamos. E assim fizemos. E a esses dez ou doze que lá estavam, acenaram-lhes que fizessem o mesmo; e logo foram todos beijá-la. Parece-me gente de tal inocência que, se nós entendêssemos a sua fala e eles a nossa, seriam logo cristãos, visto que não têm nem entendem crença alguma, segundo as aparências. E portanto se os degredados que aqui hão de ficar aprenderem bem a sua fala e os entenderem, não duvido que eles, segundo a santa tenção de Vossa Alteza, se farão cristãos e hão de crer na nossa santa fé, à qual praza a Nosso Senhor que os traga, porque certamente esta gente é boa e de bela simplicidade. E imprimir-se-á facilmente neles qualquer cunho que lhe quiserem dar, uma vez que Nosso Senhor lhes deu bons corpos e bons rostos, como a homens bons. E o Ele nos para aqui trazer creio que não foi sem causa. E portanto Vossa Alteza, pois tanto deseja acrescentar a santa fé católica, deve cuidar da salvação deles. E prazerá a Deus que com pouco trabalho seja assim! Eles não lavram nem criam. Nem há aqui boi ou vaca, cabra, ovelha ou galinha, ou qualquer outro animal que esteja acostumado ao viver do homem. E não comem senão deste inhame, de que aqui há muito, e dessas sementes e frutos que a terra e as árvores de si deitam. E com isto andam tais e tão rijos e tão nédios que o não somos nós tanto, com quanto trigo e legumes comemos.

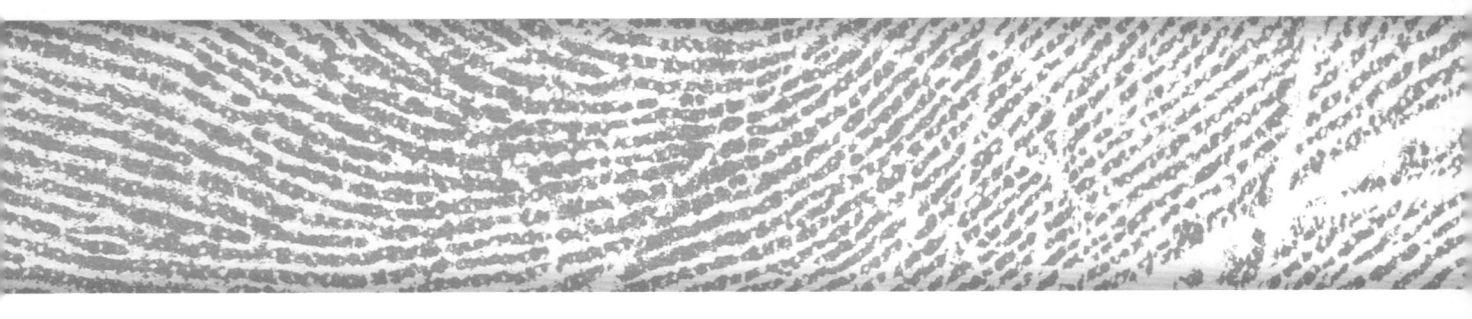

[...] Até agora não pudemos saber se há ouro ou prata nela, ou outra coisa de metal, ou ferro; nem lha vimos. Contudo a terra em si é de muito bons ares frescos e temperados como os de Entre-Douro-e-Minho, porque neste tempo d'agora assim os achávamos como os de lá. Águas são muitas; infinitas. Em tal maneira é graciosa que, querendo-a aproveitar, dar-se-á nela tudo; por causa das águas que tem!

Contudo, o melhor fruto que dela se pode tirar parece-me que será salvar esta gente. E esta deve ser a principal semente que Vossa Alteza em ela deve lançar. E que não houvesse mais do que ter Vossa Alteza aqui esta pousada para essa navegação de Calicute bastava.

[...]

Beijo as mãos de Vossa Alteza.

Deste Porto Seguro, da Vossa Ilha de Vera Cruz, hoje, sexta-feira, primeiro dia de maio de 1500.

Pero Vaz de Caminha.

Fonte: Caminha, 1500.

As principais expedições à nova terra foram as de: Gaspar de Lemos (1501), que reconheceu o litoral brasileiro e deu nome aos acidentes geográficos; Gonçalo Coelho (1503), que organizou contatos entre comerciantes e a Coroa para a exploração de pau-brasil; Cristóvão Jacques (1516 e 1520), que tinha o objetivo de deter o contrabando de pau-brasil, também chamadas de *guarda-costas*.

A primeira e principal atividade econômica foi a exploração do pau-brasil (*Paubrasilia echinata* (Lam.) Gagnon, H.C.Lima & G.P.Lewis), que os indígenas chamavam de *pau vermelho*. Bastante usado na Europa, interessou diretamente à Coroa Portuguesa. A partir dela eram extraídos madeira e tintura para coloração de tecidos. A primeira concessão da Coroa para a exploração da árvore foi dada a Fernão de Noronha, em 1503.

Para a retirada do pau-brasil, em caráter predatório, foi utilizado o trabalho indígena, na forma de escambo (tipo de negociação de bens ou serviços sem uso de dinheiro). Assim, os indígenas recebiam, pelo trabalho, uma série de objetos, como facas, miçangas, espelhos e anzóis. Para garantir o domínio sobre a extração, Portugal determinou o estanco (monopólio sobre a extração de um produto).

A decisão de ocupar a terra ocorreu por vários motivos: os negócios com as Índias haviam entrado em decadência, as incursões estrangeiras ao território brasileiro eram cada vez mais frequentes e outros europeus estavam fazendo alianças com indígenas brasileiros. Por isso, pensar uma colonização no Brasil era uma alternativa para novos lucros comerciais e para garantir o domínio sobre as terras brasileiras.

Em 1530, a expedição de Martim Afonso de Souza, com 400 pessoas, partiu de Lisboa com o objetivo de iniciar a colonização. Eles deveriam combater os corsários estrangeiros, procurar metais preciosos e explorar economicamente a terra com o cultivo da cana-de-açúcar. Em 1532, estabeleceram-se alguns núcleos de povoamento, como São Vicente, no litoral de São Paulo.

Para administrar a colônia, inicialmente, foi organizado o sistema de **capitanias hereditárias**, criadas, em 1534, segundo a ordem de D. João III. O documento que conferia a posse da terra era a Carta de Doação. E os deveres e direitos do detentor de cada uma das 15 capitanias, chamado *donatário*, foram definidos pelo rei na Carta Foral e consistiam em:

- **deveres** – assegurar 10% dos lucros a Portugal, manter o monopólio do pau-brasil, criar vilas, distribuir terras (sesmarias), exercer autoridade, estabelecer alianças com os indígenas e fazer prosperar a colônia;
- **direitos** – manter a posse perpétua da capitania, exercer o poder judiciário e receber os títulos de capitão e de governador.

No entanto, somente duas capitanias prosperaram: São Vicente e Pernambuco. A falta de recursos e de interesse foi um dos principais entraves desse processo inicial.

Para solucionar os problemas, o Estado português criou o Governo Geral, com a ideia de promover uma centralização administrativa. Assim, em 1549, Salvador foi erguida como a primeira capital do Brasil. O primeiro governo geral (1549-1553) foi de Tomé de Sousa, no qual houve o incentivo à plantação de cana, a criação do primeiro bispado (1551) e a organização de expedições para reconhecimento do território. No segundo governo (1553-1558), o de Duarte da Costa, vieram para o Brasil os jesuítas e houve a invasão dos franceses no Rio de Janeiro, criando-se a França Antártica (1555-1567). No terceiro governo (1558-1572), o de Mem de Sá, seu sobrinho, Estácio de Sá, fundou no Rio de Janeiro um forte para expulsar os franceses do outro lado da Baía de Guanabara, em Niterói. Centenas de aldeias indígenas foram dizimadas e, finalmente, os franceses foram expulsos.

No que se refere a essa estrutura administrativa, é importante ressaltar o poder local dado às Câmaras Municipais, dirigidas pelos chamados *homens bons*, que eram grandes proprietários de terra (sesmeiros) e brancos. Portanto, a estrutura política estava nas mãos de uma elite branca e latifundiária.

6.3 Período colonial: sociedade e economia açucareira

Na seção anterior, citamos brevemente as sesmarias, terras distribuídas pelos capitães donatários. É válido acrescentar que foram elas a origem dos primeiros engenhos de açúcar do Brasil, o que era um negócio bastante lucrativo, uma vez que produto escolhido, a cana, adaptou-se ao clima e ao solo da região. Produto já conhecido em Portugal, o açúcar era definido como o *ouro branco*, vendido nas boticas como medicamento e raro nas mesas mais abastadas. A produção, a partir do século XVI, aumentou muito e, grande parte do financiamento no Brasil coube aos holandeses, que garantiam o refino e a distribuição na Europa.

Os engenhos de açúcar foram a unidade econômica básica da colonização de Portugal sobre as terras brasileiras. Inicialmente, *engenho* era uma instalação para a produção do açúcar. Depois, passou a designar o conjunto da propriedade: a casa grande, onde morava o senhor, a capela, local dos rituais religiosos católicos e a senzala, galpão que abrigava os escravos.

A produção do açúcar passava pelo processo de plantio, colheita, corte, transporte, moagem, cozimento, purga, branqueamento, secagem e embalagem. A moenda servia para que a cana fosse esmagada e dali se retirasse o caldo, fundamental para o cozimento e a produção do açúcar. Era composta de dois sifões que esmagavam a cana, podendo ser movida por tração hidráulica (engenho real), animal ou humana (engenho trapiche). O caldo obtido na moenda era encaminhado à fornalha, ou casa das caldeiras, onde deveria tomar ponto de melaço, ponto de bala. Essa mistura, no momento exato, era colocada em formas de barro ou cobre para que atingisse virasse açúcar. Esse processo se dava na casa de purgar e garantia a pureza do produto e seus vários tipos. Depois, o açúcar era desenformado, dando origem aos pães de açúcar.

Observe, na Figura 6.6, o processo de produção do açúcar desde a colheita, passando pela moenda, pela casa de caldeiras e pelo processo de purgar.

Figura 6.6 – Processo de produção do açúcar

Plantio e colheita

Moenda

Casa das caldeiras

Pães de açúcar

Casa de purgar

Guilherme Capriglioni

Entre parênteses

Você sabe qual é a origem do nome do Pão de Açúcar, no Rio de Janeiro? Tem a ver com as formas utilizadas para purgar o açúcar. Verifique o que Antonil (1982, p. 163) registrou sobre isso:

> São as formas do açúcar uns vasos de barro queimado na fornalha das telhas e têm alguma semelhança com os sinos, altas três palmos e meio e proporcionadamente largas, com maior circunferência na boca e mais apertadas no fim, aonde são furadas, para se lavar e purgar o açúcar por este buraco. [...]
>
> Chegado o tempo de tirar o açúcar das formas, se passarão um dia muito claro tantas quantas pode receber o balcão de secar e passam às costas dos negros ou em padiolas da casa de purgar para o balcão de mascavar.

Figura 6.7 – Pão de açúcar

SNEHIT/Shutterstock

Guilherme Capriglioni

A sociedade açucareira era patriarcal e de pouca mobilidade, de forma que ascender socialmente era algo bastante difícil. Os aristocratas (ricos proprietários) eram chamados de *senhores de engenho*. Havia aqueles que tinham terras, mas não dispunham de uma estrutura para moer e produzir açúcar; por isso, precisavam arrendar o material. Essa elite era formada por homens brancos de origem portuguesa e por participantes do poder local, que era garantido pelas Câmaras Municipais. As mulheres eram submissas ao chefe da família e a elas cabiam apenas os afazeres domésticos e o cuidado com os escravos que circulavam naquele ambiente. Abaixo dos proprietários, estavam as pessoas livres que viviam nos arredores ou nos núcleos urbanos, mas que, de alguma maneira, dependiam do poder econômico do senhor de engenho. Havia ainda os feitores, capatazes, mestres de açúcar, padres, militares e funcionários públicos. Por fim, na base da hierarquia social estava o escravo, visto como simples mercadoria e definido por André João Antonil (1982, p. 89) como "os pés e as mãos do senhor".

O trabalho escravo no Brasil foi introduzido no final do século XVI. A escravidão era um negócio lucrativo tanto para os traficantes quanto para a Coroa Portuguesa, que se beneficiava do alto valor tributado sobre a peça (o escravo trazido da África em um navio negreiro). Os negros eram capturados na África e negociados com os portugueses, que, muitas vezes, provocavam e alimentavam disputas entre os povos africanos, fornecendo-lhes material bélico. Os africanos, que, por sua vez, já usavam a escravidão e o domínio entre eles, transformaram essa prática em larga escala. Nunca no mundo houve a venda ou a negociação de pessoas em tão grande volume. Os sobas, chefes locais, vendiam os escravos aos comerciantes portugueses em troca de fumo, tecidos, cachaça, armas, joias, vidros etc.

Da África, os navios partiam cheios de escravos, os quais eram mantidos trancafiados no porão em condições insalubres, para uma viagem que durava de 35 a 120 dias, e na qual morriam em média 20% dos capturados. Em cada navio eram carregados de 200 a 700 escravos e levados aos principais portos do Brasil: Salvador, Recife, Rio de Janeiro e São Luís. Essas pessoas eram oriundas de dois grandes grupos étnicos: bantos (capturados em Angola, Congo e Moçambique) e sudaneses (vindos da Nigéria, de Daomé e da Costa do Marfim).

O **tripé da exploração mercantilista metropolitana na colônia** se organizava sobre a monocultura do açúcar, a grande propriedade e a mão de obra escrava. Os pães de açúcar, produzidos aos milhares, eram levados ao mercado europeu, onde garantiam lucros exorbitantes com menores gastos.

6.4 Período colonial: expansão territorial

Podemos identificar, ainda no período colonial, alguns acontecimentos que foram muito importantes para a constituição do atual formato do mapa territorial brasileiro. A expansão para além o Tratado de Tordesilhas aconteceu graças à necessidade de criação do gado longe do litoral, ao desbravamento da Amazônia em busca de especiarias, às incursões bandeirantes, à experiência da União Ibérica e, por fim, aos novos tratados de limites.

6.4.1 União Ibérica e invasão holandesa

A União Ibérica aconteceu depois do desaparecimento do Rei D. Sebastião, em 1578, na Batalha de Alcácer-Quibir, ao norte da África. Ele viria a ser o último monarca da dinastia de Avis. Ainda em consonância com o espírito cruzadista, os portugueses desejavam conquistar Marrocos e expulsar os muçulmanos da região. Com o desaparecimento do rei, iniciou-se a lenda do **sebastianismo**, a ideia de que um dia D. Sebastião voltaria a Portugal para restaurar o trono e melhorar a situação de crise portuguesa.

Enquanto isso não acontecia, o trono foi ocupado pelo cardeal D. Henrique, com 66 anos de idade, tio de D. Sebastião. Sua morte, dois anos depois, deixou o trono vago. O rei da Espanha, Filipe II, neto de D. Manuel (rei de Portugal entre 1495 e 1521), achou-se no direito de ocupar o trono. Parte da elite apoiou a intenção e, assim, por 60 anos, Portugal e suas possessões permaneceram sob domínio da Espanha (1580-1640), o que denominamos *União Ibérica*, ou seja, a união das Coroas da Península Ibérica.

Não fosse isso problema demais para Portugal, antigos negociantes e parceiros de produção açucareira, os holandeses, passaram a ameaçar invadir o Brasil.

Ocorre que, no século XVI, os Países Baixos (Holanda e Bélgica) estavam sob domínio espanhol graças a casamentos antigos entre as dinastias. Em 1572, esses lugares passam a lutar por sua independência, conquistada parcialmente em 1681 – a República das Províncias Unidas. Tal fato fez a Espanha proibir os holandeses de negociar diretamente com o Brasil a produção do açúcar, o que eles faziam há décadas (desde o financiamento até o refino e a distribuição, como já referimos).

Assim, os holandeses fizeram seu primeiro ataque ao Brasil, em 1624, conquistando o centro administrativo, Salvador, mas, em 1625, foram expulsos por locais e portugueses. Para os luso-brasileiros, essa era também uma luta contra o infiel – lembre-se de que a Holanda era calvinista, e portugueses e brasileiros eram católicos; eis aí resquícios dos ânimos do pós-Reforma religiosa.

Em 1630, os holandeses fizeram uma nova tentativa e, dessa vez, conquistaram Olinda, centro da produção açucareira brasileira. Esse processo de conquista durou cinco anos, até que, em 1635, derrubaram o Arraial do Bom Jesus, principal foco de resistência. Assim, a Companhia das Índias Ocidentais, empresa que financiou a invasão, consolidou seu domínio e encaminhou para o local o Conde João Maurício de Nassau para que administrasse e negociasse com os produtores de açúcar. Entre os principais feitos de seu governo (1637-1644) estão os empréstimos concedidos aos senhores de engenho, o clima de tolerância religiosa, facilitando a relação entre holandeses e portugueses, além das melhorias na cidade do Recife. A localidade foi urbanizada e, para Pernambuco, foram trazidos arquitetos, artistas, botânicos entre outros especialistas. A cidade ganhou pontes, jardins botânicos, palácios, pavimentos e outras benfeitorias. Foi também nesse contexto de crescimento e tolerância religiosa que muitos cristãos-novos puderam voltar a praticar o judaísmo e foi construída no Recife a primeira sinagoga do continente americano.

Entre aspas

Assegurada a vitória holandesa no nordeste açucareiro, muitos judeus estabelecidos em Amsterdã partiram para o Brasil. Vários deles tinham parentes em Pernambuco, Paraíba, Rio Grande e Itamaracá – cristãos-novos que, no entender dos judeus, "viviam na idolatria" por medo da Inquisição. A primeira grande leva viajou em 1635, ganhando impulso a partir de 1637, no governo de Maurício de Nassau. Isto porque Nassau tomou diversas medidas para desenvolver a produção açucareira, leiloando os engenhos confiscados aos portugueses refugiados na Bahia. Parte deles foi arrematada por judeus, logo em 1637. Além disso, Nassau alargou os domínios da WIC, conquistando Sergipe e a região da foz do rio São Francisco.

Foi no início do período nassoviano, portanto, que se estabeleceu, com mais solidez, a comunidade judaica no Brasil holandês. A reestruturação da economia açucareira e do tráfico africano foi o chamariz da primeira leva migratória, entre 1635 e 1640. A segunda leva ocorreu a partir de 1640-1641, impulsionada pelo crescimento das exportações de açúcar e pelo aumento das importações de mercadorias europeias. A prosperidade dos judeus na economia colonial e sua repercussão na Holanda estimularam parentes dos primeiros imigrantes a buscarem o Brasil, o que não passou despercebido dos cronistas da época, a exemplo de frei Manuel Calado.

[...] A primeira leva migratória se concentrou no Recife, centro do poder holandês no Brasil e do grande comércio de exportação e importação. Os principais negociantes logo elegeram uma rua para se fixarem, embora também fossem donos de "casas de morada" no campo. O nome que mais aparece na documentação holandesa para denominar a rua é Jodenstraat – rua dos judeus. O inventário dos prédios localizados nessa rua não deixa a menor dúvida de que nela pulsava o coração da vida judaica no Recife. Além da sinagoga, cujo prédio foi concluído em 1641, várias casas de morada se sucediam, em geral sobrados, com a loja de negócios no térreo e a residência no andar superior, havendo alguns sobrados que possuíam dois andares acima da loja.

Fonte: Vainfas, 2012, p. 175-177.

Em 1640, depois de inúmeras lutas, Portugal pôs fim à União Ibérica, e subiu ao poder o Rei D. João IV. Mesmo com o desejo de recuperar o território conquistado pelos holandeses no Brasil, o rei não tinha capital para isso. Assim, os holandeses permaneceram no Brasil, sem interferências, até 1645.

Mapa 6.2 – A conquista e a dominação holandesa

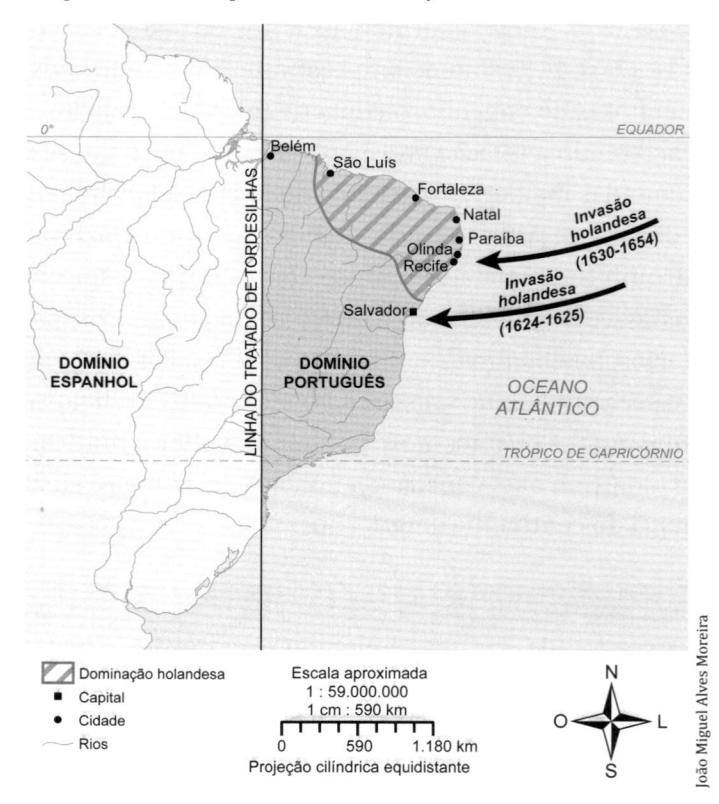

Fonte: Cultura Brasileira, 2018.

Quando Maurício de Nassau foi tirado da administração de Pernambuco pela Companhia das Índias, passou a haver uma maior exploração do Nordeste, aumentando os impostos do açúcar, bem como a cobrança de empréstimos. Nesse contexto, os senhores de engenho organizaram uma revolta para expulsar os holandeses. Várias batalhas aconteceram, como a dos Guararapes e a de Campina da Taborda, as mais significativas. A luta pela expulsão dos holandeses ficou conhecida como *Insurreição Pernambucana* (1645-1654).

Depois disso, os holandeses saíram do Brasil e passaram a produzir e a negociar açúcar nas Antilhas (ilhas do Caribe). Com capital, tecnologia, experiência e bons negócios na Europa, o açúcar produzido nas Antilhas acabou concorrendo abertamente com o brasileiro. Assim, a crise econômica portuguesa aumentou, bem como suas consequências sobre a colônia, e Portugal passou a procurar outro produto que garantisse sua recuperação e a manutenção da colônia.

6.4.2 Pecuária

No Nordeste, o gado servia para puxar carros de boi e empregar força na moagem da cana, além de alimentar a população local e fornecer couro. Como era uma economia muito mais de interesse da colônia do que da metrópole e o gado exigia determinada quantidade de terras que poderiam ser destinadas ao plantio da cana, em 1701 o governo português, visando unicamente ao lucro com o açúcar, proibiu a criação do gado no litoral. Dessa forma, o gado foi interiorizado. A primeira frente partiu para o interior dos estados de Pernambuco, Paraíba, Piauí e Maranhão. A segunda frente partiu da Bahia e desceu, especialmente ao longo do Rio São Francisco, em cujo vale surgiram várias fazendas de criação de gado e povoação. Assim, esse rio passou a ser conhecido como *Rio dos Currais*.

Para a criação do gado, era utilizada a mão de obra livre, geralmente de homens mestiços, e a remuneração era feita por participação: a cada quatro reses, uma cria era do trabalhador.

No Sul, o gado foi criado principalmente para abastecer a região mineradora, que passou a adquirir mulas, cavalos e jumentos. Esses animais e reses eram criados nas estâncias localizadas no pampa gaúcho e encaminhados às feiras de Sorocaba, em São Paulo. Já o transporte pelo interior dos estados do Rio Grande do Sul, de Santa Catarina e do Paraná era feito por tropeiros, homens que guiavam as tropas. Vale lembrar que o tropeirismo originou várias vilas e cidades, como as paranaenses Rio Negro e Lapa. Os estancieiros sulistas também passaram a produzir charque, uma carne que era salgada para que se conservasse por mais tempo. O produto, feito por mão de obra escrava, foi bastante importante para a economia gaúcha, com destaque para a produção de Pelotas, às margens do Canal São Gonçalo.

6.4.3 Amazonas

O impulso para conquista da Região Norte ocorreu, sobretudo, por conta da procura por drogas locais. As especiais – como cravo-do-maranhão, castanha do Brasil, canela, urucum, cacau –, as plantas medicinais e as resinas brasileiras eram bem-vindas no mercado europeu. Para a extração delas, foi utilizada a mão de obra indígena, porque os nativos eram conhecedores do local e sabiam onde encontrar os itens de que os exploradores precisavam. Por isso, missões religiosas de jesuítas, franciscanos e carmelitas aliaram a catequese ao empreendimento das drogas. Dessa forma, o Norte foi povoado.

Além disso, na foz do Rio Amazonas, com os objetivos de salvaguardar a região de investidas de outros povos europeus e explorar os recursos naturais, Caldeira Castelo Branco fundou, em 1615, o forte do Presépio, que deu origem a Belém, hoje capital do Pará.

É importante salientar que muitas cidades de estados nordestinos tiveram sua origem na ocupação e defesa do território, é o caso de Filipeia de Nossa Senhora das Neves (1584), fortificação que originou João Pessoa, na Paraíba, Forte do Reis Magos (1597), atual cidade de Natal, no Rio Grande do Norte, e Fortaleza de Nossa Senhora do Amparo (1613), atual capital cearense.

Mapa 6.3 – Economia do século XVII

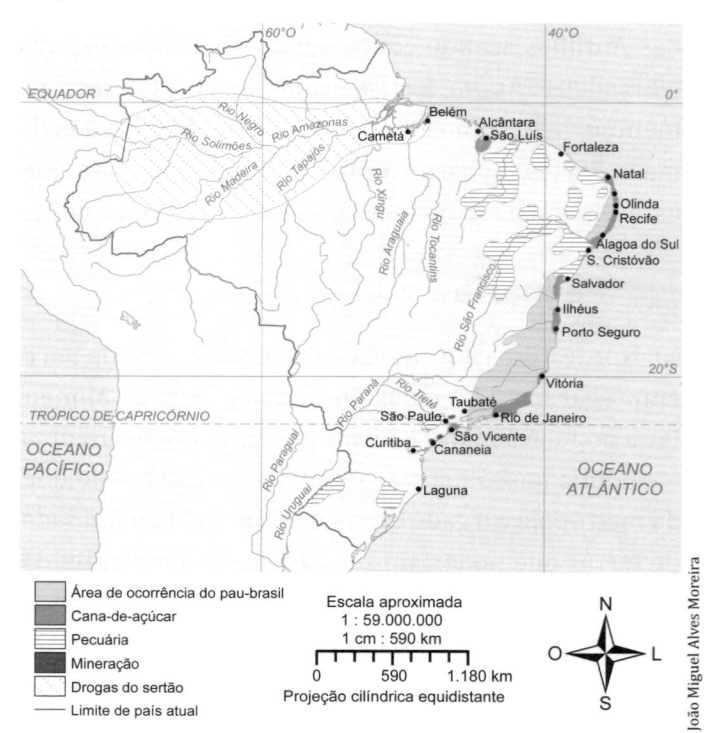

Fonte: Elaborado com base em Albuquerque, 1986, p. 28.

Observe, no Mapa 6.3, a expansão do território além do Tratado de Tordesilhas e a ocupação estimulada pela busca por drogas do sertão, ao Norte; bem como do interior do Nordeste e do Sul do Brasil, em razão da pecuária.

6.4.4 Bandeirantes

Conforme já estudamos, quando houve a expulsão dos holandeses do Brasil, a produção açucareira sofreu um significativo golpe. Por isso, a Coroa Portuguesa, à procura de outras fontes de riqueza, incentivou expedições pela costa brasileira, as chamadas *entradas*.

A crise do açúcar atingiu muitas localidades brasileiras. Em São Paulo de Piratininga, a situação não era diferente – era uma pequena vila, composta, em sua essência, por mestiços (mamelucos, mistura de indígena e branco) que utilizavam ilegalmente a mão de obra indígena escrava.

Os homens dessa localidade partiram em busca de outras fontes de sobrevivência e de riqueza e, assim, deram início às bandeiras, que foram responsáveis pela conquista e expansão do território brasileiro além do limite de Tordesilhas.

É possível dividir as bandeiras em três modalidades:

- **De caça aos indígenas** – Atacavam as missões ao Sul do Brasil, como foi o caso de Guaíra (Paraná) ou de Tape (Rio Grande do Sul), em busca de indígenas que já conheciam as técnicas da agricultura e da criação de animais. Além disso, atacavam, no interior, aldeamentos indígenas. Essas viagens demoravam meses.
- **De contrato** – Tinham o objetivo de desmantelar quilombos ou caçar negros escravizados foragidos. A mais famosa delas foi a de Domingos Jorge Velho, responsável por destruir o Quilombo dos Palmares, na Serra da Barriga, atual estado de Alagoas.
- **De ouro e pedras preciosas** – Aconteciam em direção ao interior do Brasil, para o sul e o centro da colônia. Muitas foram as bandeiras de aluvião no Paraná e em Minas Gerais, até que, em 1693, Rodrigues Arzão encontrou ouro em Sabará (MG).

6.4.5 Tratados de limites

O Tratado de Tordesilhas, assinado entre Portugal e Espanha, como vimos, tornou-se letra morta à época da União Ibérica. Esse processo intensificou as trocas mútuas de territórios e as contínuas invasões. Por isso, o governo português fez vários acordos, procurando oficializar pontos de conquista e ocupação. Os principais foram:

- **Tratado de Utrech** (1713) – Assinado entre Portugal e França, determinava o Rio Oiapoque como a fronteira entre o Brasil e a Guiana Francesa.
- **Tratado de Madri** (1750) – Assinado entre Portugal e Espanha, definia que a Colônia do Sacramento, pertencente à Espanha e atualmente em território uruguaio, devia ser trocada pelos Sete Povos das Missões (sete grandes aldeamentos indígenas, organizados pelos jesuítas espanhóis), localizado no noroeste do atual estado do Rio Grande do Sul. A entrega das terras aos portugueses, conforme determinava o Tratado de Madri, não foi aceita pelos guaranis. Isso gerou a Guerra Guaranítica, que durou 17 anos e na qual milhares de indígenas morreram. O conflito decretou o fim dos Sete Povos.
- **Tratado de Santo Ildefonso** (1777) – Assinado entre Portugal e Espanha, os espanhóis entregavam algumas terras que haviam ocupado no Rio Grande do Sul e, em troca, ficavam com a Colônia do Sacramento e os Sete Povos das Missões.
- **Tratado de Badajós** (1801) – Por se sentirem prejudicados com o tratado anterior, os portugueses fizeram novo acordo com a Espanha. Ficavam com os Sete Povos, e a Espanha garantia a posse da Colônia de Sacramento.

As fronteiras fixadas pelo Tratado de Badajós eram bem parecidas às definidas pelo Tratado de Madri e definiram, em grande parte, a atual composição territorial do Brasil.

6.5 Período colonial: sociedade e economia mineradora

A descoberta da região aurífera trouxe para o Brasil um grande contingente de pessoas, atraídas pela riqueza do ouro. O aumento chegou a quase 1000%. Assim, o território de Minas Gerais tornou-se densamente povoado e repleto de vilas e cidades, modificando o caráter rural da colonização do Brasil. Além disso, o foco da colonização deslocou-se do litoral para o centro do Brasil, consolidando novas fronteiras. O eixo econômico deslocou-se da região nordeste para a região sudeste e, passadas algumas décadas, a capital foi transferida de Salvador para o Rio de Janeiro (1763).

A da sociedade ganhou uma nova perspectiva e uma característica mais urbana. A diversidade de grupos entre o topo da pirâmide (a elite, proprietária de terras, de minas e de escravos) e a base (composta de negros escravizados) era significativa. A camada intermediária era constituída por artesãos, comerciantes, intelectuais, pequenos proprietários, funcionários públicos, profissionais liberais e padres. Isso favoreceu o desenvolvimento de uma cultura diversa e rica, além de garantir maior flexibilidade e mobilidade social.

O controle sobre a mineração foi cuidadosamente articulado. A qualquer jazida descoberta, o superintendente das minas devia ser imediatamente avisado para, depois, ser feita a divisão dos lotes ou das **datas**. Os interessados, inclusive quem tinha encontrado a jazida, deveriam explorar a mina e garantir o pagamento do **quinto** (imposto de 20% sobre o ouro encontrado). Contudo, com o passar do tempo, o controle e a cobrança de impostos tornaram-se ainda mais rígidos. Em 1710, decretou-se o imposto sobre o número de escravos que cada um mantinha na exploração das minas, era a **capitação**. Depois, o descontentamento foi maior com a criação das casas de fundição, nas quais o ouro era derretido, transformado em barras e marcado com o selo real; ali também já se retinha o quinto do rei. Ficava proibida a circulação de ouro em pó e em pepitas, apenas era aceita a negociação em barras. Essa determinação originou a Revolta de Felipe dos Santos, ou revolta de Vila Rica (1720), sufocada, de forma violenta, pela Coroa.

Na primeira década do século XVIII, descobriram-se os diamantes para os quais, inicialmente, foi feita uma cobrança semelhante ao quinto. Não dando certo, a Coroa impôs sobre a região a condição de propriedade real. Mais tarde, em 1734, foi demarcada a área do Distrito Diamantino, tendo como sede o Arraial de Tijuco. Em 1739, a mineração passou a ser realizada sob novas regras, vigorando, então, o sistema de contrato. Nesse sistema, um contratador recebia o direito de minerar diamantes e pagar diretamente à Coroa. Muitos enriqueceram nessa atividade, o mais famoso deles foi João Fernandes, que viveu com a negra Chica da Silva, com quem teve 13 filhos.

Entre as mais violentas formas de tributação e controle estava a **derrama**, que obrigava a população a pagar com seus pertences pelo que devia – prática que motivou o movimento chamado *Inconfidência Mineira*.

No século XVIII, o Brasil foi palco de várias revoltas, e a Inconfidência teve o mérito de ser o primeiro movimento que manifestou o desejo de separar o Brasil de Portugal, apesar de ser elitista e centrado nos interesses de Minas Gerais. Além da derrama, outros fatores contribuíram para a conspiração, tais como as restrições metropolitanas à produção manufatureira, a fiscalização excessiva e a falta de liberdade de imprensa. É também significativo salientar que uma parcela da elite, em contato com a Europa, conheceu os ideais libertários iluministas e se sentiu inspirada a pensar esses valores para a colônia. Além dessas doutrinas então em voga na Europa, a crise absolutista apontava uma saída para a opressão sofrida nas colônias na América, entre elas o Brasil. Vale ressaltar que as colônias inglesas na América do Norte já haviam conquistado a independência em 1776.

Em 1788, o Visconde de Barbacena assumiu o posto de governador de Minas Gerais. Seu governo, assim como o de seu antecessor, Cunha Menezes, foi marcado pela arbitrariedade e pelo autoritarismo. Sua missão era executar a derrama. Dessa forma, com o nível de descontentamento aumentando, a elite brasileira passou a conspirar contra a Coroa. Participaram dela homens de negócios, juízes, mineradores e latifundiários, tais como Cláudio Manuel da Costa (poeta e minerador); Luís Vieira da Silva (cônego); Alvarenga Peixoto (minerador e grande latifundiário); Tomás Antônio Gonzaga (intelectual e ouvidor de Vila Rica), Francisco de Paula Freire de Andrade, José Álvares Maciel, Joaquim José da Silva Xavier (Tiradentes).

A conspiração, que não saiu às ruas e não passou de debates de ideias, desejava o fim do Pacto Colonial, a possibilidade de produzir manufaturas, a organização de uma república com centro em Vila Rica, a construção de uma Universidade etc. A questão da escravidão ainda é um ponto obscuro para os historiadores. A maioria acredita que a escravidão não era discutida, até porque muitos inconfidentes eram proprietários de escravos.

O movimento, delatado por Silvério dos Reis (que recebeu como prêmio o perdão das dívidas), acabou sendo debelado. Tiradentes, o único de classe média, um alferes de cavalaria, havia ido ao Rio de Janeiro congregar forças. Lá, foi detido e ficou preso até a sua sentença, a condenação à forca e ao esquartejamento por crime de traição ao rei. Os demais permaneceram presos em Vila Rica e foram sentenciados ao degredo perpétuo na África, além da expropriação de seus bens. O lema dos inconfidentes é hoje lema da bandeira de Minas Gerais "Liberdade ainda que tardia".

É importante salientar que a riqueza das minas não ficou no Brasil nem mesmo em Portugal, que, no início do século XVIII, assinou com a Inglaterra o Tratado de Methuen ou Tratados dos Panos e Vinhos (1703). Nesse acordo, a Inglaterra saiu beneficiada e parte do que se arrecadou em toneladas de ouro no Brasil serviu para pagar a dívida dos lusos com os britânicos. Como diz uma velha frase:

"Portugal é quem tinha a vaca, mas a Inglaterra é quem bebia o leite".

Por outro lado, essa riqueza incentivou uma grande produção cultural na colônia expressa especialmente na arquitetura de origem barroca, o chamado *barroco tardio*, que se manifestou também na música e nas artes em geral. Artistas de destaque desse período foram: Antônio Francisco Lisboa, o Aleijadinho, cujas obras são patrimônio cultural da humanidade e encontram-se hoje em muitas igrejas e museus de Minas Gerais; e Manuel da Costa Ataíde, o mestre Ataíde, por suas belas pinturas em estilo barroco. Na literatura, é preciso citar os nomes de Tomas Antônio Gonzaga, Cláudio Manuel da Costa e Inácio de Alvarenga Peixoto, os três participantes do movimento da Inconfidência.

Figura 6.8 – *Assunção de Nossa Senhora*, de mestre Ataíde

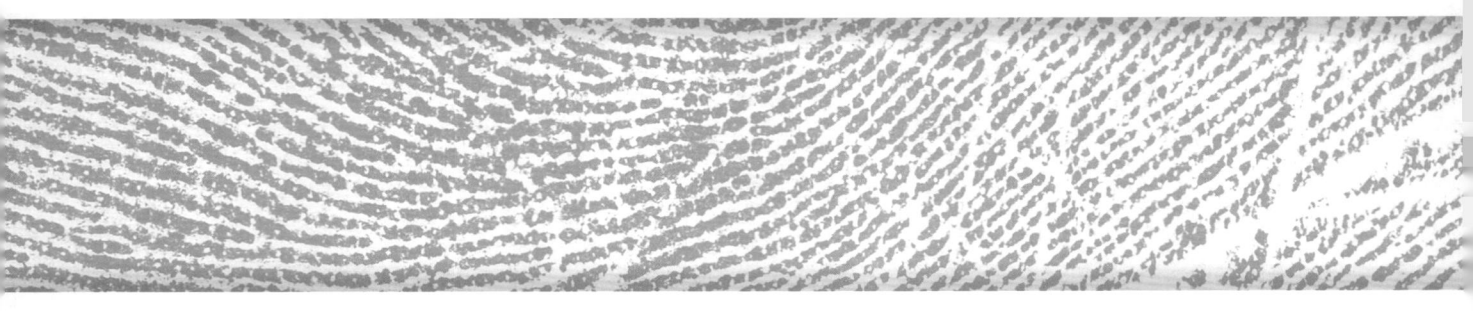

Figura 6.9 – *Os doze profetas,* de Aleijadinho

Nas figuras 6.8 e 6.9, você pode ver, respectivamente, a obra de mestre Ataíde chamada *Assunção de Nossa Senhora*, pintura do teto da Igreja de São Francisco, que fica em Ouro Preto (MG) e também a obra de Aleijadinho, *Os doze profetas*, esculpidos em pedra-sabão na entrada do Santuário do Bom Jesus de Matosinhos, em Congonhas do Campo, em Minas Gerais.

Luz, câmera, reflexão

HANS Staden. Direção: Luiz Alberto Pereira. Brasil, 1999. 123 min.

DESMUNDO. Direção: Alain Fresnot. Brasil, 2003. 101 min.

QUILOMBO. Direção: Carlos Diegues. Brasil, 1984. 119 min.

TIRADENTES. Direção: Oswaldo Caldeira. Brasil, 1997. 125 min.

CHICO Rei. Direção: Walter Lima Jr. Brasil, 1985. 115 min.

Atividades

Leia o texto a seguir e responda às atividades 1, 2 e 3.

No mato sem cachorro

[...]

Suas condições de vida eram precárias. Os mantimentos eram apenas cabaças de sal e pães de "farinha de guerra", feitos de mandioca ou de milho. Completavam seu sustento por meio da caça e da pesca, e incorporavam ao cardápio alimentos improvisados [...]. Outra fonte de alimento eram as roças indígenas de milho, feijão e mandioca, geralmente saqueadas e destruídas como prova da supremacia dos bandeirantes.

Apesar disso, a fome era quase sempre uma companheira de viagem. Da tropa do capitão Bartolomeu Bueno da Silva, o Anhanguera, perdida numa grande chapada, morreram vítimas da fome mais de 40 pessoas. Luís Barbalho Bezerra, comandante da bandeira formada para combater os holandeses na Bahia, relatou em seu regresso que a fome foi tanta que os paulistas comeram os poucos cavalos que havia, além de couros, raízes de bananeiras e muitas imundícies. Depois de oito meses de cativeiro entre os índios paiaguás do Rio Paraguai, João Martins Claro, paulista, e Manuel Furtado, do Rio de Janeiro, fugiram nus, sem nada de ferro, e sobreviveram durante alguns meses do ano de 1731 comendo somente frutas, cocos, raízes e gafanhotos.

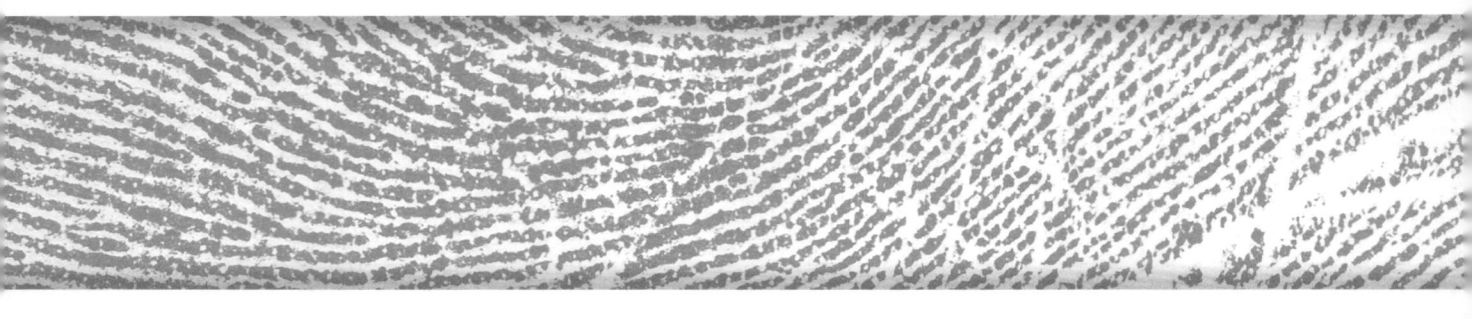

[...] Também o bicho-de-taquara, apreciado pelos índios como um manjar, foi largamente consumido pela população colonial. Uns comparavam-no aos miolos de boi, outros, à manteiga fresca. Para matar a sede, apelava-se para as raízes vegetais, como a de umbuzeiro, mandacarus, cipós, taquaruçus e gravatás.

Animais selvagens e peçonhentos causavam sérios estragos nas tropas. [...] O maior martírio, entretanto, era resistir às investidas dos mosquitos, responsáveis por incontáveis noites de insônia. Bichos-de-pé, formigas e carrapatos infestavam o cotidiano dos bandeirantes. A rotina tornava-se ainda mais miserável pelo constante temor de um súbito ataque indígena. [...].

As bandeiras foram a principal atividade da economia de São Paulo até a década de 1690, quando foi descoberto o ouro na atual região de Minas Gerais. Usurparam os territórios indígenas, capturaram milhares de índios, arrasaram aldeias, destruíram etnias e favoreceram a difusão de epidemias. Muitos bandeirantes não voltaram ao planalto – como os primeiros povoadores de Minas Gerais, os que seguiram para o vale do São Francisco e os que foram combater os tapuias (índios não tupis) e quilombolas no Nordeste.

Fonte: Kok, 2008, p. 24.

1) Quais eram os mantimentos levados às expedições bandeirantes? O que eles comiam?

2) Produza um parágrafo, historicamente correto, relacionando as informações do texto às indicações sobre os bandeirantes. Defina quem eram, seus objetivos e o tipo de vida.

3) **Albert Eckhout** nasceu na cidade de Groningen, Holanda. Viveu no Brasil durante o governo de Nassau e, junto a Frans Post, recebeu a tarefa de retratar o local. Pintou animais, flores, frutas e a população do local (mestiços, negros, índios). Seus desenhos são referência do olhar de uma época sobre as terras tropicais.

ECKHOUT, A. **Homem Tapuia**. 1641. Óleo sobre tela: color.; 272 × 161 cm. Museu Nacional da Dinamarca, Copenhague, Dinamarca

ECKHOUT, A. **Índia Tupi**. 1641. Óleo sobre tela: color.; 274 × 163 cm. Museu Nacional da Dinamarca, Copenhague, Dinamarca.

ECKHOUT, A. **Mulher Africana** (Negra). 1641. Óleo sobre tela: color.; 265 × 178 cm. Museu Nacional da Dinamarca, Copenhague, Dinamarca.

Observe as gravuras de Eckhout e descreva quais eram as impressões dos viajantes europeus (holandeses, nesse caso) sobre a população brasileira.

4) Por que a Inconfidência Mineira tinha um alto índice de participação de membros da elite de Minas?

5) Cite três inconfidentes e três propostas do movimento de que faziam parte caso conquistassem o poder.

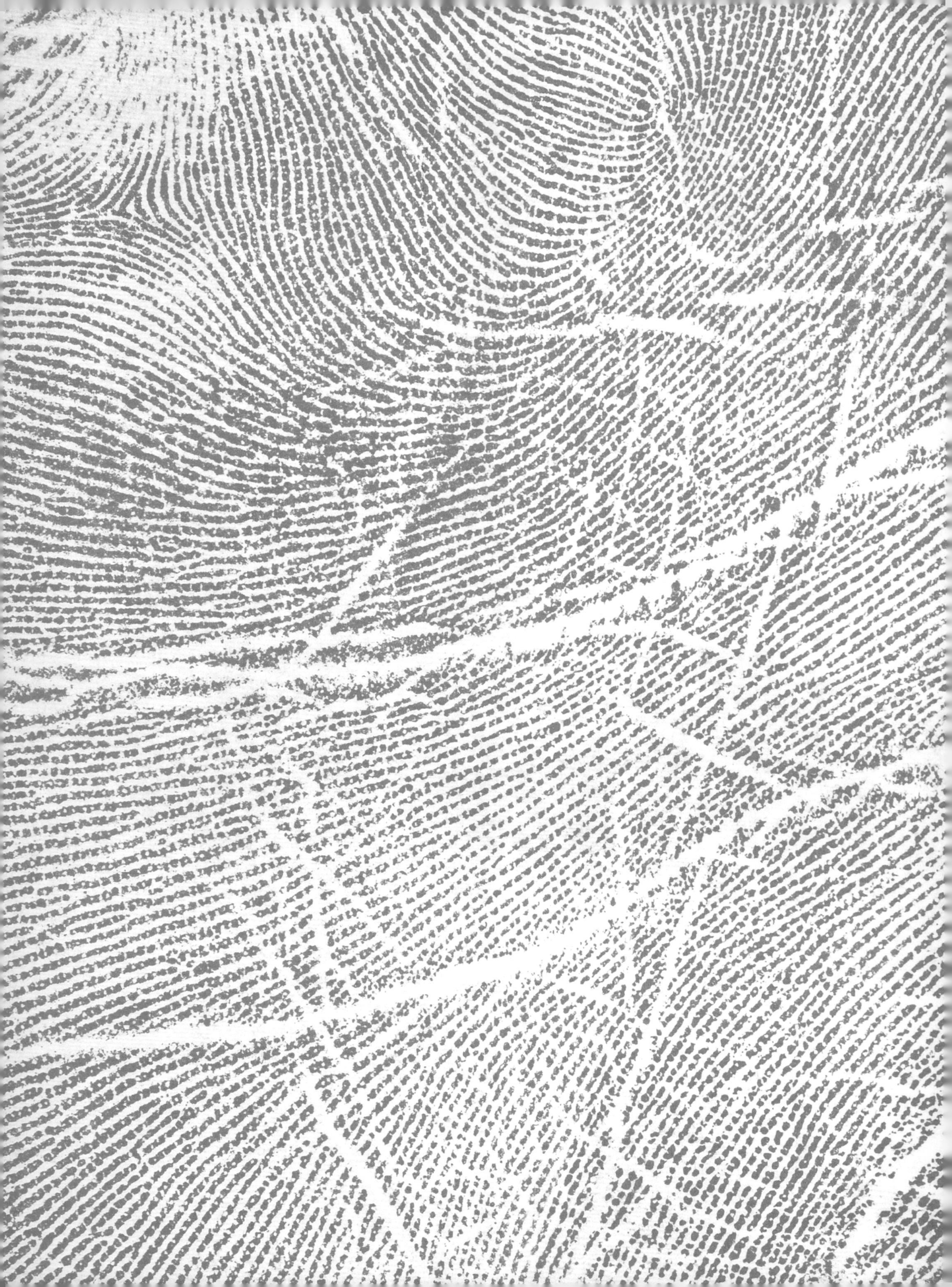

Parte II

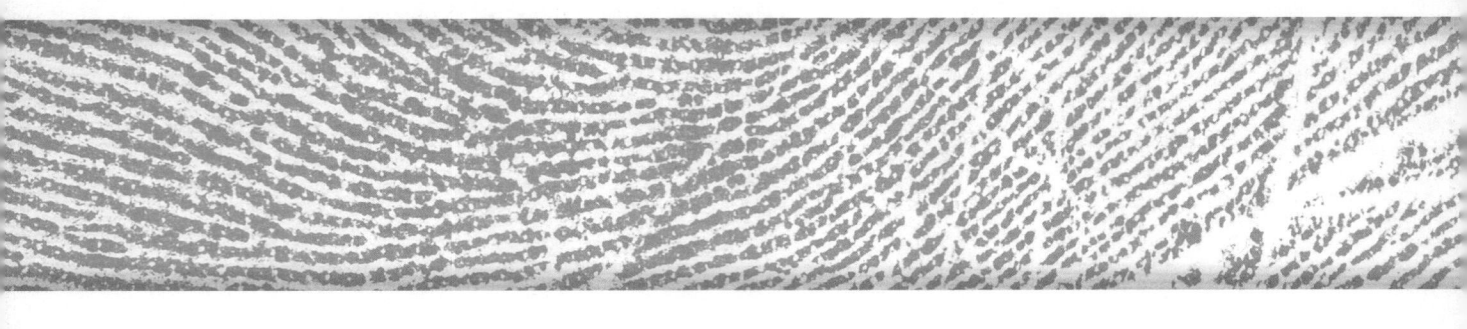

A partir de agora, abordaremos os últimos 300 anos da nossa história. Nela, comentaremos a constituição do mundo contemporâneo, forjado sob a teoria e as revoluções burguesas do século XVIII e início do XIX. Estudaremos as Grandes Guerras e as mudanças ocorridas no século XX, fatos que contribuíram para uma nova perspectiva geopolítica mundial e que, de certa forma, colocaram os Estados Unidos no centro da cena política mundial.

O Brasil do século XIX viveu a experiência do Império e, sob a tutela do imperador, tornou-se nação. Desse momento da história, analisaremos as jogadas políticas, os ciclos econômicos e a constituição social.

Além disso, trataremos do Brasil do século XX, focando como as mudanças que ocorreram nas primeiras décadas em nível mundial influenciaram a história nacional: o nacionalismo, as disputas entre as potências, as corridas armamentistas, os conflitos mundiais, as crises econômicas, os novos poderes políticos e os novos imperialismos. Ao analisar esse longo período, conheceremos a República Velha, a democracia populista, a ditadura militar e a redemocratização do Brasil.

capítulo sete

Idade Moderna: Revolução Industrial e Revolução Francesa

O século XVIII transformou o mundo e forjou as bases da sociedade, da política e da economia contemporâneas. Muitas descobertas relacionaram-se à produção industrial e ao uso das máquinas e da tecnologia, ocorridos nas primeiras fases da Revolução Industrial (séculos XVIII e XIX). Essas mudanças se solidificaram ao longo de 200 anos e impeliram as pessoas a se transferir do campo para a cidade e impactaram a forma como elas viviam, o que elas comiam ou vestiam, ou mesmo a compreensão de como elas ficavam doentes. A partir de meados do século XX, grandes avanços tecnológicos alteraram a produção econômica e o mundo do trabalho; por isso, historiadores e analistas contemporâneos dizem que, hoje, experimentamos a **terceira fase da Revolução Industrial**. Nessa nova fase, a tecnologia extrapola as indústrias convencionais e toma os laboratórios de saúde, como é o caso da biotecnologia.

Entre aspas

A Biotecnologia explora processos celulares e biomoleculares para desenvolver tecnologias e produtos que ajudam a melhorar a vida e saúde das pessoas.

[...]

Na área da Saúde, a biotecnologia aproveita recursos da natureza e a própria composição genética dos seres humanos para orientar linhas de pesquisa que ajudarão a: reduzir as taxas de doenças infecciosas; minimizar os riscos à saúde e efeitos colaterais; criar instrumentos mais precisos de detecção de doenças; e combater doenças graves e outras ameaças do cotidiano.

Fonte: O que é..., 2018.

Além dos benefícios trazidos para a área da saúde, os estudos de biotecnologia promovem avanços nos processos de produção industrial e ajudam a diminuir efeitos maléficos como os causados pelos gases do efeito estufa e o uso excessivo e limitado dos petroquímicos. Na contramão desses resultados, as pesquisas com novas tecnologias apresentam soluções para a geração de resíduos e para a escassez da água, por exemplo. Da mesma forma, a biotecnologia favorece a produção de alimentos que garantem culturas com diferentes perfis nutricionais, aumentando as vitaminas e os nutrientes e diminuindo os elementos alergênicos e as toxinas.

Portanto, nas duas últimas décadas, os avanços nessas áreas, os quais surgem de forma galopante, saltam aos olhos em estatísticas positivas e melhorias para a vida humana. O celular, o computador, os transplantes, a clonagem, os satélites e a nanotecnologia chegaram a nós a menos de um segundo de um dia de 24 horas.

E você, o que pensa sobre essas mudanças tão rápidas? Qual o limite da ciência?

Que tal vermos um pouco como tudo começou? Quando passamos a produzir industrialmente em grande escala? Quando os reis caíram? Onde e quem inventou os três poderes? Quem são os proletários? Por que existem sindicatos? O que são direitos humanos? Neste capítulo, buscaremos as respostas a todas essas perguntas e verificaremos como aconteceu a construção do mundo contemporâneo.

7.1 Revolução Americana

Os Estados Unidos foram colonizados tardiamente em relação ao restante do continente americano. Os que ocuparam as terras virgens da América do Norte eram trabalhadores sem-terra, incentivados pela propaganda das Companhias de Comércio e de grupos religiosos protestantes (batistas, puritanos e *quakers*) fugidos das perseguições religiosas da monarquia inglesa anglicana. Além desses, outros tantos imigrantes de diferentes localidades da Europa também se mudaram para o que viria a ser os Estados Unidos: alemães, irlandeses, franceses e escoceses. Deve-se somar à essa diversidade as centenas de escravos trazidos para trabalhar nas terras ao sul da América do Norte como escravos.

As Treze Colônias da América do Norte eram divididas genericamente em centro-norte e sul. As do norte tinham uma economia mais diversificada, estabeleciam comércio com o exterior, contavam com mão de obra livre e assalariada e pequenas propriedades de terra. As colônias do sul tinham um clima mais quente, tropical, e sua produção agrícola (fumo, algodão e anil) era voltada para o mercado europeu. A estrutura agrária era latifundiária, produzia-se essencialmente uma cultura e utilizava-se mão de obra escrava negra.

Já as colônias do centro-norte praticavam o comércio triangular. Por terem uma economia agrícola baseada na policultura (maçã, batata, milho, trigo) e produzirem manufaturas como lã, couro, madeira e ferro, comercializavam esses produtos em um tipo de comércio denominado *triangular*. Com embarcações próprias, compravam melaço nas Antilhas, transformavam-no em rum, levavam a bebida à África e a trocavam por escravos, que, por sua vez, eram vendidos nas colônias americanas do sul e nas Antilhas. Esse comércio, até a segunda metade do século XVIII, foi pouco fiscalizado.

A partir desse período, a Inglaterra passou a oprimir suas colônias e a taxar altos impostos. Isso ocorreu em razão da Revolução Industrial Inglesa e da necessidade de frear a concorrência, além dos gastos com a Guerra dos Sete anos contra a França (1756-1763).

Assim, a Inglaterra taxou os americanos com novas leis: a Lei do Açúcar (1764), que elevava os impostos sobre o açúcar e outros derivados da cana (como o melaço, que fazia parte do comércio triangular); Lei do Selo (1765), que determinava que todos os documentos públicos, contratos e jornais deveriam ter um selo real destinado à arrecadação inglesa; Lei do Chá (1773), que concedia à Companhia das Índias Orientais o monopólio do chá para as colônias americanas. A reação a esta última lei foi imediata, e os colonos americanos, disfarçados de índios, invadiram o porto de Boston e atiraram caixas de chá ao mar, no episódio que ficou conhecido como *Festa do Chá em Boston* (*Boston Tea Party*). Por fim, a resposta da Coroa Inglesa foram as Leis Intoleráveis (1774), por meio das quais o governo exigia o pagamento imediato dos gastos com o chá inutilizado em Boston, a restrição do direito de reunião e determinava que todos os atos de rebeldia contra a Coroa seriam julgados por tribunais ingleses.

Diante dessas represálias, homens de negócios, pertencentes à elite americana e imbuídos dos ideais iluministas, passaram a estimular um movimento de liberdade para a colônia americana. Assim, organizaram o Primeiro Congresso Continental da Filadélfia, com o intuito de protestar contra as medidas austeras impostas pela Inglaterra. Como a Coroa aumentou o número de soldados na colônia e não se dignou a nenhuma conversa com os colonos, houve um Segundo Congresso Continental da Filadélfia, dessa vez com intenções separatistas. Uma comissão redigiu a Declaração de Independência, publicada em 4 de julho de 1776, tendo como principal autor Thomas Jefferson. Entre 1776 e 1783, houve vários conflitos entre americanos e ingleses (patriotas *versus* casacas-vermelhas). Apenas em 1783, pelo Tratado de Paris (em Versalhes), a Inglaterra reconheceu a independência dos Estados Unidos. Em 1787, foi concluída a primeira constituição, que declarou o país uma república presidencialista e federalista. O primeiro presidente eleito foi George Washington.

7.2 Revolução Francesa

A França, às vésperas da revolução, vivia o sistema definido como *Antigo Regime*. Nesse contexto, governava o país uma monarquia absolutista. O rei, Luís XVI, assim como seus antecessores, fez de Versalhes o lugar do luxo na França, a sua casa e o espaço de onde governava.

Contratando com o esplendor do palácio, a realidade do lado de fora, nas últimas duas décadas, era bem diferente. Uma crise agrícola em decorrência de uma grande seca seguida de enchentes levou a principal riqueza francesa, a agricultura, ao colapso. Nesse momento, mais de 80% da população vivia no campo sob um regime de servidão que muito se assemelhava ao período medieval. A burguesia, que havia ganhado importância social e prosperava economicamente, via no absolutismo real e nas práticas mercantilistas um entrave à livre concorrência e à liberdade de comércio. Aliados a isso, os diferentes sistemas de pesos e medidas dificultavam a circulação de mercadorias, e todo esse cenário gerava o descontentamento da burguesia e do campesinato faminto.

A sociedade estava dividida em três estamentos, aos moldes do período medieval:

1. **Primeiro estado** – Constituído pelo clero (alto e baixo).
2. **Segundo estado** – Formado pela nobreza togada (burgueses que haviam comprado títulos nobiliários), pela nobreza palaciana ou cortesã (que vivia na corte, sustentada pelo rei) e pela nobreza provincial (proprietários de terras, que viviam no interior).
3. **Terceiro estado** – Composto pelos camponeses, pelos trabalhadores urbanos e pela burguesia (alta, média e pequena).

Figura 7.1 – Charge da Revolução Francesa mostra camponês carregando a nobreza e o clero

É DE SE ESPERAR que o jogo termine logo. 1789. Gravura, 25 × 16,5 cm. Biblioteca Nacional da França, Paris, França.

Os maus negócios estabelecidos com a Inglaterra e os inúmeros conflitos e gastos de guerra (inclusive o apoio francês à independência americana) oneravam o Estado. Essa grave situação fez Luís XVI convocar os **Estados Gerais**, uma assembleia que reunia os três estados e na qual cada um tinha direito a um voto. Com isso, sempre o primeiro e o segundo estados saíam ganhando. Nessa assembleia organizada inicialmente para deliberar apenas sobre as finanças do governo, tomou forma uma campanha favorável ao voto por cabeça. Clero e nobreza tinham 578 contra 561 do terceiro estado; no entanto, a chance de cooptar elementos do baixo clero e da nobreza togada era grande. Em maio de 1789, o rei restringiu a reunião ao debate sobre as questões financeiras e não mencionou a questão do voto. Os debates ganharam apoio popular e os Estados Gerais se declararam **Assembleia Nacional**. O rei mandou que a sala onde estavam reunidos os votantes (a sala do jogo de pela) fosse invadida, a fim de fechar a discussão.

A tensão aumentou e o povo nas ruas tomou de assalto a Bastilha, prisão francesa, símbolo do poder da monarquia. Era o dia 14 de julho de 1789 e iniciava-se a Revolução Francesa. Na sequência, essa Assembleia aprovou a **Declaração dos Direitos do Homem e do Cidadão**, documento que estabelecia o direito à liberdade, à propriedade privada, à segurança, à resistência à opressão e à livre comunicação do pensamento. Além disso, no ano seguinte, a Assembleia aprovou a Constituição Civil do Clero, garantindo o confisco dos bens da Igreja para o Estado e transformou os membros do clero em funcionários públicos.

Figura 7.2 – Bastilha, símbolo do poder Monárquico francês. Prisão de Paris

HUBERT, R. **A Bastilha nos primeiros dias de sua demolição**. 1789. Óleo sobre tela. Museu Carnavalet, Paris, França.

Figura 7.3 – Declaração dos Direitos do Homem e do Cidadão

DECLARAÇÃO dos Direitos do Homem e do Cidadão. 1793. Archives Nationales, Paris, França.

Em setembro de 1791, foi aprovada a **Primeira Constituição** francesa, que limitava os poderes do rei transformando a Monarquia em Monarquia Constitucional e, com isso, dando poderes apenas à Assembleia para fazer e aprovar leis, além de decretar o fim dos privilégios do clero e da nobreza. No entanto, ela criou o **voto censitário**, garantindo que apenas quem tivesse renda pudesse votar e ser eleito, bem como proibiu os sindicatos e as greves.

A Constituição não foi aceita pela Monarquia e tampouco foi bem-vista fora da França, mas, nessa segunda tentativa de oposição ao movimento revolucionário, o rei foi preso. O povo marchou sobre o Palácio das Tulherias e os exércitos oposicionistas estrangeiros foram vencidos na **Batalha de Valmy**, era setembro de 1792. Luís XVI foi julgado por uma nova assembleia denominada *Convenção* (a segunda fase da Revolução Francesa), que, em seu primeiro ato, proclamou a República. O rei foi condenado e executado em janeiro de 1793.

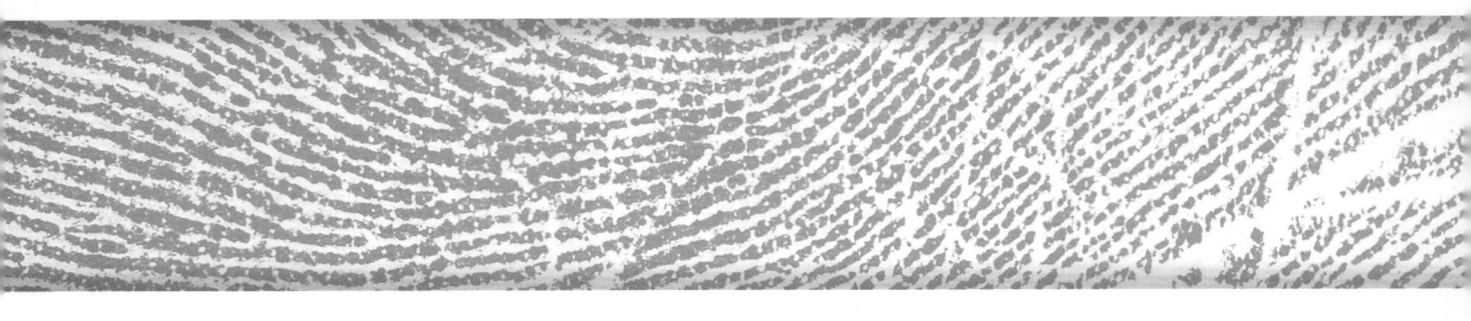

Figura 7.4 – A guilhotina cai sobre a cabeça de Luís XVI

Execução de Luís XVI em 1793 Gravura alemã.

A Convenção, era composta por três grupos políticos distintos:

1. **Girondinos** – Representavam os interesses da alta burguesia e defendiam a propriedade privada e o voto censitário.
2. **Jacobinos** – Mais radicais, defendiam o voto universal e a participação popular no processo revolucionário.
3. **Planície** – Apoiavam ora girondinos, ora jacobinos, de acordo com seus interesses no momento.

À esquerda da mesa da presidência sentavam os jacobinos, à direita, os girondinos e, ao centro, a planície. Até hoje, os partidos políticos que apresentam propostas mais populares são chamados de *partidos de esquerda*, e aqueles que apresentam propostas mais conservadoras, de *partidos de direita*.

Após a execução do rei, subiram ao poder os jacobinos, com um programa de governo bastante popular. Criaram um órgão especial: o **Comitê de Salvação Pública**, com o objetivo de resolver o caos na França, e organizaram um Tribunal Revolucionário. O comitê decretou o alistamento de jovens de 18 a 25 anos para combater o inimigo externo, tabelou preços de gêneros de primeira necessidade, dividiu as terras dos nobres emigrados em pequenos lotes, aboliu a escravidão nas colônias e tornou a escola primária pública e obrigatória. Sob a liderança de Robespierre, governou, no entanto, com mão de ferro e autoritarismo, fazendo o período (setembro de 1793 a julho de 1794) ficar conhecido como *Terror*. Milhares de pessoas foram guilhotinadas e, à medida que o clima de medo se intensificava, o governo ia perdendo apoio. Assim, em 27 de julho de 1794, os girondinos deram um golpe fatal e voltaram ao poder. O golpe de Estado, conhecido como *reação termidoriana*, marcou o fim da participação popular na Revolução. Todos os líderes jacobinos foram presos e guilhotinados e a alta burguesia retornou ao poder. Iniciava-se a última fase da revolução: o **Diretório**.

O Diretório restabeleceu a escravidão nas colônias e pôs fim ao tabelamento dos preços assim que a burguesia assumiu o poder, em 1794. No ano seguinte, aprovou a Constituição que restabeleceu o voto censitário e confiou o poder a um grupo de cinco deputados escolhidos por sorteio. O governo acabou combatendo a oposição dos que desejavam a volta à monarquia e os *sans-culotes*, representados pelos jacobinos. Uma última tentativa da oposição foi a Conspiração dos Iguais, organizada por Graco Babeuf, que desejava o fim da propriedade privada e a distribuição de riquezas.

Para garantir o poder e firmar-se no governo, o Diretório guarneceu as fronteiras e ocupou militarmente Paris. Com os militares em alta, Napoleão Bonaparte passou a ser visto como o homem capaz de estabilizar a França e de consolidar os ideais da revolução burguesa. Assim, em 10 de novembro de 1799, Napoleão tomou o poder.

Ao fim da revolução, o Antigo Regime havia sido substituído por uma República, a sociedade estava dividida em classes, as taxações e relações de servidão haviam desaparecido, o poder da Igreja havia diminuído e as relações mercantilistas haviam sido substituídas por uma livre economia de mercado.

Entre aspas

Guilhotina, a máquina de matar

A guilhotina, por absurdo que pareça, derivou do projeto de um médico humanitário, o doutor Guilliotin, que enviou a recomendação da sua fabricação à Assembleia Nacional em 1789. Menos de três anos depois, uma máquina de matar em massa começou a ceifar vidas durante a revolução numa rotina que parecia não ter mais fim.

O alarde correu por toda a Paris. Que fossem à Place de Grève para assistir uma execução com uma nova máquina. Os bairros patriotas mobilizaram sua gente para vê-la ser experimentada num ladrão comum, um tal de Pelletier. Era o dia 25 de abril de 1792 quando a multidão começou a aglomerar-se em frente ao patíbulo. Sobre ele, lá em cima, coberto com um pano breado, estava o assustador artefato. Comentou-se que Samsom, o carrasco oficial da cidade, havia se exercitado antes em vários repolhos. A multidão calou-se. Traziam o condenado. A cabeça dele havia sido tosada para que os cabelos do pescoço não criassem embaraços ao cortante fio do cutelo. O verdugo estendeu o desgraçado numa prancha, amarrado, e soltou a alavanca que suspendia a lâmina. O aço, com traçado diagonal, despencou-se sobre a vítima com a rapidez do bote da serpente, um sucesso. No cesto, a cabeça saltou e parou. A multidão exclamou uníssona, fascinada pelo espetáculo e pelo horror.

[...]

[...] Quatro meses depois da sua estreia espetacular foi transladada para a Place du Carroussel, onde decepou uma penca de seguidores da monarquia caída em desgraça. Para o supliciamento de Luís XVI, foi removida para um lugar maior, a Place de la Concorde, onde o rei sucumbiu em 21 de janeiro de 1793. Nos tempos do paroxismo do terror, chegou a alimentar-se de 30 cabeças por dia. [...] Nos dez meses que durou a histeria de uma república que se sentia sitiada, abateram-se, segundo um minucioso pesquisador, 16.594 pessoas, aos quais devem-se acrescentar umas 30 ou 40 mil vítimas por toda a França.

[...]

Não demorou muito para que aqueles que dela fizeram largo uso, condenando seus adversários políticos a serem decepados, também fossem por ela vitimados. Primeiro foi Georges Danton e, no Termidor, Robespierre, Saint-Just e todo o estado maior dos jacobinos.

[...]

Fonte: Schilling, 2018.

7.3 A Era Napoleônica

Após ganhar notoriedade por vencer revoltas em Paris, sair vencedor de conflitos contra os austríacos e cumprir a missão de atacar o Egito e bloquear o comércio inglês com a Índia, Napoleão ganhou a confiança do Diretório. Assim, em 1799, tornou-se cônsul. Era o início da ditadura napoleônica.

Visando estabilizar o governo, Napoleão confirmou o fim dos privilégios da nobreza e do clero e concedeu 3 milhões de títulos de terras aos camponeses. Ainda assinou com o Papa Pio VII a Concordata de 1801, confirmando que o Estado reconhecia o catolicismo como a religião oficial da França. Por sua vez, a Igreja arquivou todos os tipos de queixas contra o Estado.

Para organizar a economia, Napoleão Bonaparte criou o Banco da França e instituiu o franco como moeda. Além disso, fez mudanças estruturais, como a construção de estradas e pontes capazes de viabilizar o transporte de mercadorias. Também realizou modificações importantes no setor de educação, tornando o ensino primário gratuito e obrigatório, além de criar os liceus e ginásios nas grandes cidades.

Em 1804, promulgou o Código Civil Napoleônico, que serviu de base para muitos outros códigos ocidentais. Nele, reafirmava artigos que garantiam a igualdade de todos perante a lei, a separação da Igreja e do Estado, a definição do direito à propriedade privada, a proibição dos sindicatos e das greves, entre outros. Sem dúvida, em vários aspectos, o código reafirmava e favorecia os interesses da burguesia que havia, em grande medida, saído vencedora do processo revolucionário. Todos esses pontos conferiram popularidade ao cônsul que acabou, em 1802, tornando-se cônsul vitalício. Dois anos depois, em consulta ao povo, conseguiu o título de imperador, com o nome de Napoleão I.

Quando Napoleão se tornou imperador da França, o país era um dos mais importantes na Europa – faltava apenas derrubar a maior concorrência, a Inglaterra. Em 1805, a **Terceira Coligação** procurou destruir as pretensões da França, que dessa vez tinha a Espanha ao seu lado. Ao longo do período de governo de Napoleão, a França sofreu várias oposições das chamadas *coligações*, formadas por países europeus.

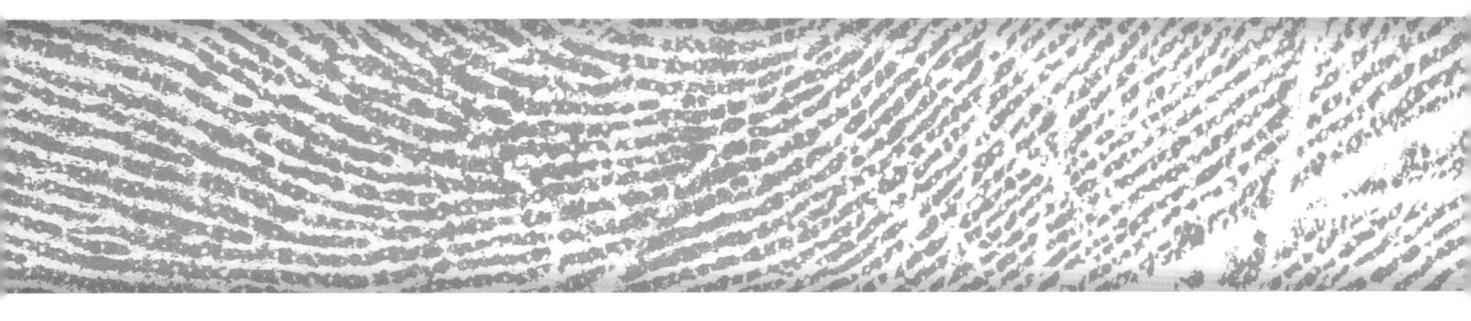

Figura 7.5 – A consagração do Imperador Napoleão e da Imperatriz Josefine

DAVID, J.-L. **Consagração do Imperador Napoleão I e Coroação da Imperatriz Josefine**. 1805-1807. Óleo sobre tela. 629 × 979 cm. Museu do Louvre, Paris, França.

Mesmo tendo a esquadra destruída na **Batalha de Trafalgar**, os exércitos franceses conseguiram vencer as batalhas de Ulm e Austrtlitz, contra os austríacos e russos. Assim, a Áustria foi forçada a entregar Veneza e a Costa do Adriático, ficando sem saída para o mar. No ano seguinte, formou-se a **Quarta Coligação**. Ameaçada pela expansão francesa na Alemanha, a Prússia, que tinha alto *status* militar na Europa, desafiou Napoleão e foi facilmente derrotada em Iena (1806).

Para vencer a Inglaterra, o que não era possível em batalha por terra ou por mar (lembre-se de que a mais aprimorada marinha da época era inglesa), Napoleão criou o Bloqueio Continental (1806), deixando definido que os países europeus estavam proibidos de comercializar com a Inglaterra. A maioria dos países aderiu ao bloqueio, porém Espanha e Portugal não aceitaram e, por isso, em 1808, Napoleão invadiu a Península Ibérica e o rei espanhol foi deposto. Em

Portugal, o rei deixou o trono e veio para o Brasil com parte de sua corte.

Depois da invasão da Espanha, Napoleão começou a sofrer as primeiras derrotas e, ainda em 1808, as tropas napoleônicas foram expulsas da Espanha. Os ingleses expulsaram o general Junot de Portugal, e a Áustria, em 1809, organizou a **Quinta Coligação**. Vencido no conflito, o imperador austríaco foi obrigado a entregar sua filha em casamento para Napoleão. Em 1812, a Rússia quebrou o Bloqueio Continental e, por isso, Napoleão resolveu invadi-la. No entanto, o inverno rigoroso e a tática russa de terra arrasada (por onde os franceses passavam, os russos ateavam fogo, dificultando a sobrevivência do exército inimigo que morreu de fome e frio). O resultado foi terrível e mais de 90% dos homens morreram.

Em 1813, a **Sexta Coligação** derrotou Napoleão. Em 1814, Napoleão Bonaparte foi exilado na Ilha de Elba, depois de ser deposto. Durante esse tempo, Luís XVIII tentou implantar novamente o absolutismo na França, mas causou revolta na população. Aproveitando-se da situação, Napoleão retornou à Paris e procurou reimplantar seu governo, chamado de *Cem dias*. Nesse momento, os vencedores das coligações europeias estavam discutindo no Congresso de Viena como seria reorganizada a Europa. Em 18 de junho, novas tropas derrotaram Napoleão na Batalha de Waterloo. Dessa vez, ele foi exilado na Ilha de Santa Helena, ficando sob tutela inglesa até sua morte, em 1821.

Quadro 7.1 – Coligações contra a França (1789-1815)

Coligações contra a França (1789-1815)		
Coligação	Ano	Países
1ª	1792	Áustria e Prússia
2ª	1799	Inglaterra, Áustria, Rússia e Império Otomano
3º	1805	Inglaterra, Rússia, Áustria e Suécia
4ª	1806	Inglaterra, Prússia, Rússia e Suécia
5ª	1809	Inglaterra, Áustria
6ª	1813	Inglaterra, Rússia, Áustria, Prússia e Suécia

No **Congresso de Viena** (1814-1815), os vencedores das Guerras Napoleônicas – Inglaterra, Áustria, Prússia e Rússia – definiram a paz e o equilíbrio da Europa, com o objetivo de restaurar a velha ordem. Uma das decisões foi a adoção do princípio da legitimidade, que defendia o retorno das antigas famílias que governavam os Estados europeus, o que de fato aconteceu em alguns casos. Outro princípio defendido foi o do equilíbrio europeu, de modo que nenhum Estado se impusesse sobre o outro. Segundo a proposta de Metternich, príncipe da Áustria, seu país deveria ser compensado, de forma equilibrada como uma das nações envolvidas nos conflitos, entre as quais a maior beneficiada foi a Inglaterra, que mais recebeu possessões nos continentes em que tinha colônias.

Por fim, o Czar Alexandre I, da Rússia, sugeriu a criação da **Santa Aliança**, uma organização de defesa mútua liderada por Rússia, Prússia e Áustria, com o objetivo de intervir e reprimir movimentos liberais e nacionalistas. Em certa medida, a Santa Aliança não conseguiu sucesso nem na Europa da primeira metade do século XIX nem nos processos de independência da América Latina.

No início do século XIX, várias colônias latino-americanas, aproveitando os movimentos revolucionários europeus e os ideais liberais do Iluminismo, promoveram revoltas de independência, a maioria liderada pelas elites locais, descontentes com o alto pagamento de impostos, a pouca participação política e os entraves da política econômica mercantilista. Essas elites, na América espanhola, eram denominadas *criollas*, compostas por homens ricos de origem americana, proprietários de terras e de escravos, que não podiam galgar altos cargos públicos. No continente americano, houve algumas exceções, como o caso do Haiti, em que o processo de independência foi liderado por ex-escravizados e escravizados negros, em um grande movimento de rebeldia e oposição às elites locais; a primeira tentativa de independência do México é outro exemplo, liderada pelos padres Morelos e Hidalgo, em que camponeses e indígenas lutaram pelo processo de independência até a intervenção espanhola.

> **Para saber mais**
> **Sobre a Independência do Haiti e a revolta de escravos**
> Numa primeira série de operações que durará um mês, os escravos destroem tudo. Como labaredas sobre a palha seca, as palavras de ordem 'morte aos brancos' ganham as planícies. Chegara o momento há muito esperado. Nas fazendas as senzalas sabem o que fazer. Em poucas semanas de luta, os insurgentes chegam a mobilizar mais de cem mil combatentes.
>
> Fonte: Sousa, 2018.

7.4 Revolução Industrial

Entre os séculos XVIII e XIX, ocorreu na Europa uma nova forma de produção de bens que se utilizava de maquinário e da força de trabalho dos operários: era a Revolução Industrial. Naquele período, dois grupos constituíram as bases da sociedade industrial: a burguesia, dona dos meios de produção (máquinas, ferramentas e matéria-prima) e o proletariado (operários assalariados que vendiam sua força de trabalho).

Esse processo industrial teve início na Inglaterra, lugar em que vários fatores garantiram seu pioneirismo:

- **Capitais acumulados durante a Revolução Comercial** – Riquezas foram angariadas em acordos estabelecidos com outros países e que beneficiaram o tesouro inglês, tais como o Tratado de Methuen (ver Seção 6.5).
- **Supremacia naval inglesa** – Conquistada graças aos Atos de Navegação, de 1651, que eram imposições criadas durante o governo republicano de Oliver Cromwell e que garantiram o domínio inglês sobre os mares e o exclusivismo do comércio de produtos e rotas.
- **Disponibilidade de mão de obra barata, decorrente dos cercamentos (*enclosures*)** – Parte da nobreza inglesa expulsou os camponeses de suas terras comunais e transformou essas áreas em lugar de pastagem e de criação de ovelhas. A lã desses animais era vendida como matéria-prima, fundamental na indústria têxtil, primeira forma de industrialização inglesa. Os camponeses destituídos de terra migraram para as cidades industriais em desenvolvimento e formaram um grande grupo de pessoas disponíveis para o trabalho, recebendo baixos salários, já que a oferta era maior que a demanda.
- **Instalação de uma monarquia parlamentar** – Processo que aconteceu desde a Revolução Gloriosa e a criação do *Bill of Rights* (Declaração de direitos), que estabelecia o fim do absolutismo e a participação burguesa na vida política do país, favorecendo, dessa maneira, o desenvolvimento do capitalismo na Inglaterra.
- **Triunfo da ideologia liberal** – As ideias liberais de livre concorrência no nível econômico e o liberalismo político, concepções oriundas do movimento Iluminista e propostas por Adam Smith e John Locke, respectivamente, conseguiram se consolidar no país.
- **Inovações técnicas e existência de jazidas de ferro e carvão** – Esses fatores foram importantes porque eram necessários para a produção de energia, alçando a Inglaterra às condições de iniciar o processo revolucionário industrial.

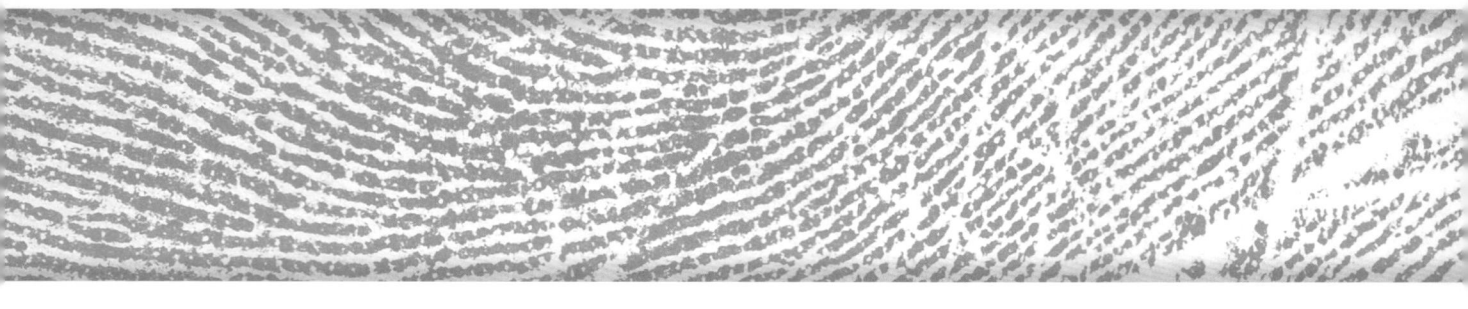

Figura 7.6 – Máquina a vapor, utilizadas nas minas de carvão

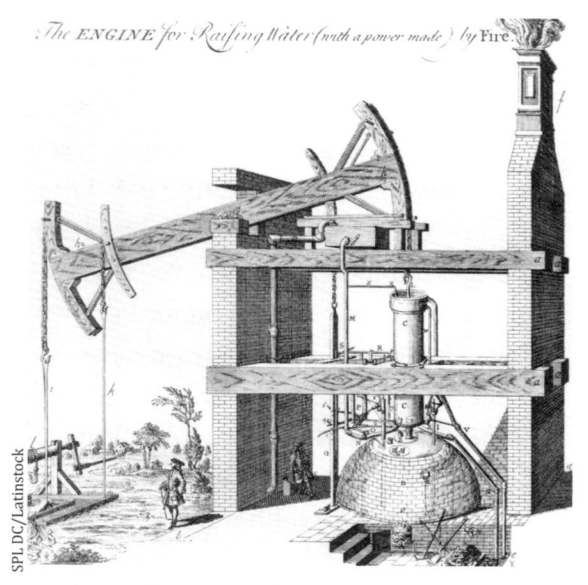

Figura 7.7 – Tear mecânico

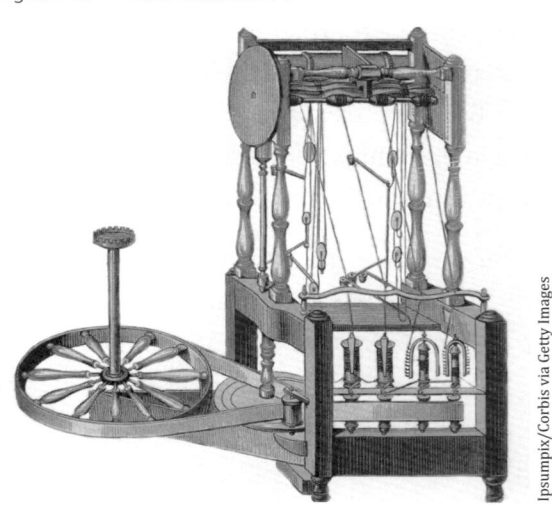

A revolução pode ser compreendida em três momentos.

Da **primeira fase (1760-1860)**, conhecida como *era do carvão e do ferro*, participaram países como Inglaterra, França e Bélgica. O maior destaque foi a indústria têxtil e a criação do tear mecânico. A intensa exploração do trabalhador e as condições insalubres das fábricas marcaram as relações de trabalho e o modo de vida das pessoas; além disso, a maioria dos trabalhadores recebia baixos salários por jornadas de mais de 15 horas. Crianças e mulheres passaram a fazer parte do processo de produção industrial, como mão de obra ainda mais barata. Foi o momento em que surgiu um novo modelo do capitalismo: **o capitalismo industrial**.

A **segunda fase (1860-1914)** é conhecida como a *era do aço e da eletricidade*. A industrialização se espalhou para outros países e continentes, como Alemanha, Itália, Rússia, Estados Unidos e Japão. A marca desse período está no desenvolvimento tecnológico, com a utilização do aço, da energia elétrica, dos combustíveis originários do petróleo e do desenvolvimento do motor a explosão e de produtos químicos. Inovou-se na criação de meios de comunicação e transporte, como a invenção do automóvel, do avião, do telefone, do cinema. Também nesse momento da história surgiram grandes empresas de capital internacional e o poder financeiro dos bancos. Por isso, a forma com que o capitalismo se organizou foi denominada *capitalismo monopolista ou financeiro*, modelo que perdura até os dias de hoje.

Um dos fatores que impulsionaram o processo foi o desenvolvimento de novos meios de transporte, como a locomotiva a vapor, os quais facilitaram a compra e venda de mercadorias a longa distância e impuseram um novo ritmo sobre a produção industrial.

Figura 7.8 – Locomotiva a vapor

Figura 7.9 – Uma rua, em um bairro pobre de Londres, no século XIX: casas superlotadas, crianças nas ruas, circulação de animais e pessoas

DORÈ, G. **Dudley Street**. Gravura. 1872.

A **terceira fase (1945 aos dias atuais)** é marcada, entre outros avanços, pelo desenvolvimento tecnológico e pelos inventos do microcomputador, da robótica, da engenharia genética. Essas inovações permitiram a formação de uma rede imediata de contato entre vários pontos do mundo, o que se definiu como *globalização*. A tecnologia, em alto grau, garantiu um número menor de trabalhadores e a utilização cada vez maior das máquinas.

Entre aspas

A representação do tempo regido pela natureza perde-se e, junto com ela, a medida do tempo relacionada às tarefas cíclicas e rotineiras do trabalho. Se desfaz um ajuste entre o ritmo do mundo físico e as atividades humanas, o que implica a dissolução de uma relação imediata, natural e inteligível de compulsão da natureza sobre o homem. Perda que implica a imposição de uma concepção do tempo: abstrato, linear, uniformemente dividido a partir de uma convenção entre os homens, medida de valor relacionada à atividade de comerciante e às longas distâncias. Tempo a ser produtivamente aplicado, que se define como tempo do patrão – tempo do trabalho, cuja representação aparece como imposição de uma instância captada pelo intelecto, porém, presa a uma lógica própria, exterior ao homem, que o subjuga. Delineia-se uma primeira exterioridade substantivada no relógio, concomitantemente artefato e mercadoria.

Fonte: Bresciani, 1984/1985, p. 38.

7.5 Pensamentos sociais do século XIX: capitalismo, socialismo e anarquismo

A Revolução Industrial gerou inúmeras mudanças na vida das pessoas e na articulação econômica europeia. Muitos camponeses perderam suas terras e sofreram com a alta dos produtos agrícolas. As indústrias, ainda na primeira metade do século XIX, entraram em colapso pela falta de compradores. Esse pano de fundo deu origem aos movimentos revolucionários europeus de 1848, que, de certa forma, se manifestaram de diferentes maneiras de país para país, motivados por questões políticas, ideológicas e sociais.

Nesse contexto, novas correntes ideológicas apareceram. Surgido depois do período napoleônico, o **nacionalismo** procurava unir nações com uma mesma cultura e garantir antigas fronteiras conquistadas. O **liberalismo** alimentava-se das ideias de Adam Smith (1723-1790) e ganhava novos contornos na Inglaterra. O chamado *liberalismo econômico clássico* defendia que o interesse individual era o motor principal da economia e que, portanto, o Estado não deveria intervir. As ideias liberais influenciaram na composição de um novo tipo de organização econômica baseada na liberdade de compra, venda e comercialização, na divisão do trabalho e na produção em larga escala, o que transformou as relações de trabalho. Além de Smith, são considerados economistas clássicos Thomas Malthus (1766-1834) e David Ricardo (1722-1823).

A Revolução Industrial criou também possibilidades para o desenvolvimento de um **pensamento socialista** ligado aos problemas e às demandas da classe operária. A ideologia socialista propunha projetos utópicos e a construção de uma sociedade mais justa. No entanto, a forma de construí-la variava de acordo com alguns pensadores:

- Saint-Simon (1760-1825) – Defendia a ideia de que todos produzissem para todos, dividindo igualmente o resultado dessa produção e, da mesma maneira, que uma ação conjunta administrasse esses resultados.

- Charles Fourier (1772-1837) – Criou a noção de falanstérios, comunidades socialistas que aboliam a divisão do trabalho e nas quais cada um desenvolvia ao máximo suas capacidades em prol do coletivo. Suas experiências e de seus discípulos foram fracassadas.
- Robert Owen (1771-1858) – Procurou colocar suas concepções em prática em sua fábrica na Escócia. Suas ideias baseavam-se na diminuição da jornada de trabalho, em melhores salários e melhores condições de vida. Naquele contexto, sua experiência acabou não dando certo, mas incentivou o nascimento dos primeiros sindicatos na Inglaterra.

No entanto, o mais renomado teórico socialista foi o alemão **Karl Marx** (1818-1883), cujas teorias, em grande parte, foram escritas em conjunto com Friedrich Engels. A obra dos dois teóricos, *O Manifesto Comunista*, ganhou forças e uma de suas máximas tornou-se lema do movimento: "Proletários de todos os países, uni-vos". Suas experiências em viagens pela Inglaterra e pela França o ajudaram a compreender as transformações sociais iniciadas pela Revolução Industrial. Em diferentes ensaios e obras, anunciou a base de sua teoria ou doutrina partindo de uma apurada análise histórica das sociedades humanas. Para o teórico, o motor da história é a luta de classes e somente com o triunfo do proletariado sobre a burguesia seria possível construir uma sociedade comunista.

Para Marx, em cada momento da história, os homens se organizaram de maneira específica para a produção do que era necessário para viver, definida como *modo de produção*[i]. Para ele, sempre houve o explorador e o explorado, e é possível observar isso na luta entre servos e senhores feudais no período medieval, bem como na luta entre escravos e proprietários/senhores da Antiguidade. No contexto do século XIX, era preciso compreender as forças dicotômicas capitalistas e verificar que, sem a força da classe trabalhadora, não seria possível vencer as desigualdades propostas pelo capitalismo, o que chamou de *socialismo científico*. Assim, o socialismo propunha o fim da propriedade privada, a qual seria substituída pela propriedade coletiva, que ficaria nas mãos de um Estado dirigido por operários. Esse processo desembocaria em uma sociedade totalmente igualitária, ou seja, no **comunismo**; logo, o socialismo era um momento intermediário entre o capitalismo e o comunismo.

[i] *Tratamos desse tema nos capítulos anteriores ao mencionarmos as características do modo de produção escravista, na Roma Antiga, ou o modo de produção feudal, na Europa Ocidental.*

Essa concepção evolucionista dos modos de produção e de que o fim do capitalismo seria obrigatoriamente o socialismo é um dos pontos atuais de crítica às ideias marxistas.

Figura 7.10 – Retrato de Karl Marx, teórico do século XIX, autor de *O manifesto comunista* e *O capital*

Em 1891, o Papa Leão XIII escreveu a encíclica *Rerum novarum* (das coisas novas). Era uma tentativa da Igreja de se posicionar diante das mudanças ocorridas no último século e decorrentes da Revolução Industrial. Procurava aplicar os ensinamentos do Evangelho aos problemas sociais decorrentes da industrialização. Em grande medida, criticava a quebradeira das máquinas feitas pelos operários ou as greves por eles articuladas e defendia a ideia de que o diálogo seria a solução para os problemas e conflitos entre burgueses e proletários. No entanto, cabe salientar que, perante as teorias socialistas e com o medo crescente de suas influências, a Igreja acabou manifestando-se de forma conservadora contra a mobilização operária.

O **anarquismo**, em alguns pontos, aproximava-se da teoria marxista, quando preconizava uma sociedade igualitária. No entanto, diferentemente destes, defendia o fim imediato do Estado ou de qualquer forma de hierarquia. Um dos principais inspiradores do movimento anarquista foi Pierre-Joseph Proudhon (1809-1865), que afirmava ser necessária a liberdade individual e o fim da exploração do capitalismo industrial. Uma de suas manifestações célebres serviu de inspiração para o movimento anarquista em todo o mundo: "A propriedade é um roubo". Outro representante do movimento foi Mikhail Bakunin (1814-1876), que, além de defender o fim imediato do Estado, sugeria que não apenas os operários, mas os oprimidos de todos os grupos e classes se revoltassem contra o capitalismo.

Entre parênteses

O capitalismo financeiro ou monopolista

Na segunda metade do século XIX, depois de avanços no processo de industrialização e da intensa concentração de capitais, verificou-se que empresas mais ricas e poderosas utilizavam estratégias para monopolizar a produção e a distribuição de produtos com a intenção de diminuir ou acabar com a concorrência. Esse processo deu origem às fusões, associações e negociações dessas grandes empresas, representadas pelas práticas de *holding*, truste e cartel.

Holding é a associação de várias empresas a uma maior que centraliza e controla as demais por ter o controle acionário (a maioria das ações).

Truste origina-se da fusão de várias empresas em uma única empresa do mesmo ramo.

Cartel é um acordo entre empresas do mesmo ramo para controlar a produção, os preços e o mercado, fixando preços e detendo a concorrência.

Luz, câmera, reflexão

DANTON: o processo da revolução. Direção: Andrzej Wajda. Polônia/França/Alemanha Ocidental: Gaumont/Triumph Releasing Corporation, 1982. 136 min.

MARIA Antonieta. Direção: Sofia Coppola. França/EUA/Japão: Columbia Pictures do Brasil, 2006. 123 min.

NAPOLEÃO. Direção: Yves Simoneau. França: Califórnia Filmes, 2002, 180 min.

O PATRIOTA. Direção: Roland Emmerich. EUA/Alemanha: Columbia Pictures do Brasil, 164 min.

Atividades

1) A Revolução Francesa teve como motivação o descontentamento do terceiro estado. Essa questão fica explícita, por exemplo, neste panfleto que circulava no ano de 1789:

> O Plano deste trabalho é muito simples. Devemos responder a três perguntas:
> 1º) O que é o Terceiro Estado? – Tudo.
> 2º) O que tem sido ele, até agora, na ordem política? – Nada.
> 3º) O que é que ele pede? – Ser alguma coisa.

Sieyès, 2018.

Quais eram os desejos do terceiro estado e que ficam visíveis no panfleto?

2) A terminologia atual utilizada para definir partidos de esquerda e de direita tem origem na Revolução Francesa. No período da Convenção, destacaram-se vários grupos e facções que participavam da Assembleia: os girondinos, os jacobinos e a planície. Apresente os interesses de cada um deles, qual grupo social representavam e onde se sentavam no recinto da Assembleia.

3) É possível definir a Revolução Francesa como uma revolução essencialmente popular? Por quê?

4) Diferencie a primeira e a segunda fases da Revolução Industrial em relação à energia utilizada, à matéria-prima e à mão de obra.

5) A defesa pela planificação econômica e pela revolução operária são lemas de correntes filosófico-políticas do século XIX. Podemos verificar esses objetivos nas seguintes frases:

"A propriedade é um roubo".

"Proletários de todos os países, uni-vos".

Quais eram essas correntes políticas e o que elas defendiam?

capítulo oito

Idade contemporânea

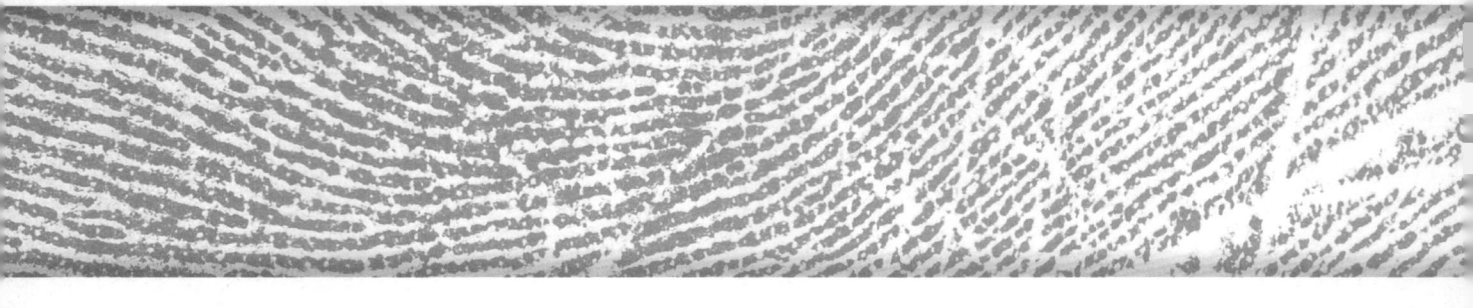

A *Belle* Époque compreende o período que se estende do final do século XIX (1871) à Primeira Guerra Mundial (1914), momento de efervescência cultural e científica na Europa. Nessa época, as ruas enchiam-se de transeuntes, bares, carros e fios de luz, bem como parques de diversão, hotéis, cafés, cinemas, cabarés e expressões de *art nouveau* faziam parte do consumo, do gosto e das formas de descanso da burguesia. A Europa não imaginava o susto que levaria com início da Guerra, em 1914.

Figura 8.1 – *Moulin Rouge*, casa de espetáculos, Paris

Figura 8.2 – Paris, exposição de 1900

Figura 8.3 – Torre Eiffel, Paris

Neste capítulo, analisaremos as mudanças e as conquistas humanas da virada do século XIX para o XX, assim como a brutalidade revelada com a Primeira Guerra Mundial (1914-1918).

8.1 Unificações italiana e alemã

As décadas de 1830 e 1840 viram pulular pela Europa os nacionalismos. Como já mencionamos, depois da era napoleônica, os países procuraram marcar seus espaços e reafirmar suas identidades linguísticas e culturais. Os movimentos nacionalistas foram tomando conta da Europa, e os grandes impérios acabaram ruindo. Ao mesmo tempo, pequenos reinos uniram forças em prol de sua unificação. Por volta de 1870, a Itália e a Alemanha surgiram como países.

8.1.1 Unificação italiana

No início do século XIX, a Península Itálica era composta por vários Estados independentes. Desde o Congresso de Viena, uma parcela da península estava sob domínio da Áustria e da França. No entanto, a região norte passou por transformações relacionadas ao desenvolvimento industrial e à intensificação das atividades comerciais, e assim a burguesia italiana passou a ver na unificação uma maneira de garantir as transações comerciais e de se fortalecer industrialmente. Depois de tentativas fracassadas de conquistar a unidade territorial, o Reino do Piemonte-Sardenha passou a liderar um processo de lutas pela unificação da Itália, durante o governo do Rei Vitor Emanuel II. O Conde Cavour, primeiro-ministro do reino, arquitetou o projeto de unificação e inspirou o espírito nacionalista.

No Mapa 8.1, observe o processo de formação da Itália. Ao norte, o reino de Piemonte e, ao centro norte e nordeste, as primeiras localidades que foram anexadas à unificação. Ao sul, o reino das Duas Sicílias e, bem ao centro da Península, os Estados pertencentes à Igreja.

Mapa 8.1 – Unificação da Itália

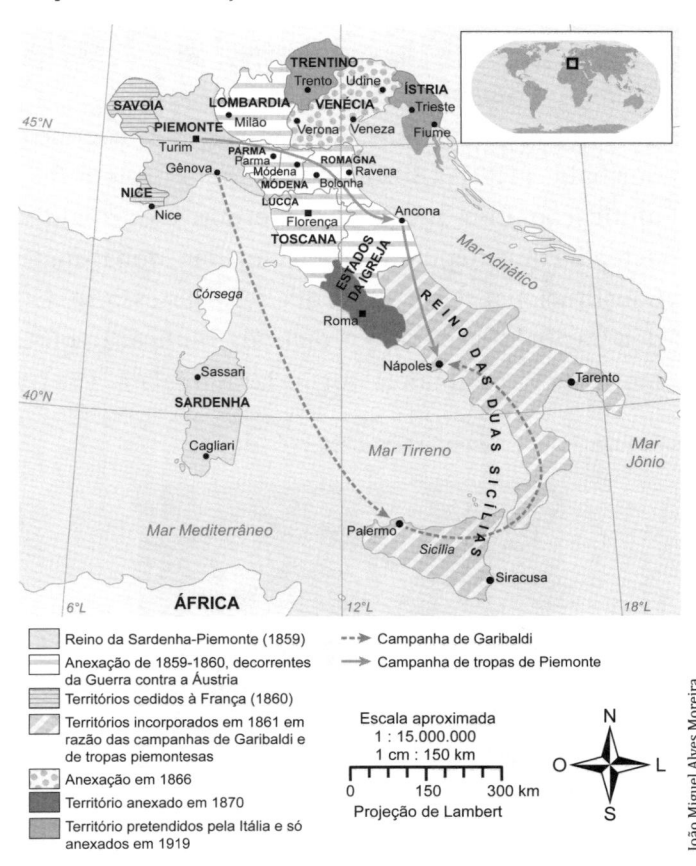

Fonte: Arruda, 2010, p. 26.

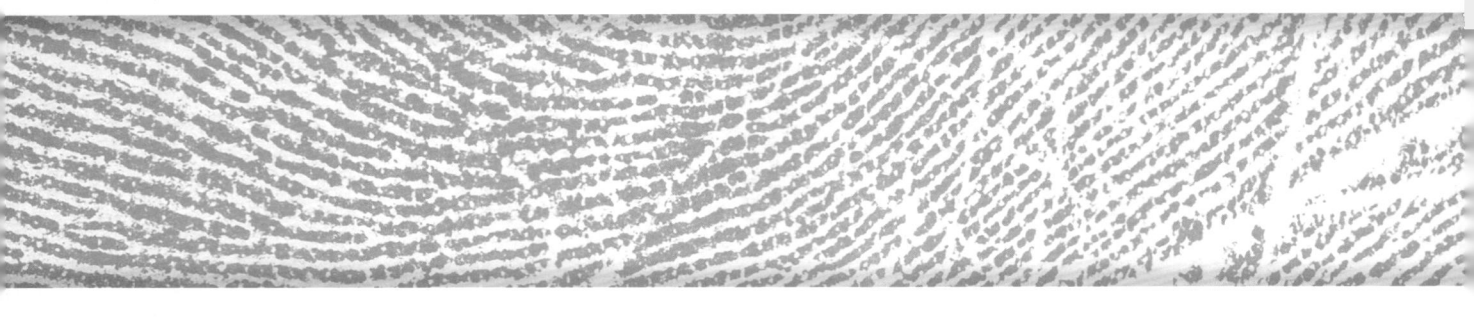

Ocorre que, com o apoio da França, governada por Napoleão III, o reino de Piemonte-Sardenha obteve expressivas vitórias nas conquistas da Lombardia, da Toscana, de Parma, de Módena e da Romanha. As vitórias ao norte acabaram por incentivar conquistas ao sul, relacionadas a movimentos revolucionários no Reino das Duas Sicílias.

Para saber mais
Giuseppe Garibaldi

Os camisas-vermelhas, liderados por Giuseppe Garibaldi (1807-1882), lutaram pelo projeto de unificação. Com propostas diferentes, Garibaldi defendia uma República, e Cavour, uma Monarquia Constitucional. Percebendo que seria necessário ceder, Garibaldi aceitou o projeto de Unificação piemontês e Vitor Emanuel foi declarado rei em 1861.

Figura 8.4 – Giuseppe Garibaldi

O centro da Itália foi conquistado em 1870. Essa região dominada pela Igreja era chamada de *Estados Pontifícios*. A França, católica, defendia seus interesses e os interesses do Papa na região. Apenas com a guerra franco-prussiana a França removeu seu exército de Roma e, assim, Roma foi conquistada, tornando-se a capital da Itália. O Papa Pio IX não aceitou a conquista e declarou-se prisioneiro no Palácio do Vaticano. *A Questão Romana*, como ficou conhecida, só foi resolvida em 1929 quando, pelo Tratado de Latrão, assinado entre Pio XI e Mussolini, foi criado o Estado do Vaticano, em Roma.

8.1.2 Unificação alemã

Da mesma forma que na Itália, na Alemanha não havia um Estado unificado até a metade do século XIX; onde hoje é o país, existiam 39 Estados independentes. Alguns eram majoritariamente de confissão católica, outros luteranos, alguns ricos e outros mais pobres. Desde 1815, à época do Congresso de Viena, todos estavam reunidos na **Confederação Germânica**, da qual também participavam Prússia e Áustria.

Em 1834, a Prússia já mostrava seus interesses em criar uma maior unidade política e econômica entre os estados germânicos, sob sua liderança. Foi então estabelecido o **Zollverein**, uma liga aduaneira que abolia as tarifas alfandegárias dos estados do Norte.

Assim como na Itália, onde houve a importante participação de Piemonte-Sardenha e do Ministro Cavour, na Alemanha algo semelhante aconteceu. O Estado proeminente nesse processo foi a Prússia, liderada por Otto von Bismarck, primeiro-ministro do Rei Guilherme I. Seu gênio tático e ardiloso fez nascer a Alemanha a partir de três conquistas importantes: a Guerra dos Ducados (1864), a Guerra contra a Áustria e a Guerra Franco-Prussiana. A primeira foi um conflito direto com a Dinamarca, com a ajuda da Áustria, pela conquista dos Ducados de Schleswig e Holstein, importante contato entre o Mar do Norte e o Mar Báltico. Terminada a conquista, a Áustria sentiu-se ameaçada e declarou guerra à Prússia. Em 1866, a Prússia, por sua vez, invadiu e conquistou com grande facilidade vários estados antes dominados pela Áustria. Assim nasceu a Confederação Germânica do Norte.

Por fim, para completar a unificação e conquistar os estados do sul alemão, Bismarck resolveu inflamar o espírito nacionalista e forjar um conflito que unisse os alemães em prol de um inimigo comum: a França. A desculpa para a guerra foi a sucessão do trono espanhol, que, naquele momento, era desejado pelo Príncipe Leopoldo, parente de Guilherme I. Para manter a paz e não deixar a França acuada entre dois territórios sob a influência prussiana, Guilherme I pediu a Leopoldo que retirasse suas pretensões ao trono espanhol. Então, o embaixador francês exigiu de Guilherme I garantias formais de que não conduziria ninguém à Coroa Espanhola. Sabedor dessa informação, Bismarck adulterou o telegrama encaminhado pelo rei prussiano, dando a entender que havia tido troca de insultos de ambos os lados. Em Berlim, os alemães exigiam retratação, da mesma forma que os franceses. Estava aceso o pavio que detonaria a Guerra Franco-Prussiana (1870), declarada pela França.

Os estados do sul da Alemanha uniram forças com os do norte e rapidamente esmagaram as tropas francesas. Em pleno Palácio de Versalhes, Guilherme I foi proclamado imperador (*kaiser*) da Alemanha, em 18 de janeiro de 1871. Essa ação foi considerada ofensiva e humilhante e manteria aceso um sentimento francês de revanche.

Terminada a guerra, a França precisou pagar uma pesada indenização à Alemanha e entregar os territórios da Alsácia-Lorena, ricos em carvão e ferro. A guerra havia unido os alemães e fez nascer uma poderosa nação sob a tutela do Chanceler de Ferro, Otto von Bismarck.

Mapa 8.2 – Unificação da Alemanha

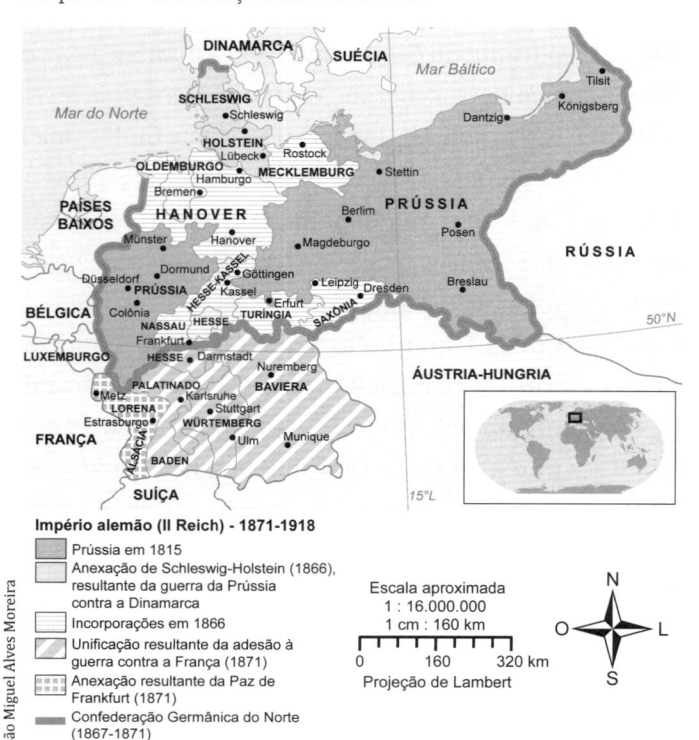

Fonte: Arruda, 2010, p. 26.

Observe, no Mapa 8.2, a extensão territorial da Prússia. Veja, ao norte, os Ducados de Schleswig e Holstein.

8.2 Imperialismo

As práticas imperialistas iniciaram a partir do ano 1870, quando as grandes potências europeias passaram a procurar, fora de seu continente, mercados consumidores de produtos manufaturados e áreas produtoras de matérias-primas, como ferro, borracha, cobre, entre outras. Os processos de dominação imperialista ocorreram sobre os continentes africano e asiático e foram denominados de *partilha da África* e *partilha da Ásia*. Essa corrida colonialista, iniciada no século XIX, foi denominada *imperialismo* ou *neocolonialismo*.

Uma das principais justificativas europeias para essa prática neocolonialista era a de difundir o modelo de vida europeu aos outros povos, na chamada *missão civilizadora*. Os grupos interessados nos lucros obtidos nessa "missão" defendiam a superioridade da civilização industrial fundada na teoria da superioridade da raça branca. O darwinismo social, elaborado por Spencer, defendia a ideia de que algumas raças humanas, assim como as espécies animais, melhor se adaptavam para sobreviver, ou seja, acreditava-se que as raças "superiores" venciam as "inferiores" no processo evolutivo.

Entre parênteses

O que houve, naquele momento do século XIX, foi a transposição de conceitos da física e da biologia para os estudos das sociedades e dos comportamentos humanos. Esses posicionamentos legitimaram ações preconceituosas e interesses particulares. O ser humano deve ser visto como uma única espécie, mesmo tendo desenvolvido diferentes culturas. Usamos, no texto, a palavra *raça* para pensar o conjunto dos seres humanos e para utilizar uma terminologia daquela época. No entanto, o correto é *espécie humana*.

Assim, os que aderiam a essas teorias defendiam a ideia de que a "raça branca" seria superior às demais: negras, amarelas ou mestiças. Essas teorias eram extremamente racistas, mas, na época, eram cientificamente aceitas. Hoje em dia, nem a biologia nem a genética aceitam essa concepção de que existem raças humanas.

Podemos identificar propostas, justificativas e objetivos diferentes entre o colonialismo no século XVI e o imperialismo ou neocolonialismo do século XIX.

8.2.1 África dominada

A divisão do continente africano é resultado de um acordo estabelecido na Conferência de Berlim, em 1885. Nesse encontro, reuniram-se representantes dos Estados Unidos, da Rússia e de 14 países europeus que definiram qual região do continente africano passaria a pertencer a cada um. Assim, rasgaram o mapa africano em partes, que, aleatoriamente e por interesses dessas nações, passaram a pertencer a eles. Não houve, no entanto, nenhum tipo de consideração à estrutura étnica que já havia há séculos naquele continente.

As primeiras tentativas de domínio dos europeus foram negociações com os chefes tribais locais; diante das resistências, os dominadores passaram a usar a força militar. Assim, os franceses impuseram um protetorado na Argélia, e os belgas dominaram o Congo. Por sua vez, os ingleses impuseram um protetorado sobre o Egito e outros territórios que compõem o continente africano até a atual África do Sul, sendo a nação europeia que mais impôs seu domínio sobre a África. Portugal manteve parte dos territórios conquistados ainda entre os séculos XV e XVI, como é o caso de Moçambique e Angola. A Espanha conservou o Marrocos espanhol, e a Alemanha apossou-se de duas colônias, uma ao sudoeste e outra ao lado oriental do continente.

Quadro 8.1 – Colonialismo dos séculos XVI-XVIII e neocolonialismo do século XIX

	Colonialismo	Neocolonialismo
Período	Séculos XV a XVIII	Século XIX
Áreas de domínio	América	África e Ásia
Empreendedores	Mercantilismo estatal	Monopólios capitalistas apoiados pelo Estado.
Prática	Monopólio comercial	Exportação de capitais
Fase do capitalismo	Capitalismo comercial	Capitalismo financeiro ou monopolista
Justificativa	Expansão da fé cristã	Missão "civilizadora"

Um dos conflitos mais sangrentos do continente foi a conquista da atual África do Sul. Durante as guerras napoleônicas, os ingleses haviam conquistado a Cidade do Cabo, na África do Sul, e o local se tornou importante ponto para o abastecimento dos ingleses a caminho da Índia e do Extremo Oriente. Os holandeses que viviam ali desde o século XVII enfrentaram as tribos locais e se direcionaram ao norte, na chamada *Grande Jornada* (1835-1837). Assim, parecia que os *bôeres* (fazendeiros holandeses) tinham conquistado sua autonomia com relação aos britânicos. No entanto, quando foram encontradas jazidas de ouro e diamante, iniciou-se um conflito armado entre os dois povos. Aventureiros ingleses e holandeses que viviam na localidade iniciaram uma guerra onerosa e violenta, conhecida como *Guerra dos Bôeres* (1899-1902), cujo resultado foi a vitória inglesa.

Mapa 8.3 – Domínio europeu sobre a África após a Partilha, em 1885

Fonte: Barraclough, 1993, p. 236.

8.2.2 Ásia dominada

O domínio da Ásia por parte de algumas nações europeias já havia iniciado nos séculos XV e XVI. No entanto, foi em meados do século XIX que os europeus se voltaram mais intensamente para o continente. A China foi dominada pelos ingleses, apesar de ter resistido às conquistas nas famosas Guerras do Ópio, entre 1839 e 1858. O ópio é uma droga que provoca a dependência e estimula o sujeito a trabalhar por mais tempo e a comer menos. Pequim proibiu diversas vezes o comércio do produto, que era feito pelos ingleses que contrabandeavam o entorpecente da Índia. A apreensão, em 1839, de diversos carregamentos de ópio pelo governo chinês resultou na primeira guerra do ópio. Com a vitória inglesa, vários portos foram obrigados a abrir seu comércio com o Ocidente e a pagar pesada indenização pelo conflito. Na segunda guerra do ópio, a China precisou ceder Hong Kong para os ingleses, devolvida apenas em 1997.

Mapa 8.4 – Domínio europeu sobre a Ásia – possessões inglesas, francesas, holandesas, norte-americanas e alemãs

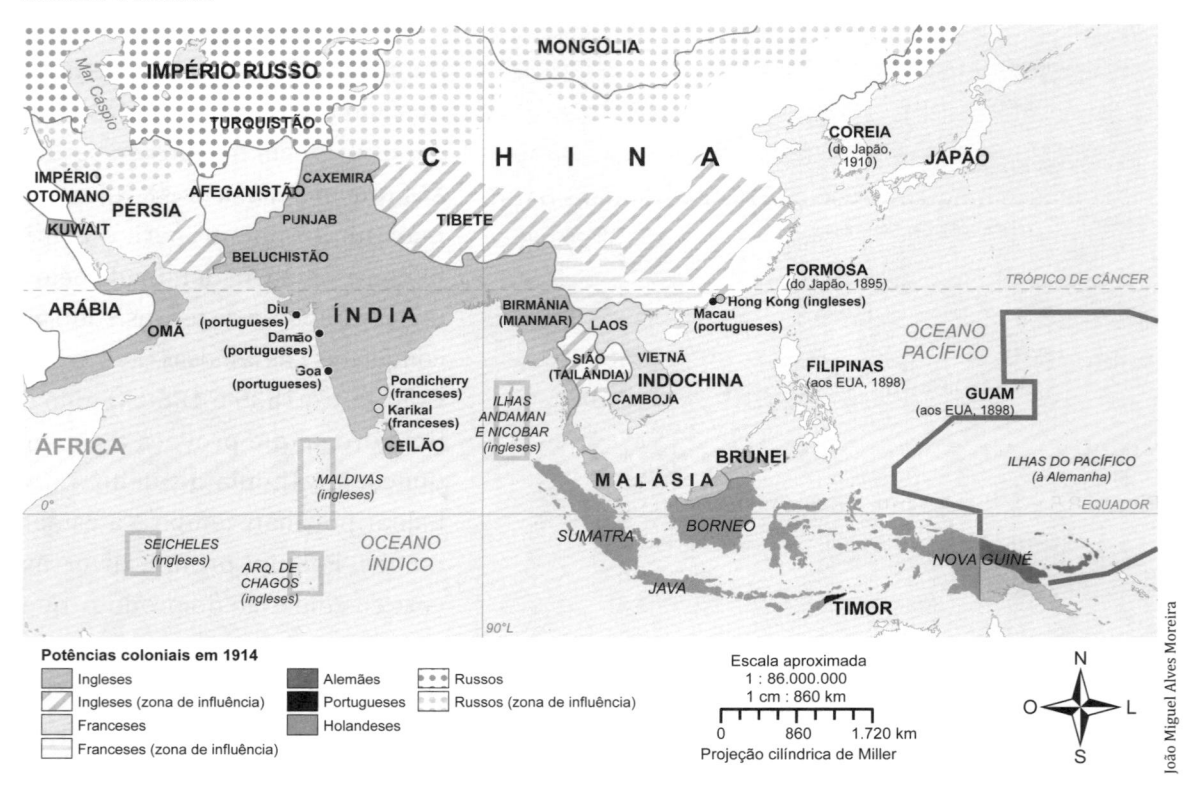

Potências coloniais em 1914
- Ingleses
- Ingleses (zona de influência)
- Franceses
- Franceses (zona de influência)
- Alemães
- Portugueses
- Holandeses
- Russos
- Russos (zona de influência)

Escala aproximada
1 : 86.000.000
1 cm : 860 km
0 860 1.720 km
Projeção cilíndrica de Miller

Fonte: Barraclough, 1993, p. 241.

Outra rebelião chinesa, de cunho nacionalista, foi a Revolta dos Boxers, em 1900. A divisão do território chinês em zonas de domínio dos alemães, ingleses, russos, franceses e japoneses foi a motivação para o início da revolta, que acabou sendo sufocada com grande violência. Um pouco antes, a China já havia enfrentado o Japão na Guerra Sino-Japonesa (1894-1895), perdendo a Ilha de Formosa e tendo de pagar pesada indenização.

Na Índia, os ingleses promoveram guerras entre líderes locais e, em meados do século XVIII, apoderam-se de quase todo o território hindu, transformando-o em um protetorado. Além disso, impuseram sobre o mercado indiano os tecidos ingleses a preços baixos e aumentaram as taxações sobre os tecidos indianos. Importando tecidos ingleses e enviando a matéria-prima para sua produção (algodão), a Índia se tornou uma das colônias mais ricas do Império Britânico.

Contudo, para os indianos, a exploração, a miséria e a fome assolaram o país várias vezes entre os anos de 1877 e 1900. Uma das insurreições desse período contra os abusos ingleses foi a Revolta dos Cipaios (soldados nacionalistas hindus). As motivações estavam relacionadas às imposições dos oficiais ingleses aos soldados hindus, ao uso da graxa de animais para manter os armamentos (como se sabe, a vaca é animal sagrado para os indianos) e os abusos comerciais. A guerra foi vencida pelos ingleses e a Rainha Vitória foi proclamada, em 1876, Imperatriz da Índia. Os ingleses conquistaram ainda a Birmânia, a Nova Zelândia e a Austrália.

Figura 8.5 – Índia durante o domínio britânico

O Japão, por sua vez, permaneceu isolado até meados do século XVI, quando os portugueses chegaram ao sul do país. No entanto, suas conquistas não foram efetivas e logo houve uma forte reação do xogunato, o governo local. Os xoguns tinham o poder de fato no Japão e poderiam ser comparados aos senhores feudais europeus. O imperador era visto como uma figura sagrada, mas não governava; os xoguns é que administravam o território com os *daimiôs* – proprietários de terra que asseguravam o controle pela força dos samurais (guerreiros profissionais).

Em meados do século XIX, os japoneses foram forçados pelos Estados Unidos a abrir seus portos ao comércio e, na sequência, países europeus fizeram o mesmo. A abertura às potências estrangeiras enfraqueceu o poder do xogunato, e o imperador, mesmo jovem, ficou com o domínio político do país. Em 1868, o Imperador Mutsuhito iniciou uma era de prosperidade e progresso, denominada *Era Meiji* (Era das Luzes). Garantiu transporte modernizado com investimentos em ferrovias; ampliação dos processos de comunicação com a adoção do telégrafo e do serviço postal; equipamentos especializados; e empreendedores importados para dar impulso às indústrias (primeiro impulsionadas pelo Estado e depois conferidas a particulares, tendo à frente quatro famílias: Sumitomo, Mitsubishi, Yasuda e Mitsui). Também equipou e profissionalizou o exército e a marinha e revolucionou a educação, entre outras mudanças. Assim, o desenvolvimento japonês lançou o país no mundo industrial. Então o Japão, além de se defender das potências ocidentais, passou a atacar países na Ásia em busca de mercados e matéria-prima, envolvendo-se em conflitos com a China, a Coreia e a Rússia.

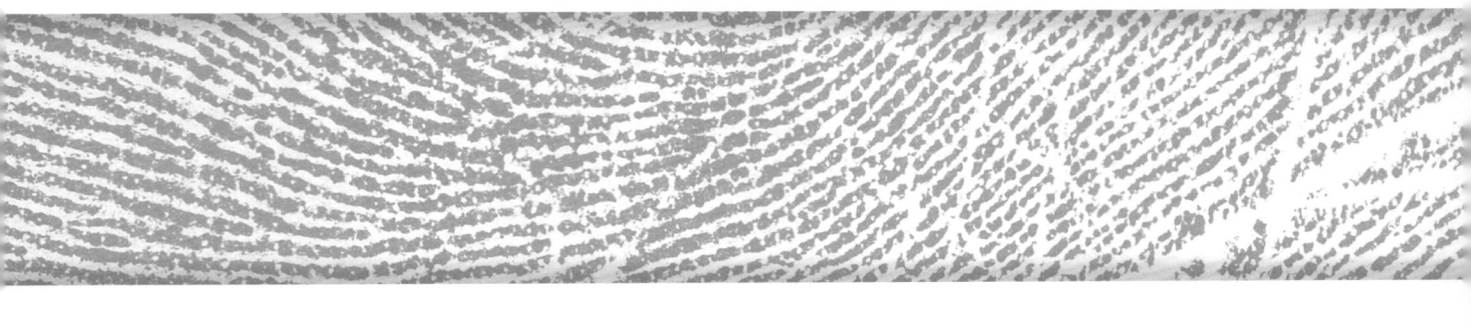

8.3 Primeira Guerra Mundial: o fim de uma era

As práticas imperialistas dos países da Europa, as acirradas disputas pelos melhores locais de exploração e a manutenção de suas colônias fora do continente garantiram um clima de competição que predominou na virada do século XIX para o XX. Aliado a esse contexto, os governos da Europa também mantinham antigas rivalidades territoriais de cunho nacionalista que ampliaram a tensão entre eles.

8.3.1 Fatores que levaram à guerra

As grandes potências, Alemanha, Inglaterra e França encabeçavam os desejos mais latentes de rivalidade e possessão territorial. Quando a Alemanha, depois de sua unificação, despontou como potência industrial, a Inglaterra sentiu uma possibilidade de ameaça sobre seu domínio comercial em vários lugares da tropa. Além disso, grupos étnicos semelhantes buscaram agrupar-se e garantir soberania sobre um território, fazendo surgir movimentos como o **pan-eslavismo** (união dos povos eslavos da Europa Oriental, sob a liderança da Rússia) e o **pangermanismo** (união dos povos de origem germânica, sob a liderança da Alemanha). Somado a isso, o velho sentimento **revanchista francês**, de um país que perdera a Guerra Franco-Prussiana, em 1870, e com ela territórios importantes como a Alsácia-Lorena, alimentavam um barril de pólvora no continente europeu.

Quadro 8.2 – Ambições territoriais europeias

Grã-Bretanha	Colônias alemãs da África Oriental e do Sudoeste, Mesopotâmia e Arábia
França	Colônias alemãs na África Ocidental, Alsácia-Lorena
Rússia	Península Balcânica, estreitos do Bósforo e Dardanelos
Itália	Trentino, Dalmácia, Saboia, Córsega, ilhas no Egeu, Albânia, Etiópia
Alemanha	Polônia, Ucrânia, região do Golfo Pérsico
Império Austro-Húngaro	Sul da Polônia, Península Balcânica
Império Otomano	Egito, Cáucaso

(continua)

(Quadro 8.2 – conclusão)

Sérvia	Bósnia-Herzegovina, Croácia
Grécia	Trácia, ilhas turcas do Egeu, territórios na Turquia asiática
Bulgária	Macedônia

As tensões aumentaram em razão da criação das políticas de aliança e de uma corrida armamentista disfarçada. Os governos de Alemanha, Áustria e Itália criaram a **Tríplice Aliança**, um instrumento político de ajuda mútua entre esses países. Na prática, a fraqueza da Itália pouco conseguia impor algum tipo de ameaça ao cenário internacional. Além disso, no processo de unificação, a Itália havia tido grandes problemas com a Áustria. De seu lado, Inglaterra, Rússia e França assinaram a **Tríplice Entente**. Nesse contexto de disputa, cada um dos países europeus se militarizava mais, sem, no entanto, iniciar abertamente algum conflito. Esse clima ficou conhecido como *paz armada*.

Mesmo sendo inimigos seculares, a França e a Inglaterra tinham um interesse maior, que era derrotar as pretensões alemãs sobre a região dos Balcãs. O primeiro momento em que a união de objetivos comuns franceses e ingleses apareceu foi na famosa **Crise do Marrocos**.

- Em 1904, esses dois países fizeram um pacto secreto pelo qual os ingleses dominariam o Egito, ao passo que os franceses ficavam com o Marrocos, até então independente.
- Em 1905, os alemães desconfiaram do pacto secreto.
- Entre 1905 e 1911, França e Alemanha entraram em disputa pela posse do Marrocos.
- Em 1906, em uma conferência em Algeciras, cidade espanhola, foi definido que os franceses teriam a supremacia sobre o território pretendido e à Alemanha caberia uma faixa de terra ao sudoeste da África.
- O governo alemão não concordou e, em 1911, surgiram conflitos. Esse incidente foi uma das causas da Primeira Guerra Mundial.

A região balcânica era uma das mais cobiçadas. Perto do Império Turco Otomano (decadente e inoperante, mas, ao mesmo tempo, dono de riquezas minerais e petróleo), a localidade se tornava um tesouro cobiçado por várias nações europeias. Muitos países novos surgiram no local, sem que suas fronteiras ainda estivessem consolidadas. Em 1912, Sérvia, Grécia, Bulgária e Montenegro se uniram contra os turcos, que saíram perdedores e permaneceram apenas com uma estreita faixa de terra no continente europeu, perto de Istambul, capital do Império Turco.

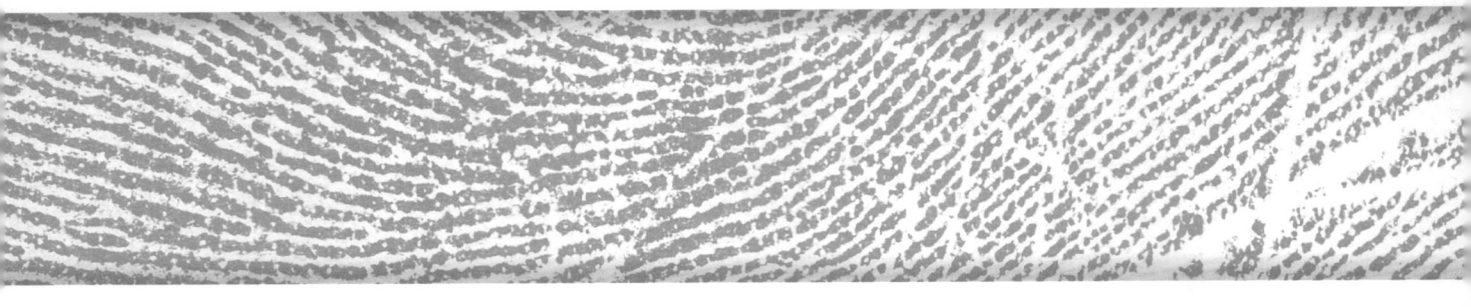

Cerca de um ano depois, a Bulgária foi derrotada pela coalizão entre Romênia, Sérvia e Grécia; a tensão manifestava-se em todas as frentes. A Sérvia tinha ambições quanto à posse da Bósnia-Herzegovina, tomada pelos austríacos ao Império Otomano em 1908. Para evitar o crescimento da Sérvia, no final da Primeira Guerra Balcânica (1912), foi criado o reino da Albânia, com o objetivo de não dar aos sérvios saída para o mar. Nessa época, frustrando as pretensões sérvias de fazer nascer o que seria a Grande Sérvia, que colocaria sob um mesmo teto o mundo eslavo, o Império Austro-Húngaro pretendia transformar-se em Áustro-Húngaro-Eslavo. Em viagem à Bósnia, ao visitar a capital Sarajevo, o arquiduque Francisco Ferdinando, herdeiro austríaco, foi assassinado em 28 de junho de 1914.

Figura 8.6 – Uma das fotos mais reproduzidas da história: o arquiduque Francisco Ferdinando saindo da prefeitura de Sarajevo, alguns minutos antes de ser assassinado

O extremista Gavrilo Princip, pertencente à organização chamada *Mão negra* (organização secreta sérvia) matou a tiros o príncipe. Depois de sucessivas negociações entre sérvios e austríacos, o conflito começou. Como os sérvios tinham um pacto com os russos, que, por sua vez, deflagraram o sistema de alianças, a grande guerra estava prestes a começar. Do outro lado, alemães saíram em socorro dos austríacos, também lançando mão da aliança estabelecida. A guerra foi comemorada por muitos, conforme espírito nacionalista, porque ser contra ela era como ser um traidor da pátria, e colocou frente à frente as duas alianças: Tríplice Aliança (Alemanha, Império Austro-Húngaro e Itália) *versus* Tríplice Entente (França, Inglaterra e Rússia) e respectivos aliados.

8.3.2 Fases da guerra

É possível dividir a Primeira Guerra Mundial em três fases:

1. **Primeira fase (1914-1915)** – Marcada pela intensa movimentação das tropas. Houve uma rápida ofensiva alemã em território francês. Em setembro de 1914, a França se organizou para deter o avanço alemão. Esse conflito ficou conhecido como *a Batalha do Marne*. A partir desse momento, houve um período de equilíbrio entre as forças.
2. **Segunda fase (1915-1917)** – Conhecida como *guerra de trincheiras*. Momento em que ambos os lados procuravam garantir suas posições e o território era conquistado palmo a palmo, significando o período mais longo do conflito.
3. **Terceira fase (1917-1918)** – Caracterizou-se pela entrada dos Estados Unidos na guerra e pela saída da Rússia, em virtude do início da Revolução de 1917 (ver Capítulo 9). Os norte-americanos deram um novo rumo à guerra, que passou a ser vencida pela Entente. A entrada do país esteve relacionada ao afundamento dos navios Lusitânia e Arábia pelos alemães, navios americanos que, por pertencerem a um país até então neutro, não deveriam ter sido alvejados.

Figura 8.7 – Modelo de funcionamento de uma trincheira

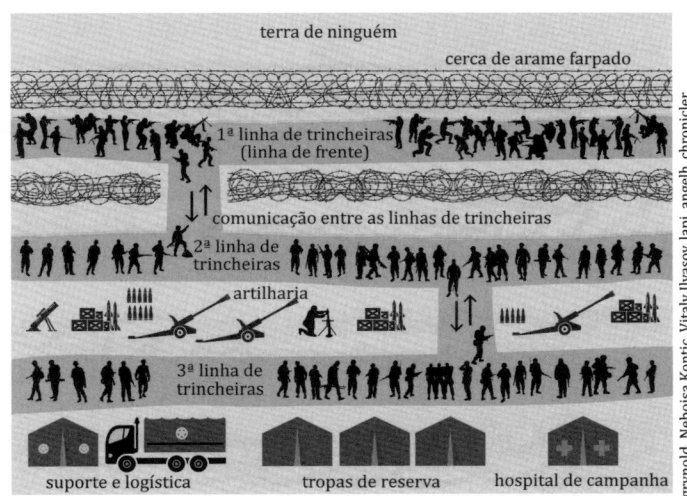

Figura 8.8 – As trincheiras da Primeira Guerra Mundial

Entre parênteses

Por um lado, as trincheiras trouxeram as dores e as dificuldades de quem precisa combater e sobreviver em uma guerra, conforme registra Roberts (1974, p. 760):

> *As rações chegavam às trincheiras inglesas em pacotes de dez, em mulas, e então são levadas adiante por mulas humanas. Não foi trazida água, mas o gelo das crateras formadas pelas bombas foi dissolvido para esse fim. [...] Logo passou-se a usar um machado para encher os caldeirões com gelo e obter grandes quantidades de água. Nós a usamos para fazer chá durante dias, até que um cara notou um par de botas plantado [...] e descobriu que elas estavam enfiadas em um corpo, [...] Em geral, para dormirmos aquecidos, deitávamo-nos uns junto aos outros, dividindo os cobertores – cada homem levava dois. O frio, no entanto, se mostrou preferível à lama (formada com o degelo). [...] Pelo menos podíamos nos mover. Sargento E. W. Simon, rio Somme.*

Por outro lado, os conflitos também foram marcados por incríveis descobertas tecnológicas. Foi a primeira vez que o ser humano experimentou as armas químicas, como o gás mostarda (amarelo). Da mesma forma, os aviões foram usados, primeiramente para reconhecimento do território e, depois, como armas de guerra; além disso, os tanques de guerra ou blindados entraram em ação. Os enlatados também foram relevantes, pois significaram uma saída para a dificuldade de acesso aos alimentos. Nesse conflito, também, muitos morreram em decorrência de doenças contagiosas que ganharam proporções alarmantes, como foi o caso da gripe espanhola.

> *Os carros de combate, que eram antigamente um objeto de troça, tornaram-se uma arma terrível. Desenrolam-se em compridas linhas blindadas e encarnam, para nós, o horror da guerra, mais que qualquer outra coisa. Estes canhões que espalham sobre nós os seus fogos rolantes não os vemos. As linhas ofensivas dos adversários são compostas por seres humanos como nós, mas estes carros são máquinas, as suas lagartas são infinitas como a guerra; trazem a destruição quando, impassivelmente, descem às covas e delas saem sem se deterem, verdadeira frota de couraças estrepitantes deitando fumo, invulneráveis monstros de aço esmagando os mortos e feridos. Diante delas tornamo-nos os menores*

possíveis na nossa pele demasiado delgada; em frente da sua força colossal os nossos braços são bocados de palha e as nossas granadas fósforos. Obuses, vapores de gases e formações de carros de combate; coisas que nos esmagam, nos devoram e nos matam. Disenteria, gripe, tifo: coisas que nos sufocam, nos queimam e nos matam. A trincheira, o hospital e a vala comum: não há outras possibilidades. (Remarque, 1971, p. 196)

Todos os monstros e horrores criados pela guerra não foram o suficientes para que, terminado o conflito, os países europeus tomassem o rumo certo e fizessem os melhores acordos de paz. O Tratado de Versalhes se provou, com o tempo, um desastre.

8.3.3 O fim da guerra e o Tratado de Versalhes

A partir de 1917, com o apoio americano, a Tríplice Entente começou a vencer a Tríplice Aliança. Em 1918, as forças alemãs já estavam isoladas e, em novembro daquele mesmo ano, o governo alemão assinou o armistício (acordo que suspendia a guerra). Na sequência, os vencedores estabelecem um tratado cujos termos deveriam defender a paz e evitar outro conflito.

No entanto, como previu o presidente americano Woodrow Wilson, que chegou a propor um acordo anterior chamado *Catorze Pontos de Wilson* (não aceito pelas potências europeias vencedoras da guerra), o Tratado de Versalhes impôs cláusulas duras à Alemanha, definida como a culpada da Grande Guerra. Poucos anos depois, essas decisões seriam fatais para o amadurecimento de um novo conflito ainda mais cruel: a Segunda Guerra Mundial.

Seguem alguns artigos do Tratado de Versalhes, especificamente as cláusulas cabíveis para o cumprimento alemão:

Artigo 45. Como compensação pela destruição das minas de carvão no Norte da França, e por conta da importância a pagar pela reparação total dos prejuízos de guerra devidos pela Alemanha, esta cede à França a propriedade inteira e absoluta [...] das minas de carvão situadas na bacia do Sarre [...].

Artigo 51. Os territórios cedidos à Alemanha em [...] 1871, são reintegrados na soberania francesa [...].

Artigo 81. A Alemanha reconhece a completa independência do Estado Tchecoslovaco [...].

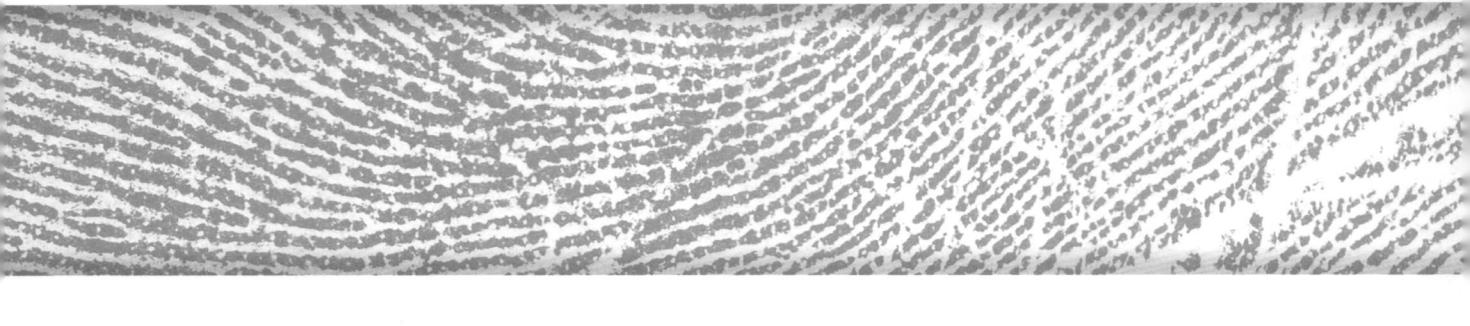

Artigo 87. A Alemanha reconhece a completa independência da Polônia [...].

Artigo 100. A Alemanha renuncia, em favor das principais potências aliadas, a todos os direitos sobre a cidade de Dantzig [...].

Artigo 119. A Alemanha renuncia, em favor das principais potências aliadas e associadas, a todos os seus direitos e títulos sobre as suas possessões de ultramar. [...]

Artigo 160. O exército alemão não deverá compreender mais de sete divisões de infantaria e três divisões de cavalaria. [...]

Artigo 173. Todo o serviço militar universal obrigatório será abolido na Alemanha. *O exército alemão não poderá ser constituído e recrutado senão através de alistamento voluntário.* [...]

Artigo 198. As forças militares da Alemanha não deverão comportar nenhuma aviação militar nem naval. [...]

Artigo 231. Os Governos aliados e associados declaram e a Alemanha reconhece: a Alemanha e seus aliados são responsáveis, por tê-los causado, por todas as perdas e danos sofridos pelos governos aliados e associados [...] em consequência da guerra, que lhes foi imposta pela agressão da Alemanha e de seus aliados.

Artigo 232. Os Governos aliados [...] exigem e a Alemanha se compromete: que sejam reparados todos os danos causados à população civil das potências aliadas e associadas e a seus bens.

Mattoso, 1977, p. 166-169.

8.3.3.1 **Mulheres na Primeira Guerra Mundial**

Até 1914, a presença feminina no mercado de trabalho era pouco expressiva. Com o objetivo de aumentar a produção de artigos para a guerra, como armas, munições, uniformes e mantimentos, as mulheres foram conclamadas a ocupar o espaço dos homens nas fábricas, uma vez que eles estavam em combate.

Figura 8.9 – Poster *Women of Britain say – GO!*

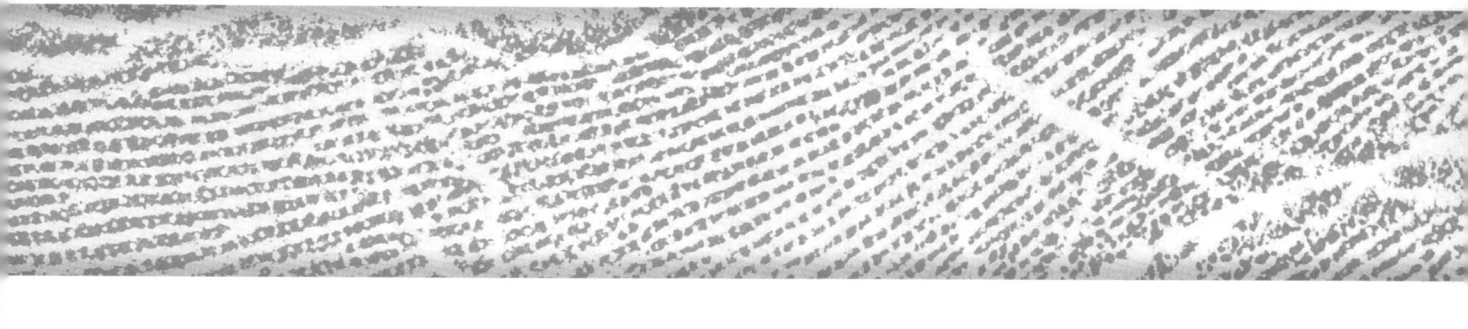

Figura 8.10 – Mulheres na fábrica

Em tempo de guerra, os homens estão na frente de batalha, as mulheres na retaguarda. Fazem tarefas masculinas e, com isso, invadem espaços que antes não ocupavam. Durante a Grande Guerra, elas dirigem bondes ou táxis, entram nas usinas metalúrgicas onde, principalmente na Inglaterra, elas pouco trabalham; moldam obuses, ajustam peças, manejam o maçarico, às vezes com alegria. Essas 'municionetes', novas figuras da indústria, ajudam a modificá-la. Para elas precipita-se a taylorização das operações; introduzem-se superintendentes de fábrica encarregadas de zelar por sua integração, criam-se quartos de amamentação e creches que insinuam o privado no espaço de trabalho. No campo, elas lavram e vendem o gado na feira, trabalho masculino por excelência.

Essas inovações criam inesquecíveis precedentes, que seria errado, porém, assimilar uma subversão de papéis. Quando a guerra acabou, auxiliares e substitutas devolveram o lugar e voltaram àquele lar que lhes pintavam como um ideal e um dever urgente. Longe de serem instrumentos de emancipação, as guerras, profundamente conservadoras, recolocaram cada sexo em seu lugar, reiterando as representações mais tradicionais da diferença dos sexos. Para não falar do desastre das violações, não mais exceções, mas quase armas de guerra, a partir do primeiro conflito mundial. Instrumentalizado, o corpo das mulheres é então assimilado ao patrimônio. O privado dissolve-se no público. (Perrot, 1998, p. 93, 97)

Esse processo aconteceu principalmente na Inglaterra, na França, na Alemanha e na Itália. Ao terminar o conflito, muitas permaneceram trabalhando por salários muito baixos. Começava, então, outra etapa de conquistas e de luta por direitos, como é o caso do voto feminino.

Luz, câmera, reflexão

O ÚLTIMO samurai. Direção: Edward Zwick. EUA: Warner Bros, 2003. 144 min.

AS MONTANHAS da lua. Direção: Bob Rafelson. EUA: Carolco Pictures e TriStar Pictures, 1990. 136 min.

INDOCHINA. Direção: Régis Wargnier. França: Flashstar, 1992. 154 min.

Atividades

1) Quais foram as etapas de unificação da Alemanha?

2) Apresente os motivos e as justificativas do projeto imperialista europeu sobre a África e a Ásia.

3) A charge a seguir, do artista Henri Meyer, foi publicada no periódico francês *Petit Journal*, em 1898. Descreva-a de forma a relacioná-la ao período imperialista. Pesquise quem poderiam ser os personagens sugeridos na gravura.

4) Leia o texto a seguir e, com base nele, responda às questões propostas.

> As políticas de alianças eram acordos políticos entre países da Europa para evitar ataques inimigos e garantir apoios militares. Em 1882, os líderes da Alemanha, da Áustria e da Itália firmaram um tratado que criou a Tríplice Aliança. Os aliados que sofressem agressão teriam o auxílio dos demais compactuados. Em 1907, os governos de Inglaterra, Rússia e França criaram a Tríplice Entente. Dessa forma, estabelecendo acordos bilaterais e multilaterais, as potências europeias acreditavam neutralizar os rivais e evitar um conflito de grandes proporções.

a) O que foi o sistema de alianças? Relacione ao início da Primeira Guerra Mundial.
b) Defina *paz armada*.

5) Como o projeto de unificação da Alemanha está relacionado à Primeira Guerra Mundial? Apresente elementos que sustentem as razões para França, Inglaterra e Alemanha iniciarem a guerra.

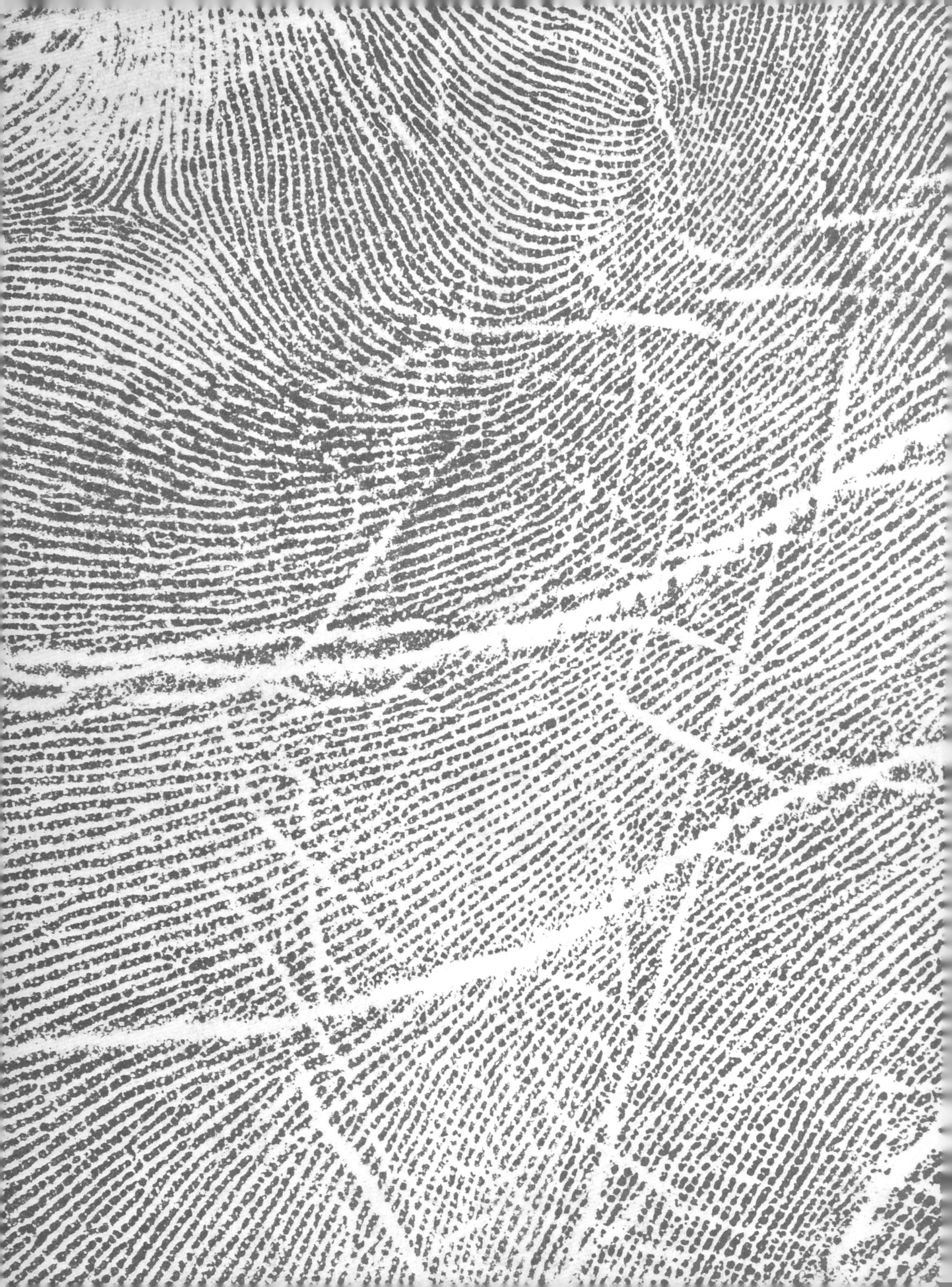

capítulo nove

Idade Contemporânea

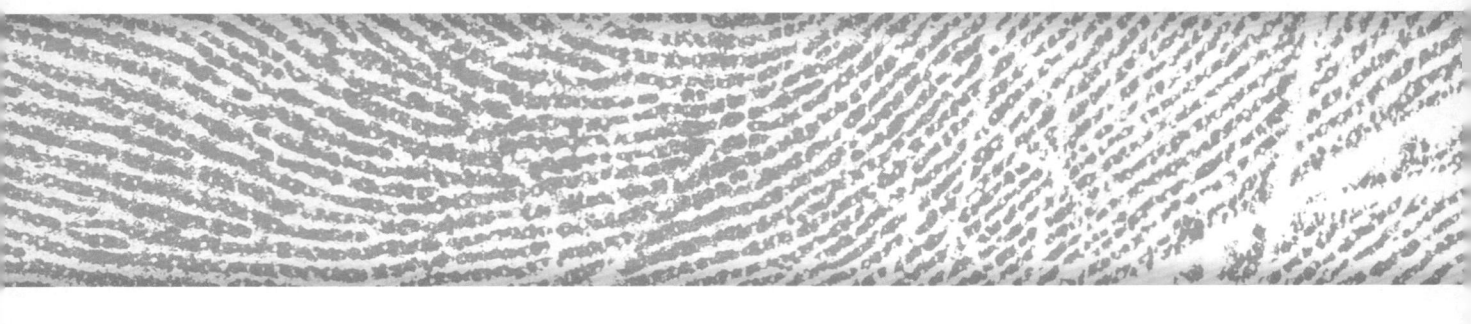

A ideologia nazista apareceu na Europa na década de 1920 e levou Hitler ao poder em 1933. Atualmente, ainda há inúmeros grupos neonazistas na Europa e no Brasil. Em momentos de crise econômica, esses grupos de extrema-direita costumam conquistar maior espaço e tornam-se perigosos à democracia que os deixa existir.

Entre aspas

O programa GloboNews Especial aborda a existência de grupos neonazistas no Brasil, a partir de casos de homicídio no sul do país. Os integrantes neonazistas acreditam que uma nação só poderá se desenvolver se aqueles que não são brancos puros – judeus, negros e, inclusive, homossexuais – forem assassinados. Os participantes podem ser condenados por formação de quadrilha, homicídio e lei de divulgação do nazismo.

Esta ideologia na qual uma raça superior deve tomar o poder para que se desenvolva o ideal de civilização nos remete à Segunda Guerra Mundial, quando Adolf Hitler comandou um dos maiores extermínios da história da humanidade. O genocídio de pelo menos 6 milhões de judeus ocorreu a partir da ideologia de que a raça ariana é superior. Porém, essa linha de raciocínio se mostra atual.

Segundo investigação do delegado da Polícia Civil (RS), Paulo Cesar Jardim, os integrantes de grupos neonazistas possuem de 17 a 30 anos e, para participarem, realizam um pequeno teste de conhecimento sobre Adolf Hitler, os símbolos utilizados na época e qual comportamento devem ter. Para eles, todo integrante deve estar preparado para combates de rua, utilizando armas e bombas, a fim de matar o oponente, o que configura o movimento como uma formação paramilitar.

Segundo pesquisadora, há 180 mil pessoas leitoras das ideologias neonazistas no Brasil. "O neonazismo é um movimento ilegal, à parte da sociedade, que acontece na periferia", afirma. Os neonazistas brasileiros acreditam ser brancos puros e, por isso, devem dominar as outras raças. Para divulgar suas ideias e recrutar mais integrantes, são feitos blogs, sites e fóruns neonazistas. "No Brasil, juntando fóruns, blogs, canais, comunidades, 3.497", afirma a pesquisadora quanto ao número de conteúdo neonazista no Brasil. Para ser crime, previsto na lei de combate ao racismo, é preciso haver a divulgação pública dos símbolos do nazismo. E, neste caso, a pena pode chegar a cinco anos de prisão.

Para o delegado Jardim, que desde 2005 acompanha a movimentação dos grupos no Rio

Grande do Sul, todos os discursos se resumem a uma palavra: ódio. "O mais forte para mim, o mais preocupante para mim é quando eles começam a falar e noticiar o prazer que eles têm pelo ódio", declara.

George Legmann, sobrevivente do holocausto, conta um pouco da sua experiência como criança em um campo de concentração. Ele diz aos simpatizantes da ideologia de que foi refém para eles pensarem bem, estudarem a história e pensarem que perante a lei e a lei suprema, "somos todos iguais".

Fonte: Globo News, 2016.

Entre aspas
Os novos neonazistas da Alemanha

Durante seis meses, um informante que trabalhava para a polícia do Estado federado da Baviera (sul da Alemanha) montou um estande de kebab em Nuremberg para tentar esclarecer misteriosas mortes de pequenos empresários estrangeiros. A partir deste informante, a polícia descobriu no fim de 2011 que os crimes eram de autoria de uma célula neonazista. A informação foi divulgada na quinta-feira 10 por Walter Kimmel, promotor geral de Nuremberg, durante sessão da comissão de investigação da chamada "Célula de Zwickau" no Bundestag, a Câmara Baixa do Parlamento alemão.

A existência dessa célula formada por três neonazistas e também conhecida como o grupo NSU (Nationalsozialistischer Untegrund, ou Nacional-Socialismo Clandestino, em tradução livre) chocou algumas regiões da Alemanha.

O NSU seria responsável pela morte de nove microempresários estrangeiros (oito turcos e um grego) entre 2000 e 2005, e existiu durante quase 13 anos sem que as ligações entre os assassinatos cometidos fossem descobertas. Foi precisamente a negligência em relação ao terror de direita a responsável pelo espanto em toda a Alemanha. O promotor federal do país, Harald Range, descreveu a existência do NSU como "o 11 de setembro alemão". [...]

"O governo alemão – independentemente de ser o atual ou as coalizões que dirigiam o país nos anos 1990 – se preocupa com a imagem no exterior, então não faz muito alarde sobre o assunto. Outro aspecto é que a sociedade alemã tem um racismo amplamente difundido no cotidiano. É uma postura de exclusão que não é privilégio de neonazistas. Isso se mostra de várias maneiras, como por exemplo por expressões idiomáticas na mesa de bar, em pontos de ônibus ou em festas populares", explica.

Fonte: Krieger, 2012.

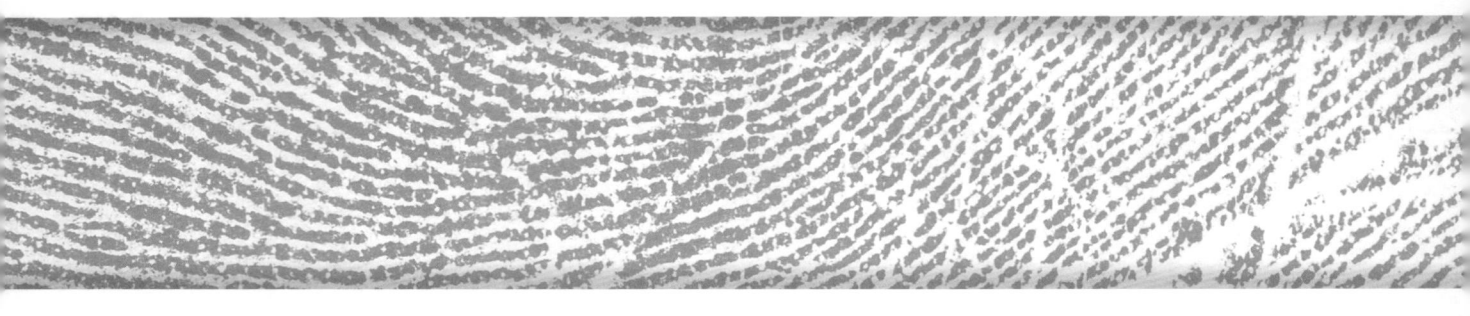

Neste capítulo, comentaremos questões relacionadas ao mundo do entreguerras (Primeira e Segunda Guerras Mundiais) e a bipolaridade, capitalismo e socialismo, após 1945. A crise mundial, após a Primeira Grande Guerra (1914-1918) e a Quebra da Bolsa de Nova York em 1929 são fundamentais para compreendermos a formação do ódio, da violência e do crescimento de partidos de extrema-direita na Europa das décadas de 1920 a 1940. A Segunda Grande Guerra (1939-1945) foi fruto desse cenário que criou o horror sobre o caos.

9.1 Entreguerras

O período entreguerras corresponde aos fatos e processos históricos ocorridos entre as duas grandes guerras. Os eventos históricos desse período estão diretamente relacionados aos conflitos (Primeira e Segunda Guerras Mundiais) e ajudam a compreender como o emaranhado de tramas e acontecimentos geraram ou fomentaram situações que culminaram na Segunda Guerra.

9.1.1 Revolução Russa

No início do século XX, a Rússia ainda adotava como governo uma monarquia absolutista, tendo o soberano o título de *czar*, cujos poderes eram ilimitados; portanto, não havia um parlamento. Todos os ministros eram indicados e desligados de suas funções de acordo com as necessidades do Estado e a vontade do czar. O soberano e sua família, os integrantes da Igreja Ortodoxa e os nobres (*boiardos*, como eram denominados os proprietários de terra) compunham a elite privilegiada da Rússia. A maior parcela da população de 170 milhões de habitantes era camponesa e vivia em um regime de servidão muito semelhante ao do feudalismo. As poucas indústrias que existiam estavam em centros como São Petersburgo, Odessa e Moscou, sendo seu capital fortemente investido por estrangeiros. Nesse contexto, havia um número reduzido de operários se comparado ao número de camponeses.

As ideias revolucionárias que permitiram uma revolução de caráter socialista na Rússia, em outubro de 1917, nasceram em um ambiente não tão propício como afirma a teoria marxista. Para o proletário levantar-se contra a burguesia seria preciso empregar a força. No entanto, os líderes do Partido Operário Socialdemocrata Russo (socialista) difundiram os ideais de uma revolução conforme desses preceitos.

Contra o modelo czarista de governo, emergiam duas correntes, os mencheviques (minoria, liderados por Yuly Martov e Georgy Plekanov) e os bolcheviques (maioria, liderados por Vladimir Ilitich Ulianov, conhecido como *Lênin*). A primeira corrente defendia uma revolução de característica liberal burguesa, aos moldes da Revolução Francesa. A segunda, como referimos, aliava-se às concepções socialistas de uma revolução proletária.

Em 1905, eclodiu a Guerra Russo-Japonesa pela posse da Manchúria. O conflito violento mostrou as fragilidades da Rússia e gerou escassez de alimentos e crise econômica. Várias manifestações e greves aconteceram em todo o país; em uma delas, em frente ao Palácio de Inverno de São Petersburgo, sede do governo, os manifestantes foram recebidos pelo exército sob fogo; dezenas morreram. A partir desse episódio, outras manifestações ocorreram, como a tomada do encouraçado *Potemkim*, que, ancorado no porto de Odessa, foi ameaçado de bombardeio. Nesse cenário, vários conselhos de operários se organizaram pelo país, e o mais importante deles era liderado por Leon Trotsky (1879-1940). Para apaziguar a situação, o *czar* promulgou uma Constituição e criou um parlamento, a Duma.

Contudo, a situação econômica e a opressão czarista continuaram. Em 1914, a Rússia entrou na Primeira Guerra Mundial. Péssimas campanhas, armas antiquadas, táticas ultrapassadas e armamento antigo deram o tom das derrotas, e o povo passou a culpar o czar pela situação. Em fevereiro de 1917, novamente, uma passeata em frente ao Palácio de São Petersburgo pedia paz e pão!

Em fevereiro de 1917, instalou-se um governo provisório liderado por Aleksandr Kerensky, líder dos mencheviques. Contrariando a vontade popular, esse governo manteve a Rússia na guerra. Ao retornar à Rússia depois de exilado, Lênin propôs as **Teses de Abril** e defendeu a paz imediata, a reforma agrária e a nacionalização dos bancos.

Figura 9.1 – Lênin em discurso ao povo

Em outubro de 1917, liderado por Lênin e Trotsky – comandante da Guarda Vermelha (força militar composta por soldados e operários) –, o povo saiu às ruas impondo uma nova revolução, que ficou conhecida como *Revolução Russa*.

9.1.2 Bolcheviques no poder

Logo no início do governo, Lênin confiscou as terras do clero e da nobreza e as distribuiu aos camponeses. Estatizou bancos, indústrias e estradas de ferro, tirando o capital dos antigos investidores estrangeiros.

Revoltados com essa situação, monarquistas, mencheviques e potências estrangeiras organizaram o exército branco contra o governo bolchevique e seu exército vermelho, liderado por Trotsky. Japão, Inglaterra e França temiam a expansão das ideias socialistas. A guerra civil russa se estendeu de 1918 a 1921 e, nesse período, o governo impôs o comunismo de guerra, a política de controle do Estado sobre a indústria e o comércio, além de confiscar toda a produção agrícola e racionar a distribuição. Em 1918, os membros do partido bolchevique alteraram seu nome para *Partido Comunista*.

Terminada a guerra, a crise econômica havia aumentado. As necessidades da população eram muitas e o perigo de novas rebeliões era eminente. Por isso, o governo leninista abandonou o chamado *comunismo de guerra* e adotou, em 1921, a Nova Política Econômica (NEP). Houve o retorno a algumas práticas capitalistas, como o comércio controlado, a criação das empresas privadas com capital e número de operários limitados, entre outros. No plano político, o governo procurou expurgar a oposição e criou o Partido Único. Em 1922, foi fundada a União das Repúblicas Socialistas Soviéticas (URSS).

9.1.3 Governo de Stalin

Lênin faleceu em 1924 e a sucessão do governo foi disputada entre Leon Trotsky e Joseph Stalin. O primeiro defendia a tese de que o socialismo deveria ser construído em escala internacional, ou seja, levado em conjunto para outros países, o que chamava de *revolução permanente*. O segundo, ao contrário, dizia que era preciso primeiramente solidificar o socialismo na União Soviética e depois levá-lo a outros lugares, com o lema "Socialismo em um só país". Na disputa, Stalin saiu vitorioso e, a partir de então, Trotsky passou a ser perseguido. Em 1929, foi expulso da União Soviética e, em 1940, foi assassinado a golpes de picareta pelo agente stalinista Ramón Mercader, no México, onde vivia exilado.

Ao assumir o governo, Stalin pôs fim à NEP e implementou uma série de planos quinquenais. Desenvolveu a indústria pesada, mecanizou a agricultura e garantiu a educação pública, obrigatória e gratuita a um grande contingente de alunos, além de construir várias escolas e universidades. Seu governo foi marcado pelas perseguições políticas a todos considerados "inimigos".

Figura 9.2 – Propaganda de Stalin como líder dos povos, homem bondoso e modelo de administrador

Como governante, Stalin construiu uma imagem de homem enérgico e, ao mesmo tempo, paternal. Esse culto à personalidade pôde ser bem compreendido quando passou a ser classificado como "O grande pai" e "O líder infalível". Vestia-se com uma túnica simples e sem pompa, mostrava-se bondoso e conciliador, mas, na prática, agia com truculência. Sua imagem foi ardilosamente construída por uma eficaz propaganda. Em todas as artes, impôs seu estilo, denominado *realismo socialista*.

9.2 Crise de 1929

Terminada a Primeira Guerra Mundial, os Estados Unidos se tornaram um dos maiores credores da Europa. Os lucros obtidos com os empréstimos beneficiaram a economia americana, que, na década seguinte, se projetou interna e externamente. A Bolsa de Nova York, em Wall Street, tornou-se o destino de investidores de vários países. Nos Estados Unidos, as famílias das classes alta e média passaram a adquirir bens de consumo duráveis e construíram um modelo de vida sob a expressão do *American way of life*, ou seja, viver bem significava acumular e consumir.

Observe, no Gráfico 9.1, o volume de produção americana em relação ao que era produzido em outras localidades.

Gráfico 9.1 – Indústria americana na década de 1920

Participação na produção mundial em 1920

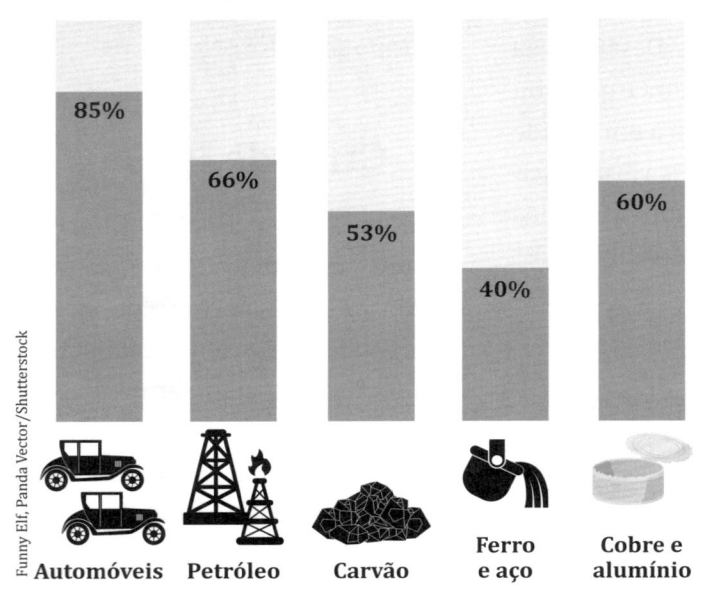

- Automóveis: 85%
- Petróleo: 66%
- Carvão: 53%
- Ferro e aço: 40%
- Cobre e alumínio: 60%

Funny Elf, Panda Vector/Shutterstock

No entanto, a partir de 1925, as sociedades europeias passaram a se recuperar da crise pós-Primeira Guerra Mundial. Até então, os Estados Unidos exportavam seus produtos para a Europa e mantinham seu ritmo industrial e agrícola. Com a recuperação do Velho Continente, seus países começaram a frear a entrada de produtos americanos e a adotar medidas protecionistas. Sem o vultoso mercado consumidor europeu, muitas empresas produziam mais do que o necessário para vender e logo houve uma crise de superprodução, na qual muitos agricultores e empresas foram à falência. Com a queda das atividades, empresas diminuíram a produção, reduziram salários e chegaram a fazer volumosas demissões. Como não havia qualquer tipo de seguro social (seguro-desemprego), uma vez sem trabalho, as pessoas deixavam de consumir, aumentando ainda mais a crise.

A redução da produção e a desvalorização das ações no mercado estimularam muitos investidores a negociar suas ações na Bolsa, e a oferta cada vez maior derrubou ainda mais o valor das ações. Entre 1928 e 1929, Wall Street produzia muito dinheiro com lucros que eram ilusórios; os valores eram totalmente irreais. Na *Quinta-Feira Negra*, como ficou conhecida a data de 24 de outubro de 1929, o desespero tomou conta da população e muitas pessoas quiseram vender suas ações, mas, como o volume era muito maior do que o desejo de compra, a Bolsa de Nova York quebrou (entrou em falência).

De imediato, a economia americana e o modelo capitalista adotado até então, o chamado *modelo liberal*, entraram em colapso. Bancos, indústrias e economias de milhões de cidadãos faliram.

Depois da quebra da Bolsa, ironicamente podia ser vista uma fila de desempregados esperando por sopa sob um cartaz que proclamava

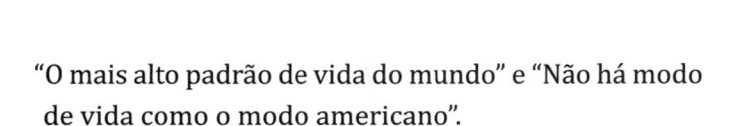

"O mais alto padrão de vida do mundo" e "Não há modo de vida como o modo americano".

Figura 9.3 – Cartaz que apresentava a prosperidade americana e seu estilo de vida antes da Crise de 1929

As soluções não vieram imediatamente. Somente com a eleição de Franklin Delano Roosevelt para a presidência do país apareceu uma política diferente, que procurou debelar a crise. Durante seu governo (1933-1945), ele lançou um conjunto de medidas denominas *New Deal* (novo acordo). A experiência baseava-se no modelo econômico proposto pelo britânico John Maynard Keynes, que teorizava sobre uma intervenção do Estado em vários setores para reorganizar a produção e estabilizar a economia. Entre as principais medidas estavam o controle dos preços de produtos agrícolas e industriais, a concessão de empréstimos aos agricultores arruinados, a realização de obras públicas para gerar empregos e salários, a criação de um seguro-desemprego. O resultado foi lento, mas, em 1935, as consequências da crise foram superadas.

Essas ideias foram precursoras do Estado de bem-estar social, modelo político-econômico adotado em vários países depois da Segunda Guerra Mundial.

9.3 Ascensão do totalitarismo

A crise pós-Primeira Guerra Mundial, a Quebra da Bolsa de Nova York e seus efeitos sobre o mundo devastaram as economias europeias que estavam se erguendo. Por causa disso, houve manifestações nacionalistas por toda a Europa, aliadas ao crescimento de partido totalitário. A Itália alimentou-se do fascismo logo após a guerra, a Alemanha ressentiu-se com o Tratado de Versalhes e, mesmo tentando resistir, a Espanha caiu em uma violenta guerra civil antes de mergulhar em um regime autoritário.

São características dos regimes nazifascistas: totalitarismo (Estado controlador); nacionalismo; militarismo; corporativismo; expansionismo; anticomunismo; racismo (característica desenvolvida pela Alemanha que pregava a superioridade da raça ariana).

9.3.1 Fascismo italiano

A Itália, durante a Primeira Guerra Mundial, deixou a Tríplice Aliança e aliou-se à Tríplice Entente. Várias regiões foram prometidas à Itália para que participasse da Entente; no entanto, terminado o conflito, nem a metade do prometido foi cumprido. França e Inglaterra foram beneficiadas e quebraram as promessas antes estabelecidas.

Além desse contexto, a crise generalizada aumentou o número de descontentes e de greves pelo país. Aos olhos da burguesia, esse panorama era ameaçador e mostrava a presença socialista no país. Mussolini, um ex-socialista, foi chamado pelo rei para ajudar a colocar rédeas no governo.

Entre parênteses

A fama de agitador de Mussolini veio desde a infância. Em 1914, tornou-se um socialista convicto e passou a escrever para o "*Avanti!*", principal jornal socialista italiano. Depois, abandonou as perspectivas pacifistas e foi expulso do partido socialista, tornando-se antissocialista, nacionalista e militarista. Ao término da guerra, em 1919, ao lado de ex-combatentes, fundou o *Fasci di Combattimento* (Feixes de Combate), grupo paramilitar cuja característica era a oposição aos socialistas e comunistas. O programa fascista aliava elementos de esquerda, quando defendia jornada e condições de trabalho, e de direita, quando discursava favoravelmente ao patriotismo e ao nacionalismo. Os veteranos de guerra passaram a usar os uniformes da milícia fascista, eram os camisas-negras. Em 1921, o movimento transformou-se em partido político, o Partido Nacional Fascista (PNF).

Industriais e latifundiários passaram a ver em Mussolini a salvação da Itália contra os bolcheviques; também universitários e oficiais acabaram apoiando o partido do político. Em outubro de 1922, os fascistas fizeram a Marcha sobre Roma. O Rei Vitor Emanuel II, então, nomeou Mussolini primeiro-ministro com a responsabilidade de equilibrar o Estado. Inicialmente, o partido fascista tinha poucas cadeiras no Parlamento, mas, em 1924, já contava com 65% delas. O poder fascista e a repressão começaram a ser maiores. Naquele mesmo ano, o líder socialista Giacomo Matteotti foi morto por milícias fascistas ao protestar contra as táticas usadas por elas. Mesmo com alguma oposição, a maioria dos empresários, dos latifundiários, da Igreja e até o rei ainda achavam que Mussolini era a melhor saída.

No plano econômico, o líder fez reformas que melhoram a produção elétrica e garantiram o abastecimento de trigo, as chamadas *batalhas econômicas*. No auge de sua popularidade, assinou um acordo com o papa, o Tratado de Latrão (1929), pelo qual a Igreja era indenizada pelos territórios perdidos em 1870, durante o processo de unificação italiana. Além disso, a Igreja ganhava o Vaticano, um Estado independente dentro de Roma. Dono de uma grande habilidade como orador, congregou multidões favoráveis a seu governo e seu modelo de política influenciou outros lugares e garantiu sua presença na Segunda Guerra Mundial.

Com a Crise de 1929, Mussolini enfrentou o período incentivando as grandes obras públicas e a produção bélica. Esses equipamentos garantiram seu poder de fogo até a Segunda Guerra Mundial, quando não foram tão eficazes quanto deveriam. Sua aliança com a Alemanha nazista aconteceu na segunda metade da década de 1930.

9.3.2 Nazismo alemão

Em 1918, um novo governo alemão, liderado pelo Partido Social-democrata, concluiu o processo de armistício do final da Primeira Guerra Mundial, que definia que a Alemanha tinha sido culpada pelo conflito e impunha pesadas cláusulas sobre o país. Esse acordo foi considerado humilhante e, no período, a economia alemã começou a dar sinais de ruína – a produção agrícola e industrial foi reduzida à metade. Ainda em 1918, foi fundado o Partido Comunista e, em 1919, foi eleita uma Assembleia Constituinte, formada por maioria socialista, que promulgou a Constituição da República de Weimar.

Entre parênteses

Adolf Hitler (1889-1945) nasceu na Áustria. Na capital austríaca tentou ingressar duas vezes na Academia de Belas-Artes, mas foi considerado sem habilidade pelos rígidos exames da escola de Viena. À época da Primeira Guerra Mundial, vivia em Munique, e alistou-se no exército imperial. Foi ferido duas vezes e, quando a guerra terminou, em 1918, manteve-se vinculado ao exército como espião. Hitler dizia que a derrota alemã se devia aos criadores da República.

Em 1919, entrou para o então pequeno Partido Nacional Socialista dos Trabalhadores Alemães, conhecido pela contração *Nazi*, e reorganizou completamente a entidade. Mostrando-se ótimo orador, logo tornou-se líder do partido. Em 1923, a Alemanha passou por uma violenta crise econômica marcada por alta inflação. Auxiliado pelo General Ludendorff, tentou um golpe de Estado em Munique, que ficou conhecido como o *Putsch da Cervejaria*. O golpe fracassou e ele foi preso.

> Na prisão, escreveu *Mein Kampf* (Minha Luta), obra que contém sua visão de mundo e da história da Alemanha. No livro, defendia o antissemitismo, afirmando que, ao combater os judeus, estaria defendendo o país de seu próprio inimigo. Além disso, dividia o mundo em raças superiores e inferiores na luta pela sobrevivência. Para ele, os arianos eram a raça superior; sendo assim, para garantir seu espaço vital, a Alemanha devia expandir seu território para leste, onde viviam os eslavos, raça inferior.

Em 1928, os nazistas eram apenas uma pequena parcela dos parlamentares, e nessa eleição, receberam 1,6% dos votos. No entanto, depois da Crise de 1929, as expectativas alemãs se voltaram para Hitler. A economia estava totalmente dependente de empréstimos americanos e a crise derrubara as possibilidades de crescimento. Visto como o salvador do povo, o Partido Nazista recebeu apoio total e pulou de 12 cadeiras para 107 no Parlamento, o segundo partido mais forte do *Reischstag* (Parlamento). Em 1932, os conchavos políticos foram muitos. Mesmo os outros partidos não aceitando Hitler, crescia o poder da SA (abreviatura de *Sturmabteilung*, algo como "Destacamento Tempestade", traduzido frequentemente como Tropas de Assalto) milícia paramilitar composta de ex-combatentes da Primeira Guerra Mundial e que estavam a serviço do Partido Nazista. Depois das eleições de 1932, com grande representação do Parlamento, Hitler pressionou o Presidente Paul von Hindemburg a assinar um decreto suspendendo direitos civis. Em 1933, Hindemburg, forçado pela elite, convidou Hitler a assumir a chancelaria do Reich. No mesmo ano, o novo chanceler forçou o Parlamento a aprovar a Lei de Plenos Poderes, que dava total poder a ele, garantindo que pudesse fazer leis sem precisar da aprovação dos deputados ou do presidente. Aproveitando-se de sua autoridade, extinguiu todos os partidos de oposição e fechou os sindicatos.

Ainda em 1933, Hitler criou a Polícia Secreta do Estado, a **Gestapo**, encarregada de eliminar os adversários, e promoveu o assassinato em massa dos líderes da SA, acusando-os de conspiração, para mostrar seu poder aos demais aliados no episódio que ficou conhecido como *Noite dos longos punhais*.

Com a morte de Hindemburg, em 1934, Hitler aprovou um decreto que fundiu os cargos de presidente e chanceler, tornando-se o chefe de Estado ou o ***führer***. Promoveu imediatamente uma intervenção na imprensa e criou o Ministério do Esclarecimento Público e Propaganda organizado e chefiado por Joseph Goebbels.

Assim, passou a controlar livros, rádios, teatro e cinema. A educação e a propaganda alçaram a figura do *führer* (líder). Nesse cenário, foi anunciado ao mundo a fundação do III Reich alemão (Terceiro Império).

Figura 9.4 – Grandes eventos mobilizavam multidões e mostravam a força do líder

Figura 9.5 – "Heil Hitler!", saudação obrigatória ao ditador no Reich

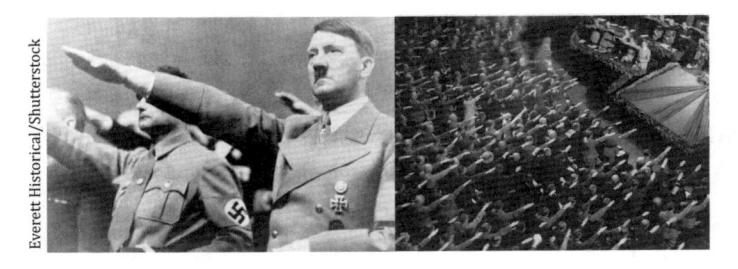

Em 1935, o *führer* baixou uma série de leis racistas e, em 1936, saiu em apoio aos nacionalistas, na Guerra Civil Espanhola, tendo em vista os treinamentos para futuros combates, o que é possível observar quando, em 1938, destinou 60% do orçamento alemão para fins militares.

Entre parênteses

A Guerra Civil Espanhola (1936-1939)

Na Espanha, o poder ficou nas mãos do General Franco (desde a Guerra Civil, entre 1936 e 1939, até sua morte, em 1975). Mesmo eleita a Frente Popular (partidos de esquerda – republicanos e socialistas), os golpistas nacionalistas (industriais latifundiários, monarquistas, a Igreja e a Falange – partido fascista) conseguiram o poder graças ao apoio dos alemães e italianos. A Luftwaffe (Força Aérea Alemã) e a Regia Aeronautica (Força Aérea Italiana) usaram a Espanha como campo de provas para seus novos aviões e fizeram diversas operações de ataque. Um desses ataques alemães foi devastador e entrou para a história como uma das tomadas mais cruéis, o bombardeio da cidade de Guernica, em 26 de abril de 1937. O massacre foi pintado por Pablo Picasso (1881-1973), em uma tela com o nome da cidade, que retrata os horrores do ataque em que centenas de pessoas foram mortas.

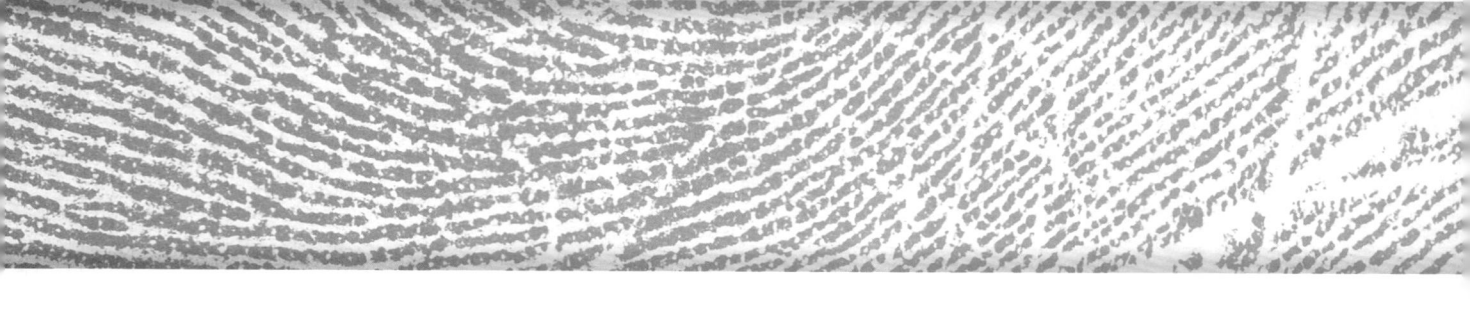

Figura 9.6 – *Guernica*, de Pablo Picasso

PICASSO, P. **Guernica**. 1937. Óleo sobre tela: 349 × 777 cm. Museo Nacional Centro de Arte Reina Sofia, Madri, Espanha.

9.4 Segunda Guerra Mundial

Vários historiadores afirmam que a Segunda Guerra Mundial (1939-1945) foi o resultado de questões malresolvidas ao término da Primeira Grande Guerra (1914-1918). As imposições do Tratado de Versalhes e as duras condições infringidas à Alemanha foram cruciais para fazer nascer um sentimento de revanche, agravado pela grave crise econômica que surgiu depois da Quebra da Bolsa de Nova York. O sentimento de derrota alemão foi substituído pelo orgulho nacional declamado nos discursos de Adolf Hitler, de forma que a Alemanha viu no Estado Nazista a força da recuperação e as condições de desafiar as imposições do Tratado de Versalhes.

Aliado a isso, a Liga das Nações não conseguiu apaziguar os ânimos efervescentes e garantir a paz mundial. A presença da União Soviética não era vista com bons olhos pelos países capitalistas e, por isso, em 1939, ela foi expulsa, de forma que a Liga das Nações passou a ser controlada pela Inglaterra e pela França.

Ao mesmo tempo, desde a ascensão ao poder, os partidos nazifascistas demonstravam cada vez mais suas intenções de expandir o território e de militarização. No entanto, a Inglaterra e a França, inicialmente, fizeram vista grossa a esse processo porque eram, de alguma forma, beneficiadas pela Alemanha anticomunista. Com base no espaço vital propagado em sua teoria, Hitler primeiramente abocanhou a região da Renânia, em 1936, desobedecendo à cláusula de desmilitarização da região, imposta no Tratado de Versalhes. Ainda em 1936, Hitler estabeleceu com Mussolini acordos de cooperação mútua; com o Japão, fez acordo contra a expansão socialista soviética na Ásia, o Pacto Anticomintern. Assim, estava definida a organização do **Eixo**: Itália, Alemanha e Japão. Por outro lado, Inglaterra, Rússia e França organizaram-se em oposição, formando o grupo dos **Aliados**.

Mapa 9.1 – Europa às vésperas da guerra

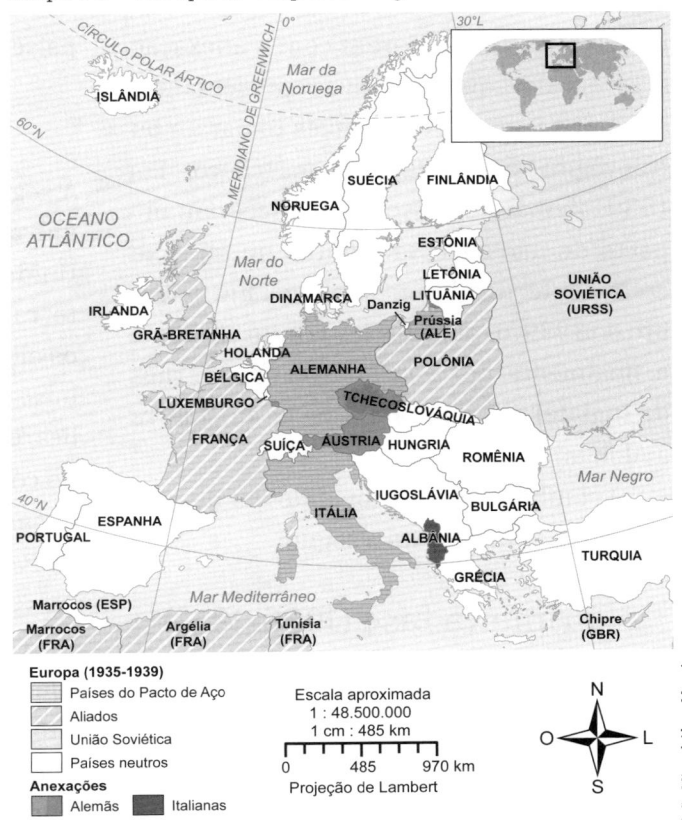

Fonte: Período..., 2018.

Em 1938, ainda de acordo com a política do espaço vital e aliada ao sentimento germânico de unidade (*Anschluss*, palavra alemã que significa "anexação, conexão"), a Alemanha anexou a Áustria por meio de um plebiscito. Entre 1938 e 1939, foram reivindicados e anexados os *Sudetos*, região montanhosa que pertencia à Tchecoslováquia. O Estado germânico acusava as autoridades tchecas de oprimir os alemães que ali viviam. Em 1938, foi feita a Conferência de Munique em que representantes de Alemanha, Itália, França e Inglaterra concordaram com a anexação. A Tchecoslováquia não teve representantes. Além dos Sudetos, os alemães tomaram outras regiões que pertenciam aos tchecos. Em 1939, alemães e russos estabeleceram um pacto de não agressão mútua no qual, secretamente, dividiram a Polônia. Em setembro de 1939, os alemães invadiram a Polônia e, finalmente, por esse motivo, os governos da Inglaterra e da França declaram guerra à Alemanha.

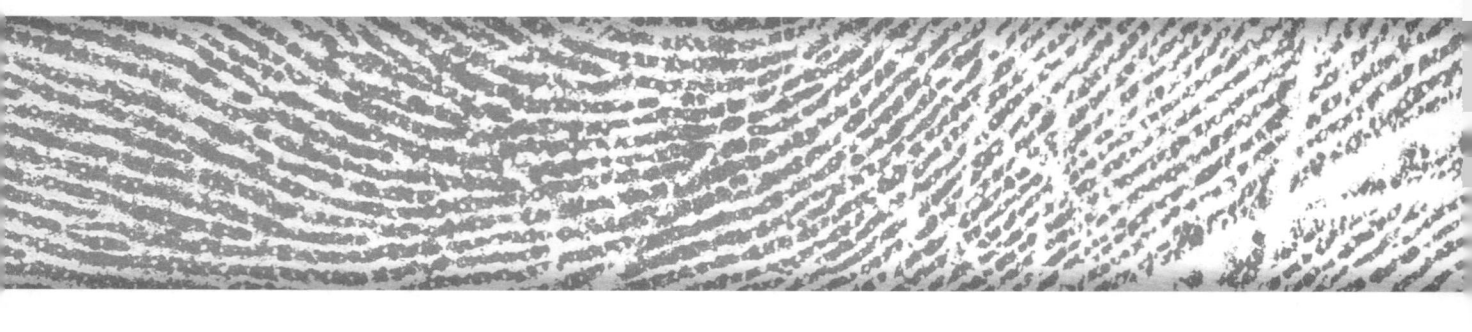

O conflito pode ser dividido em duas fases, como será exposto a seguir.

9.4.1 Primeira fase (1939-1941)

A primeira fase foi marcada pelas conquistas alemãs que aconteceram de forma rápida e eficiente, em uma estratégia que ficou conhecida como *guerra-relâmpago* (*blitzkrieg*). Ela consistia no bombardeio aéreo das principais linhas de contato inimigas (feitas pelas Luftwaffe) e, em seguida, o avanço dos blindados (*panzers*) e da infantaria. Nos primeiros ataques, dominaram a Dinamarca, os Países Baixos, a Bélgica, a Noruega e o norte da França, todos ainda em 1940. Restava como força opositora, no Ocidente, apenas a Inglaterra, que resistiu bravamente. Entre os motivos estavam a invenção do radar que permitia antecipar os ataques aéreos e o fato de ser uma ilha, distanciando-se dos demais países continentais.

9.4.2 Segunda fase (1942-1945)

A segunda fase da guerra foi marcada pela entrada da União Soviética e dos Estados Unidos ao lado dos Aliados (França, Inglaterra). Quebrando o acordo estabelecido, os alemães invadiram a União Soviética em busca de matéria-prima para a indústria bélica, o que motivou a entrada dos soviéticos no conflito. Ao mesmo tempo, o Japão, componente do Eixo, atacou as bases americanas de *Pearl Harbor*, no Pacífico, fazendo o Congresso americano declarar guerra ao Japão.

A entrada desses dois países mudou o rumo da guerra. Até a metade de 1942, as vitórias japonesas no Pacífico eram asseguradas por sua força aérea. Depois desse período, os norte-americanos reestruturam suas forças e passaram a combater os japoneses e ganhar as batalhas no mar.

Concomitantemente, os alemães avançavam pelo território russo e venciam as primeiras batalhas. Milhões de russos morreram. Além da tática de terra arrasada, já utilizada pelos russos contra as tropas de Napoleão, os alemães tiveram de enfrentar o terrível inverno na região, e a Batalha de Stalingrado foi definitiva. Lá, os alemães perderam pela primeira vez, e os russos começaram a contraofensiva, mantendo um recuo das tropas alemãs até chegarem às portas de Berlim. Na sequência, os aliados venceram no Norte da África, tomaram e conquistaram a Itália e invadiram a Normandia (na França). Tendo duas frentes para lutar, Ocidental e Oriental, as forças nazistas não resistiram. Em 25 de abril de 1945, a cidade de Berlim estava cercada. Hitler e sua mulher, Eva Braun, se suicidaram em um abrigo subterrâneo. Em 8 de maio de 1945, a Alemanha se rendeu.

Enquanto isso, no Pacífico, os americanos continuaram seus ataques fulminantes contra o Japão. Em uma demonstração de poderio militar, quando o Japão já não era mais resistência, os americanos jogaram as bombas nucleares sobre Hiroshima (6 de agosto) e Nagasaki (9 de agosto). Era uma maneira de intimidar as pretensões soviéticas no pós-guerra.

Próximo do fim do conflito e após seu término, foram assinados vários acordos. Definiram-se proposições da derrota nazista na Conferência de Yalta, em 1945, apresentando as esferas de influência soviética e americana e conjecturou-se a criação da Organização das Nações Unidas (ONU); na Conferência de Potsdam, o clima foi mais tenso e pouco houve de entendimento com os soviéticos. Entre as decisões do final da guerra estava a divisão da Alemanha e da Áustria em quatro regiões administrativas: francesa, russa, americana e inglesa.

Em 1945, em São Francisco, nos Estados Unidos, a ONU foi criada com o claro propósito de garantir o diálogo e a paz entre as nações. Com sede em Nova York, ela compreende cinco órgãos principais: Conselho de Segurança, Assembleia Geral, Secretariado, Corte Internacional de Justiça e Conselho Econômico e Social.

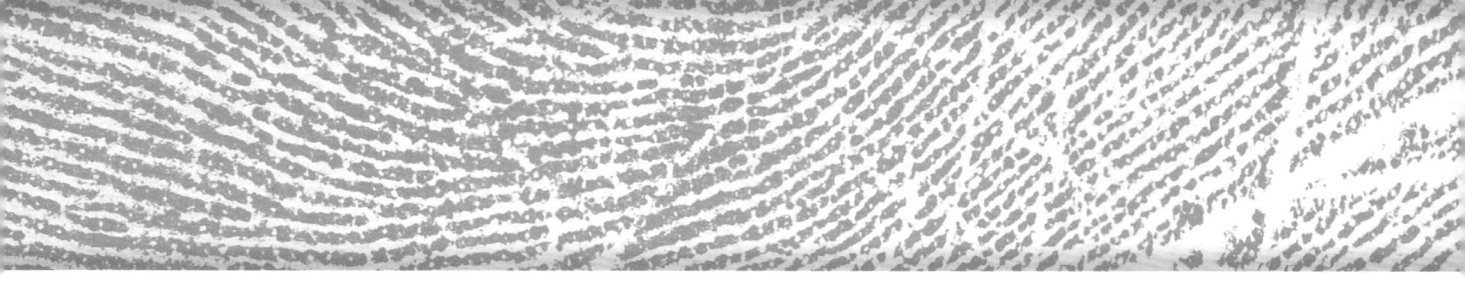

Figura 9.7 – Portão de um campo de concentração em que se lê, em alemão, "O trabalho liberta"

Figura 9.8 – Judeus em um campo de concentração

Entre parênteses

Holocausto judeu

Entre a ascensão do nazismo em 1933 e o fim da Segunda Guerra Mundial, em 1945, os judeus da Alemanha e dos países conquistados pelos alemães viram suas vidas mudarem drasticamente. Milhares de pessoas foram brutalmente condenadas aos horrores do extermínio programado, planejado pelos nazistas. A intenção era eliminar a base biológica do judaísmo a partir de um plano que se intensificou mais ao final da guerra: **a solução final**. Os campos de concentração e extermínio espalhavam-se principalmente pela Alemanha e pela Polônia, tendo como principais: Auschwitz, Chelmno, Belzec, Sobibor e Treblinka. Todos os indesejáveis eram enviados a esses campos: judeus, eslavos, ciganos, comunistas, deficientes físicos e mentais, homossexuais de todas as idades e condições sociais. Milhares sofreram torturas e humilhações antes de mortes. Auschwitz era o maior complexo de campos de concentração; no local muitos foram mortos pelo Zyklon B nas câmaras de gás.

9.5 O mundo da Guerra Fria

A Guerra Fria pode ser definida como um conflito entre dois modelos político-econômicos: o dos Estados Unidos e o da União Soviética. O conflito sempre foi indireto, porque nunca houve um enfrentamento entre eles. O período se estende do fim da Segunda Guerra Mundial, quando os enfrentamentos começaram a aparecer e o desejo por zonas de influência se tornou evidente, até a Queda do Muro de Berlim, portanto, de 1945 a 1989.

Vários elementos contribuíram para esclarecer o momento da Guerra Fria. Primeiramente, a formação de dois blocos, o capitalista e o socialista, que passaram a dividir o mundo. Depois, a disputa entre duas superpotências pela produção de armamentos e pela corrida espacial (marca da Guerra Fria), a descolonização afro-asiática e o crescimento econômico no mercado mundial dos Estados Unidos.

A Figura 9.9 mostra uma charge que representa a bipolaridade mundial e os símbolos que nutriam essa disputa: o lucro do capital e o discurso operário soviético.

Figura 9.9 – Charge que ilustra a corrida armamentista entre Estados Unidos e Rússia

De forma geral, todo o mundo foi afetado pelo jogo dessa guerra. Vários eventos históricos aconteceram imbuídos desse espírito e da ideologia do mundo **capitalista** *versus* **socialista**. De um lado, estavam países que se viram obrigados a abraçar a ideologia capitalista; de outro lado, adeptos da ideologia socialista. Alguns dos aspectos mais expressivos foram: a criação do chamado *cordão sanitário*, que isolou a Rússia do restante da Europa após a Revolução de 1917; o cenário da década de 1930, quando a Europa assistiu a conflitos entre a extrema-direita e os socialistas;

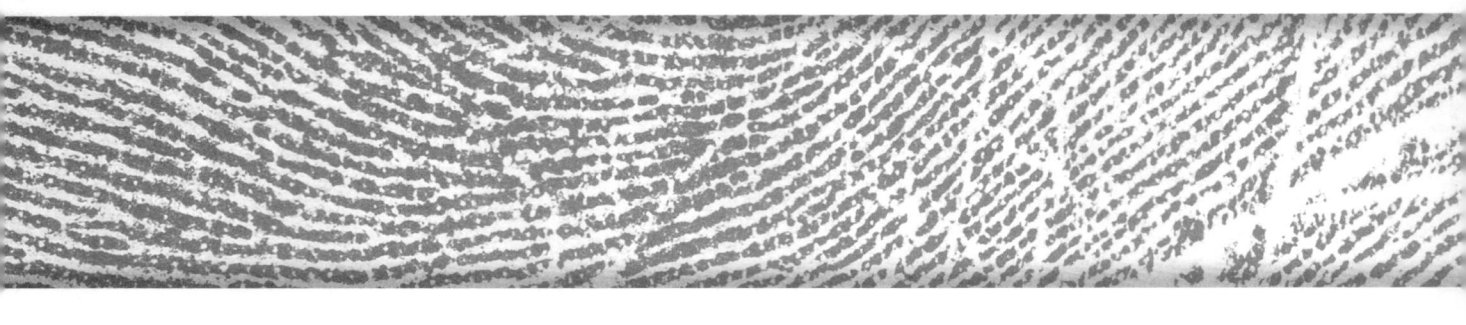

os modelos de governo que vieram na sequência; e as guerras devastadoras, como as imposições populistas e/ou ditatoriais na América Latina, as Guerras da Coreia e do Vietnã, a Revolução Chinesa ou a Revolução Cubana.

> Episódios característicos desse período:
> - Disputa tecnológica.
> - Corrida armamentista.
> - Corrida espacial.
> - Espionagem – Central de Inteligência Americana (CIA) *versus* Comitê de Segurança do Estado Soviético (KGB).
> - Busca de aliados.
> - Conflitos regionalizados.
> - Difamações.

A Guerra Fria terminou em 1989, com a Queda do Muro de Berlim. Contudo, as bipolaridades mundiais ainda permanecem. Escutas, agentes secretos, conspiração pela internet, *hackers* e ataques cibernéticos apontam para antigas disputas ideológicas, jogos de poder, zonas de controle e brasas de uma fogueira que ainda arde.

9.5.1 Primeira Guerra Fria

A Primeira Guerra Fria (1945-1956) foi um período em que os Estados Unidos buscaram reconstruir o mundo capitalista e conter qualquer avanço da URSS. O marco inicial foi apresentado ao mundo pelos Estados Unidos quando jogou as bombas nucleares sobre as cidades de Hiroshima e Nagasaki. Para destruir o sistema inimigo, a política americana desejava organizar o mundo aplicando duas medidas:

1. **Doutrina Truman** (1947) – Tinha esse nome por causa do presidente americano Harry Truman, que defendida a existência de uma política livre em nações livres, contra as políticas autoritárias, sob a interferência soviética.
2. **Plano Marshall** (1947) – Feito no plano econômico para combater o crescimento do comunismo, serviria como um auxílio aos países destruídos pela guerra.

Como resposta, a URSS revelou, em 1949, que havia dominado a tecnologia da bomba atômica. Além disso, criou o Cominform (Comitê de Informação dos Partidos Comunistas e Operários), União de Partidos Comunistas europeus para evitar a influência dos Estados Unidos, e o Comecon (Conselho para Assistência Econômica Mútua, 1949), versão soviética do Plano Marshall.

Nos Estados Unidos, entre 1948 e 1952, o Senador Joseph Raymond McCarthy fez uma dura campanha de perseguição a artistas, intelectuais e funcionários de setores governamentais suspeitos de ligações com comunistas. Criou-se uma verdadeira histeria anticomunista, conhecida como *Caça às bruxas*.

Figura 9.10 – Senador Joseph Raymond McCarthy

Como marcas centrais desse período, podemos citar a criação da Organização do Tratado do Atlântico Norte (Otan), em 1949, e o Pacto de Varsóvia, em 1955 (URSS, Albânia, Alemanha Oriental, Bulgária, Hungria, antiga Tchecoslováquia, Polônia, Romênia, Cuba – posteriormente), ou seja, a criação de blocos em que se definiam sistemas de defesa. Era um pacto político-militar, um sob liderança americana, outro sob liderança soviética.

Nesse período, houve também a Crise de Berlim e a Guerra da Coreia (1950-1953).

Mapa 9.2 – Zonas de interferência da Otan e do Pacto de Varsóvia

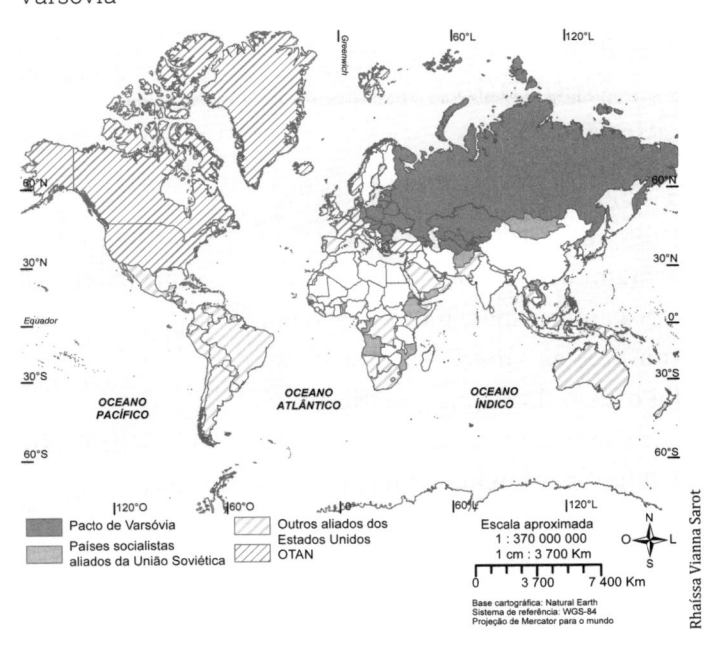

Fonte: Elaborado com base em Pegoli, 2014.

Ainda sobre esse período, é importante citar a Coexistência Pacífica ou o Degelo (de 1955 a 1962, segundo os ocidentais, e de 1955 a 1984, para os soviéticos), que foi uma época menos radical, em que houve, inclusive, a construção do Muro de Berlim, em 1961; e também a Dètente (1967-1979) – uma política da distensão (significado da palavra francesa *détente*, equivalente a *afrouxamento*), relacionada à crise americana depois do fracasso na Guerra do Vietnã. Houve oposições ao socialismo, com a Primavera de Praga, em 1968; os Estados Unidos foram, ainda, abalados com o Caso Watergate, escândalo que envolveu o presidente Nixon. Por fim, o modelo de distensão entrou em declínio com o governo Ronald Reagan.

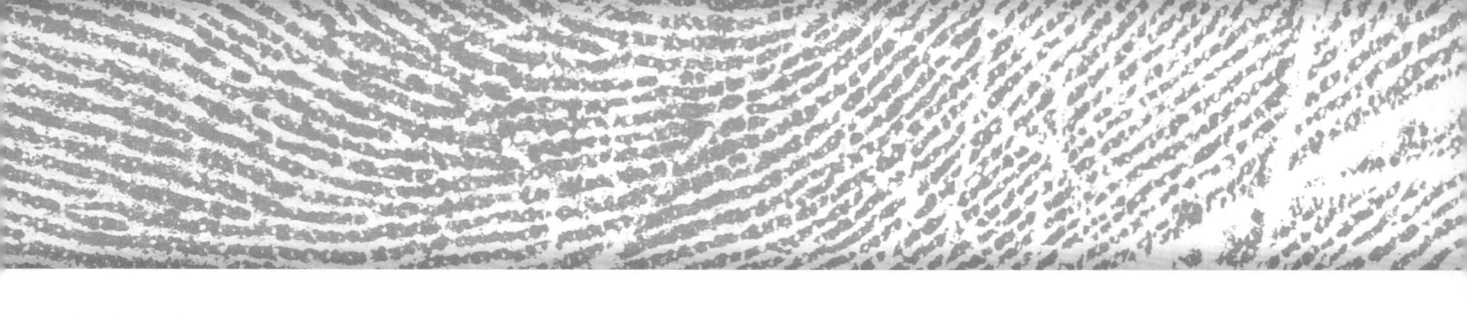

9.5.2 Segunda Guerra Fria

A Segunda Guerra Fria (1979-1989) foi a retomada da corrida armamentista, mas já com maior força americana e intervenção em conflitos na América Latina, como foi o caso da Nicarágua. Na URSS, por sua vez, houve as reformas de Mikhail Gorbachev, que ficou no poder de 1985 a 1991; a **Perestroika**, que foi uma reestruturação econômica, e a **Glasnost**, transparência política.

Nesse período também ocorreu o colapso do bloco socialista. A partir de 1989, a URSS se desmembrou e os países da Europa Ocidental se distanciaram da política de modelo socialista.

Depois da Queda do Muro de Berlim, Romênia, Tchecoslováquia, Polônia, Hungria e Bulgária desencadearam ondas de protesto por democracia e liberdade econômica. Logo foram feitas novas eleições para presidente.

Luz, câmera, reflexão

RASPUTIN. Direção: Uli Edel. EUA: Studio: Paradise Home Entertainment, 1996. 105 min.

WALL Street: poder e cobiça. Direção: Oliver Stone. EUA: Fox, 1987. 125 min.

ARQUITETURA da destruição. Direção: Peter Cohen. Suécia: Cult Filmes, 1989. 123 min.

A CONQUISTA da honra. Direção: Clint Eastwood. EUA: Warner Home Video, 2006. 132 min.

O PIANISTA. Direção: Roman Polanski. Alemanha/França/Polônia/Reino Unido: Focus Features, 2002. 150 min.

CARTAS de Iwo Jima. Direção: Clint Eastwood. EUA: Warner Home Video, 2006. 141 min.

CÍRCULO de fogo. Direção: Jean-Jacques Annaud. EUA: Universal, 2001. 131 min.

ADEUS Lênin. Direção: Wolfgang Becker. Alemanha: Imagem Filmes, 2003. 118 min.

Atividades

1) Em 1917, a Rússia czarista sofreu um duro golpe. Duas revoluções tiraram definitivamente o poder das mãos da monarquia e, ao final, a revolução liderada por Lênin deflagrou um novo modelo político-econômico. Nascia, em outubro de 1917, a Rússia Socialista. Apresente as condições políticas, econômicas e sociais da Rússia às vésperas da Revolução de 1917.

2) Volte à Figura 9.3, com o cartaz que divulgava o modo de vida americano antes da crise.
   a) Como era o estilo de vida americano antes da crise econômica de 1929?
   b) Identifique os motivos que levaram os Estados Unidos à famosa Quinta-feira Negra, o dia da Quebra da Bolsa de Nova York.

3) Os partidos nazifascistas surgiram em decorrência da crise do capitalismo, marcadamente ocorrida em 1929. As elites políticas e econômicas ajudaram a forjar e a colocar no poder os regimes totalitários europeus. Comente.

4) Diferencie as duas fases da Segunda Guerra Mundial.

5) Conceitue a *Guerra Fria*.

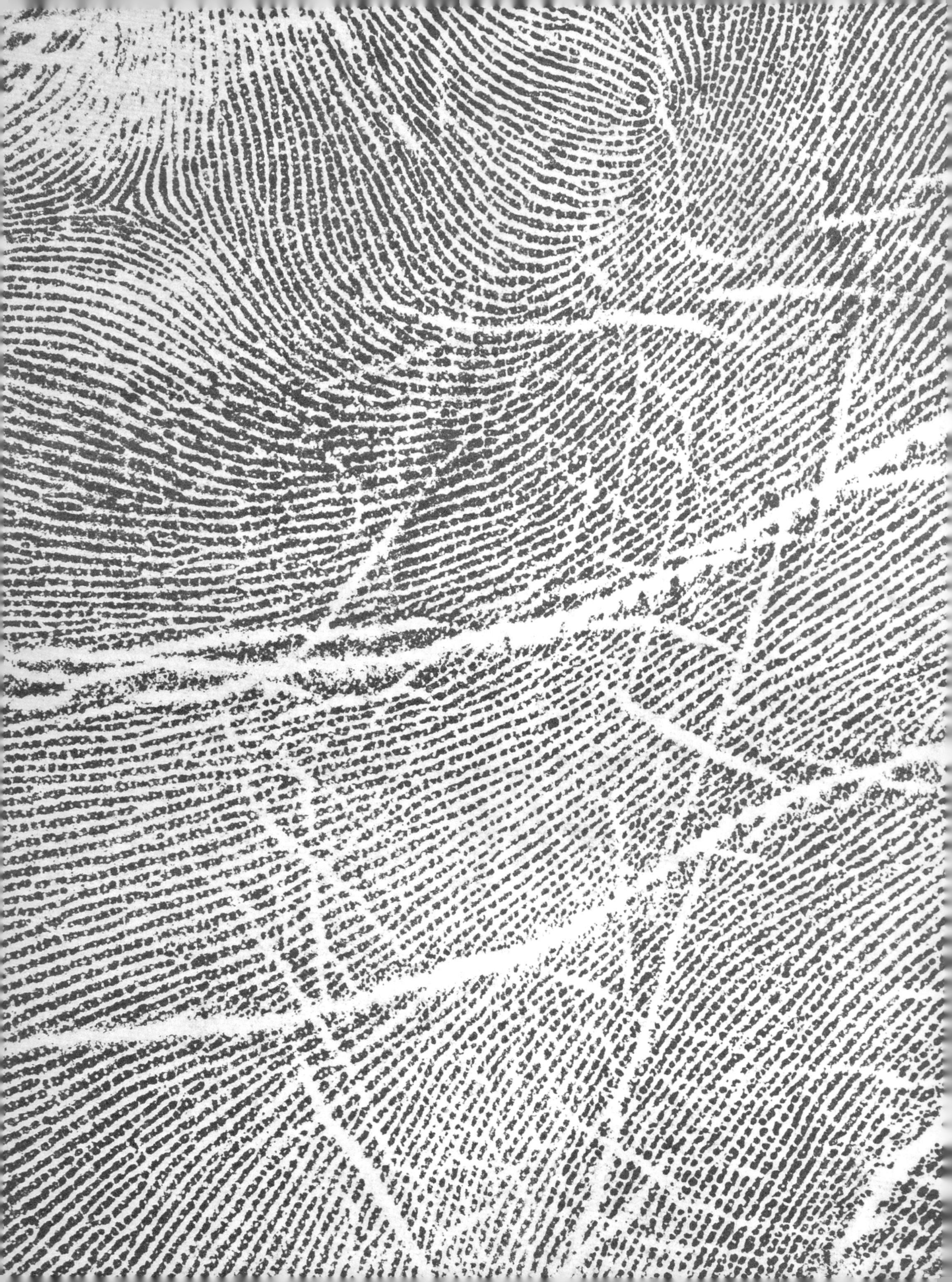

capítulo dez

História do Brasil: o Império no século XIX

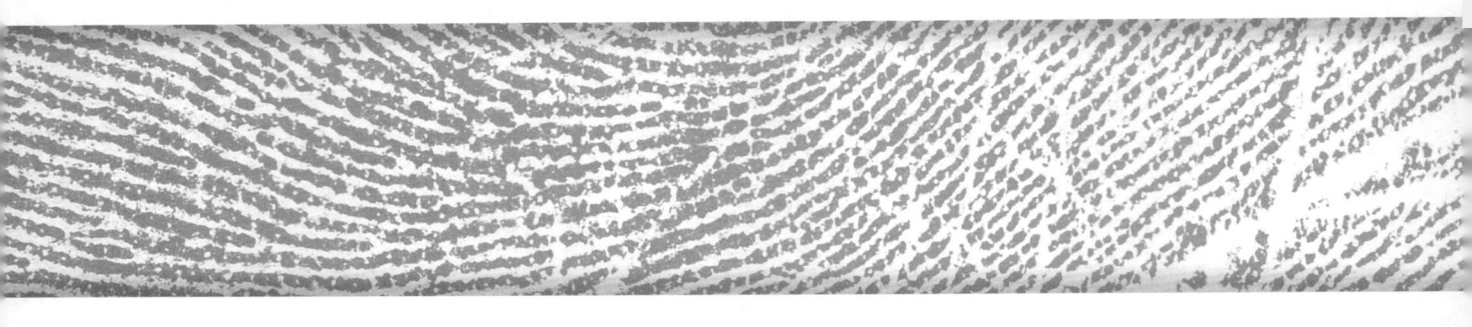

A escravidão negra no Brasil durou cerca de 300 anos e, nesse período, milhões de homens e mulheres foram trazidos do continente africano como escravos. Em 1888, com a abolição da escravidão, não houve políticas públicas para integrar o negro à sociedade, tampouco cursos de especialização e capacitação para tornar o negro um trabalhador assalariado apto para concorrer com os imigrantes que estavam chegando. Segundo Florestan Fernandes, em sua obra A *integração do negro na sociedade de classes*, de 1964:

> *A desagregação do regime escravocrata e senhorial se operou, no Brasil, sem que se cercasse a destituição dos antigos agentes de trabalho escravo de assistência e garantias que os protegessem na transição para o sistema de trabalho livre. Os senhores foram eximidos da responsabilidade pela manutenção e segurança dos libertos, sem que o Estado, a Igreja ou qualquer outra instituição assumisse encargos especiais, que tivessem por objeto prepará-los para o novo regime de organização da vida e do trabalho. [...] Essas facetas da situação [...] imprimiram à Abolição o caráter de uma espoliação extrema e cruel. [...] A preocupação pelo destino do escravo se mantivera em foco enquanto se ligou a ele o futuro da lavoura. Ela aparece nos vários projetos que visaram regular, legalmente, a transição do trabalho escravo para o trabalho livre, desde 1823 até a assinatura da Lei Áurea. [...] Com a Abolição pura e simples, porém, a atenção dos senhores se volta especialmente para seus próprios interesses. [...] A posição do negro no sistema de trabalho e sua integração à ordem social deixam de ser matéria política. Era fatal que isso sucedesse.* (Fernandes, 1978, p. 15).

Considerando esses aspectos, fica evidente quão grande é a dívida brasileira com os negros. Daí, a necessidade de políticas afirmativas e de cotas raciais para universidade e para o mundo do trabalho.

Entre aspas

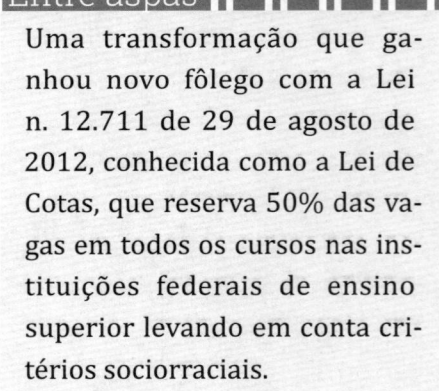

Uma transformação que ganhou novo fôlego com a Lei n. 12.711 de 29 de agosto de 2012, conhecida como a Lei de Cotas, que reserva 50% das vagas em todos os cursos nas instituições federais de ensino superior levando em conta critérios sociorraciais.

Entre 2013 e 2015, a política afirmativa de reserva de cotas garantiu o acesso a aproximadamente 150 mil estudantes negros em instituições de ensino superior em todo o país. Segundo dados do Ministério da Educação, em 1997 o percentual de jovens negros, entre

18 e 24 anos, que cursavam ou haviam concluído o ensino superior era de 1,8% e o de pardos, 2,2%. Em 2013 esses percentuais já haviam subido para 8,8% e 11%, respectivamente.

[...]

As informações fornecidas pelo Ministério da Educação, referentes aos anos de 2013 e 2014, mostram que a lei está sendo cumprida pelas 128 instituições federais de ensino que atualmente participam do sistema.

O balanço de três anos da lei também destacou que a qualidade das universidades não diminuiu com a implementação das cotas. Pelo contrário. De acordo com a ministra Nilma Lino Gomes, do Ministério das Mulheres, da Igualdade Racial e dos Direitos Humanos, as universidades ganharam em diversidade e em qualidade, com destaque para as boas notas dos alunos cotistas e o baixo índice de desistência dos cursos que os alunos cotistas apresentam.

Fonte: MDH, 2016.

Vale a pena estudar a diversidade da cultura afro-brasileira, reconhecendo essa riqueza na composição populacional, além de suas lutas e mazelas. Nesse mesmo sentido, o século XIX e o Império foram experiências ímpares na América e, por isso, neste capítulo, vamos abordar o Brasil Imperial e a participação negra na construção de nossa sociedade.

10.1 Africanos, escravidão e cultura

O território africano apresenta grande variedade, desde regiões absolutamente desérticas enormes até florestas tropicais. São extensos territórios, imensos lagos e rios, desertos inexpugnáveis, montanhas e cânions enormes. Foi nesse cenário de variedade geográfica que se desenvolveram agrupamentos humanos com organizações e características distintas. Do norte ao sul do continente, havia dezenas de povoados e civilizações. Genericamente, é possível dividir a África anterior aos primeiros contatos com os europeus:

1. **África Saariana**, **Mediterrânea** ou **Muçulmana** – Recebe esses nomes porque contém em seu território todas essas perspectivas: abriga o grande deserto do Saara, é banhada pelo Mar Mediterrâneo e tem o predomínio da religião muçulmana.
   - No norte do continente africano, na África Saariana, viviam os líbios, que compõem todos os povos organizados nessa região, com exceção dos

egípcios. Os líbios desenvolveram o pastoreio e/ou a agricultura, dependendo do lugar que habitavam. Até a chegada dos árabes, no século VII, falavam a língua líbia e outras línguas específicas de cada povo.

2. **África Subsaariana** ou **África Negra** – Vai do deserto do Saara ao extremo sul do continente, região na qual a influência muçulmana foi menor e mantiveram-se a variedade cultural e étnica. Pode ser compreendida da seguinte maneira:

- África Ocidental – Atravessada por dois extensos rios, o Níger e o Senegal, onde se desenvolveram grandes civilizações como os reinos de Kush, Gana, Mali e Songai.
- África Central e Meridional – Ocupada por povos que dominavam o banto, geralmente pastores e agricultores, que se espalharam pelo continente e ocuparam as regiões centrais e ao sul.
- África Nilo-Etíope – Composta por povos influenciados primeiramente pelos egípcios e depois pelos cristãos, graças às proximidades com o Egito e o Mar Vermelho. Esses povos criaram o Reino de Axum, cuja crença dizia que eram descendentes de Salomão, e foram uma das principais potências comerciais do nordeste africano.
- África do Litoral Oriental – Povoada por bantos que entraram em contato com malaios e, posteriormente, com os árabes-islâmicos, dando origem à língua suaíli.

Mapa 10.1 – A África Saariana ao norte e a África Subsaariana ao sul do Saara

Fonte: Folha On-line, 2005.

Muitas dessas localidades desenvolveram complexos sistemas de comércio, com trocas por produtos de regiões bastante distantes, e negociavam tecidos, ouro e escravos. A prática da escravidão já existia na África antes da chegada dos europeus. Geralmente, essas pessoas eram membros de grupos familiares que não tinham relação de parentesco com o grupo dominante e desempenhavam funções no campo, na caça, na defesa das cidades e nas cerimônias religiosas. A escravidão coexistia com outras formas de organização do trabalho e, portanto, não era o elemento fundamental da organização produtiva daquelas sociedades.

Inicialmente, os portugueses estabeleceram contatos comerciais com os africanos e criaram diversas feitorias, fortalezas no litoral. Posteriormente, impuseram colônias em lugares que hoje correspondem a Moçambique e Angola. O tráfico de seres humanos, capturados, negociados e vendidos às colônias portuguesas, jogou o continente africano em uma guerra contínua que dependia dos suprimentos e das armas trazidas pelos estrangeiros, sobretudo lusos. As negociações demoravam dias e as trocas podiam ser por facas, chapéus, armas, tecidos, cachaça e outros produtos. A maior diferença entre a escravidão existente no continente até então e a escravidão após a chegada dos europeus foi o volume de pessoas escravizadas e as formas ostensivas de aquisição dos escravizados, o que dizimou as estruturas africanas.

Entre aspas

Algumas sociedades africanas formaram grandes reinos, como Egito, Mali, Songai, Oió, Oxante e Daomé. Outras eram agrupamentos muito pequenos de pessoas que plantavam o suficiente para o sustento da família e do grupo. Mas todas, das mais simples às mais complexas, se organizavam a partir da fidelidade ao chefe e das relações de parentesco. O chefe da família, cercado de seus dependentes e agregados, era o núcleo básico de organização da África. Assim, todos ficavam unidos pela autoridade de um dos membros do grupo, geralmente mais velho e que tinha dado mostras ao longo da vida da sua capacidade de liderança, de fazer justiça, de manter a harmonia na vida de todo dia.

Nas aldeias, que eram a forma mais comum de os grupos se organizarem, havia algumas famílias, cada uma com seu chefe, sendo todos subordinados ao chefe da aldeia. Ele atribuía o castigo às pessoas que não seguiam as normas do grupo, distribuía a terra pelas diversas famílias, liderava os guerreiros quando era preciso garantir segurança. O chefe era o responsável pelo bem-estar de todos os que viviam na sua aldeia, e para isso recebia parte do que as pessoas produziam, fosse na agricultura, na criação de animais, na caça, na pesca e na coleta. As suas decisões eram tomadas em colaboração com outros líderes da aldeia, chefes das várias famílias que dela faziam parte.

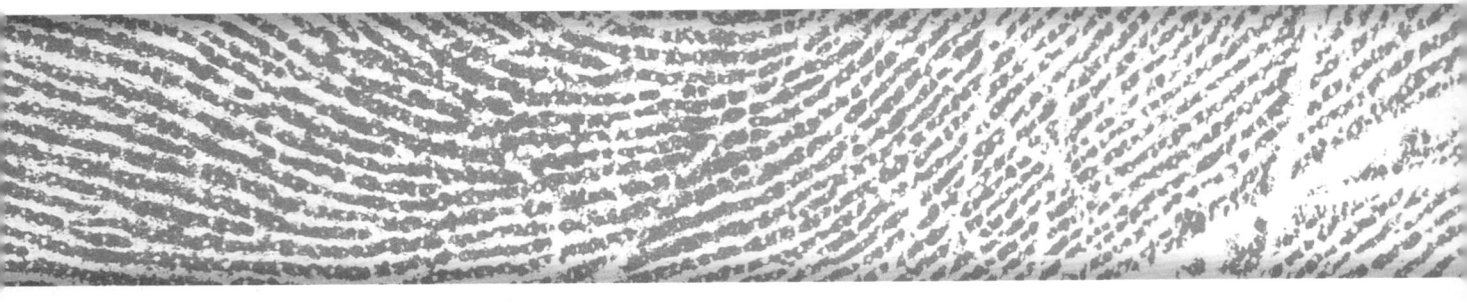

Fonte: Melo e Souza, 2007, p. 31.

10.1.1 Escravidão e cultura

Desde a metade do século XV, o comércio de homens e mulheres africanos alimentava a economia europeia. Ao longo dos 300 anos seguintes, eles foram intensamente comercializados. O tráfico de escravos foi uma das atividades econômicas mais lucrativas. Para o transporte, eles eram colocados em porões de navio e trancafiados durante quase todo o trajeto. No Brasil, os escravos africanos começaram a chegar por volta de 1550 e foram recebidos até o final do tráfico, em 1850; estima-se que desembarcaram nas terras brasileiras cerca de 4 milhões de escravizados. Os principais pontos de desembarque eram São Luís, Olinda, Salvador e Rio de Janeiro, que, no século XIX, era o principal ponto de comércio de africanos de toda a América.

Entre aspas

Uma família que se orgulha de sua ascendência brasileira é a dos Souza, de Cotonu, no atual Benin. Originada em Francisco Félix de Souza, traficante de escravos que ali se estabeleceu em cerca de 1800, vindo da Bahia, é a mais importante entre várias famílias de 'brasileiros', ou 'agudás', como essas pessoas são conhecidas na região. Na primeira metade do século XIX Francisco Félix foi o principal aliado do rei do Daomé, o reino mais poderoso da região, e assim pôde vender grande quantidade de escravos, numa época em que se pagava bem por eles no Brasil e em Cuba, onde estavam seus principais fregueses. Recebeu do rei do Daomé (Guezô, com quem havia feito pacto de sangue que os tornou irmãos) o título de Chachá, que ainda pertence a seus descendentes. Ao morrer, em 1849, já sem a fortuna que o colocou entre os mais ricos de seu tempo, vivia tanto como um grande chefe daomeano, cercado de suas dezenas de mulheres e filhos e recebendo imposto, quanto como um grande comerciante português, entre móveis lavrados, tecidos finos, baixelas de prata, porcelanas chinesas e talheres de ouro.

O Chachá foi um dos muitos exemplos de pessoas que serviram de intermediárias entre mundos diferentes – o europeu, o africano e o luso-americano –, ajudando um grupo a atender o outro. Essas pessoas que transitavam pelos diferentes mundos permitiam, ou pelo menos facilitavam, as relações econômicas e sociais entre africanos, portugueses e luso-americanos.

Fonte: Melo e Souza, 2007, p. 67.

O trabalho escravo negro alimentou a produção açucareira nas fazendas do Sul e Sudeste, a extração de ouro de Minas Gerais e a lavoura de café do Sudeste brasileiro. Em todos esses contextos, o tratamento foi desumano e cruel, uma vez que essas pessoas eram vistas como mercadorias, bens, sendo negociados como animais e vistos como planteis. Eram eles os responsáveis pelo trabalho braçal do Brasil nos períodos colonial e imperial. Trabalhavam de sol a sol e tinham poucas horas de descanso.

Mesmo assim, foram inúmeras as formas de resistências. Desde fugas individuais ou coletivas ou mesmo a organização de quilombos. Os negros fugitivos eram perseguidos pelos capitães do mato e muitos eram recapturados e duramente castigados. A organização dos **quilombos** aconteceu por muitos lugares do Brasil e, ainda hoje, há no interior do país várias dessas comunidades e muitos descendentes dos primeiros quilombolas.

Os quilombos eram agrupamentos de negros fugitivos. Ficavam geralmente mais para o interior, no meio da mata. Lá, os negros produziam o necessário para viver: roupas, comida e móveis. Em alguns casos, organizações quilombolas atacavam fazendas para pilhagem.

O Quilombo dos Palmares é um dos mais conhecidos. Tinha uma grande estrutura e durou cerca de 100 anos. Estava situado na Serra da Barriga no estado de Alagoas. Seu líder mais conhecido foi Zumbi, morto pelo bandeirante Domingos Jorge Velho em uma das bandeiras de contrato (conforme estudamos na Seção 6.4.4). O dia da morte de Zumbi, 20 de novembro de 1695, é lembrado como o Dia da Consciência Negra e símbolo da luta dos brasileiros contra as condições de opressão, discriminação, preconceito e racismo.

No século XIX, muitas foram as manifestações contra a escravidão. Em 1870, depois da Guerra do Paraguai, o movimento ganhou maior intensidade. Havia duas correntes: uma, **moderada**, liderada por Joaquim Nabuco, pregava a luta pelo viés da lei; a outra, mais **radical**, defendia a mobilização de escravos para a luta e era formada por Luís Gama Silva Jardim, Antônio Brito e outros. Além disso, as pressões inglesas pelo final do tráfico e, posteriormente, da escravidão, foram muito importantes. Isso aconteceu em razão dos interesses comerciais ingleses, que almejavam uma população assalariada, capaz de adquirir os produtos industrializados. As conquistas foram lentas e culminaram com o fim da escravidão, em 1888.

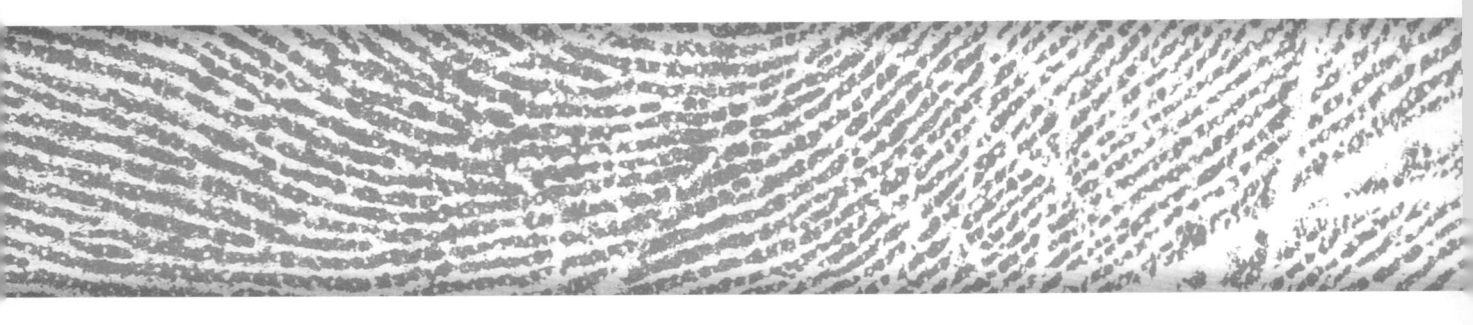

Em grande parte de nossa cultura, está presente a marca do negro, especialmente nas manifestações de dança, de música, de religiosidade. Também na língua essa marca é evidente: dezenas de palavras do português brasileiro têm origem africana, tais como: *batuque, bunda, dengo, acarajé, cafuné, abadá, banguela, bagunça, cachaça, fubá, chuchu*. Os elementos africanos estão na base de muitas de nossas manifestações culturais; logo, não é possível minimizá-las, afinal, o Brasil é a composição explícita da diversidade.

Entre aspas

Quais são as manifestações culturais brasileiras de origem negra-africana?

Além dos traços físicos, talvez seja na música e na religiosidade que a presença africana esteja mais evidente entre nós. [...] No Brasil as religiões africanas foram transformadas, ritos e crenças de alguns povos se misturaram com os de outros, e com os dos portugueses, mas nesses processos muitas características africanas foram mantidas.

[...]

Os terreiros nos quais se abrigam os candomblés e umbandas são espaços com muitas características das culturas africanas – na arquitetura, nos tipos de plantas e árvores plantadas no entorno das construções, nos altares nos quais as entidades sobrenaturais recebem abrigo alimentos e cuidados cotidianos, e nas formas de festejar. [...]

Se passarmos dos ritos religiosos, festas, danças e músicas – alimentos do espírito – para esferas mais materiais, veremos a influência africana na culinária brasileira, principalmente na Bahia, onde o uso da pimenta e do azeite de dendê lembra a proximidade que ela já teve com a Costa da Mina. Acarajé, vatapá, aluá, xinxim de galinha são alguns dos pratos que, além do nome, têm receitas parecidas com as feitas na África, satisfazendo o paladar dos que se criaram dentro dos gostos de seus pais. Além dos pratos preparados, o inhame, o cará, a noz-de-cola (aqui chamada de obi e Orobó e usada em cultos religiosos) e a nossa típica banana vieram do continente africano, esta última depois de atravessá-lo inteiramente a partir da sua costa oriental, para onde foi levada pelos que vinham da Índia.

Fonte: Melo e Souza, 2007, p. 134-135.

10.2 Independência do Brasil

Em janeiro de 1808, depois de fugir do avanço das tropas napoleônicas sobre Portugal, D. João, a família real e a corte portuguesa vieram para o Brasil. Eram 14 navios que traziam todos os pertences de valor das famílias mais abastadas de Portugal e os tesouros do Estado.

Aliada dos ingleses e estabelecendo vários acordos com a Inglaterra, a corte se instalou no Rio de Janeiro. Como não havia acomodações para todos, uma vez que não houve um planejamento para a chegada da corte, em um ato impositivo, as melhores casas foram requisitadas para instalar os novos moradores chegados à capital.

Uma das primeiras medidas foi abrir os portos às nações amigas, quebrando, assim, o exclusivismo comercial imposto pelo Pacto Colonial. Além disso, em 1810, foram firmados os **Tratados de Aliança e Amizade** e de **Comércio e Navegação**, que asseguravam vantagens e privilégios à Inglaterra; uma delas era a taxação de impostos em 15% para os produtos ingleses, ao passo que a taxa para os produtos vindos de outros países era de 24%.

No Brasil, D. João VI empenhou-se em modernizar a cidade do Rio de Janeiro para que esta tivesse semelhanças com Lisboa. Criou a Impressa Régia, o Teatro Real, o Museu Nacional, o Observatório Astronômico, o Horto Real, a Biblioteca Real e trouxe para o Rio de Janeiro a Missão Artística e Cultural Francesa (1816), com o intuito de que artistas, pintores e escultores dessem ares de Europa ao Brasil.

No plano econômico, criou o Banco do Brasil, permitiu a fundação de fábricas, fez reformas nos portos e instalou a Junta de Comércio.

Na política externa, anexou a Cisplatina (atual Uruguai), invadiu a Guiana Francesa até a queda de Napoleão, enfrentou a dura Insurreição Pernambucana e elevou o Brasil a Reino Unido a Portugal e Algarve (1815). Com a morte de Dona Carlota Joaquina, em 1818, D. João VI foi acalmado Rei D. João VI.

Em 1821, em consequência da Revolução Liberal do Porto, que exigia a volta imediata de D. João VI a Portugal, transformando a antiga monarquia absolutista em uma monarquia constitucional, o Brasil ficou sob o governo português e a regência de D. Pedro.

Naquele momento, dois grupos políticos se organizaram no Brasil: o **Partido Brasileiro** – do qual fazia parte Nogueira da Gama –, que defendia a transformação do Brasil em um império independente; e o **Partido Português** – liderado por Joaquim Gonçalves Ledo –, que defendia a manutenção do domínio português sobre o Brasil. No entanto, as condições para a independência já estavam plantadas. A liberdade comercial conquistada com o fim do Pacto Colonial e a maior autonomia política que ganhara com a elevação à Reino Unido permitiram que o Brasil desse largos passos rumo à independência. Por isso, quando as cortes portuguesas exigiram o retorno do Pacto Colonial, a reação dos brasileiros foi imediata. Em franca discordância com as cortes e com o apoio dos brasileiros, D. Pedro manifestou seu desejo de permanecer no Brasil com o famoso **Dia do Fico**. Logo depois, conclamou a organização de uma Assembleia para elaborar uma Constituição. A ruptura definitiva veio em setembro de 1822, quando D. Pedro, depois de receber cartas vindas de Portugal exigindo seu retorno, resolveu posicionar-se favorável à independência.

10.3 Brasil Império

A história do império brasileiro pode ser dividida em três momentos: I Império (1822-1831); Regência (1831-1840); e II Império (1840-1889).

10.3.1 I Império

A inicial simpatia que D. Pedro I angariou perante as massas e a elite foi sendo perdida ao longo de seu governo.

É bom lembrar que a independência do Brasil também foi conquistada com muitas lutas. Na Bahia, no Piauí, no Ceará e no Pará, houve forças de resistência ao processo de independência. Em alguns casos, as tropas do Império foram auxiliadas por mercenários ingleses para abafar as insatisfações.

O reconhecimento da independência por parte de Portugal aconteceu por pressões inglesas, em 1825. Mesmo assim, Portugal exigiu o pagamento de 2 milhões de libras, o título honorário de Imperador do Brasil para D. João VI e o compromisso brasileiro de não ajudar nenhuma colônia portuguesa a conquistar sua emancipação. Para pagar o exigido por Portugal, o Brasil fez seu primeiro empréstimo com a Inglaterra, que, por sua vez, exigiu a renovação de cláusulas do Tratado de 1810. Os ingleses reconheceram a independência do Brasil em 1827.

Como já comentamos, D. Pedro I chamou uma assembleia para a elaboração de uma Constituição. O projeto, de autoria de Antônio Carlos de Andrada e Silva, irmão de José Bonifácio (um dos apoiadores de D. Pedro I no processo de independência) ficou conhecido como *Constituição da Mandioca*. Tal projeto não foi aceito por D. Pedro I porque, além de limitar os poderes do imperador ao proibir a dissolução da Assembleia, o voto deveria ser dado a quem tivesse o número mínimo de alqueires de mandioca (comida dos escravos, demonstrando o poder escravocrata e latifundiário), sendo, portanto, o voto censitário. Com esse dado, também restringia comerciantes, muitos deles portugueses, de votar e de ser eleitos. D. Pedro I, então, impôs uma constituição, por isso dita *outorgada* (que parte de uma autoridade sem a discussão da Assembleia), organizada pelo Conselho dos Dez. Assim, a primeira Constituição do Brasil, a de 1824, definia a divisão em quatro poderes: Executivo, Legislativo, Judiciário e Moderador (este dava poderes ilimitados ao imperador, pois o colocava acima dos demais), o voto era indireto e censitário e a religião oficial era a católica.

Figura 10.1 – Organograma administrativo do I Império

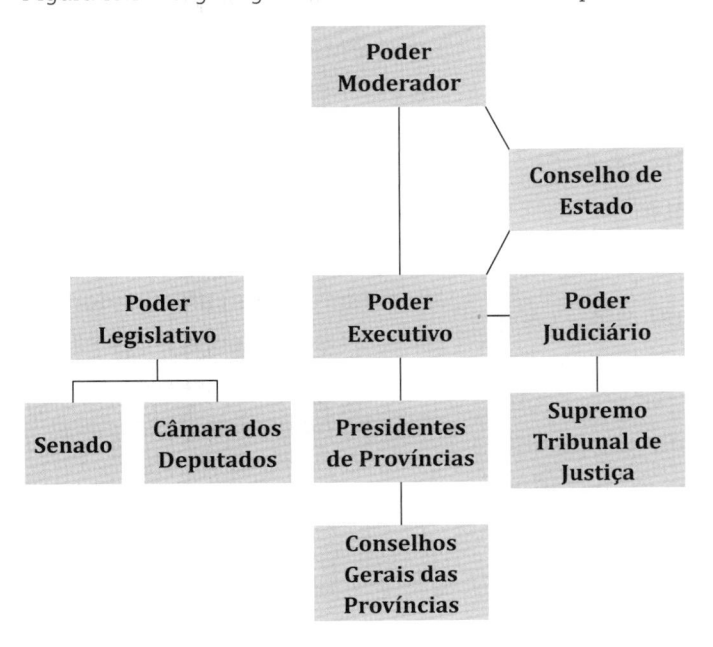

```
                    Poder
                  Moderador
                      |
                      |──── Conselho de
                      |       Estado
                      |
     Poder          Poder         Poder
   Legislativo    Executivo     Judiciário
       |             |              |
   ┌───┴───┐         |           Supremo
 Senado  Câmara  Presidentes   Tribunal de
         dos     de Províncias   Justiça
         Deputados   |
                 Conselhos
                 Gerais das
                 Províncias
```

Essa arbitrariedade do imperador fez suas atitudes serem questionadas. Um dos primeiros levantes foi a Confederação do Equador, no nordeste do Brasil, liderada por Cipriano Barata e Frei Caneca. A crueldade com que o movimento foi sufocado aumentou ainda mais o descontentamento dos brasileiros.

Vários outros fatores contribuíram para a impopularidade de D. Pedro I:

- crise política;
- autoritarismo do imperador;
- predomínio do Partido Português no governo;
- derrota brasileira na Guerra da Cisplatina;
- assassinato do jornalista e oposicionista Líbero Badaró em São Paulo;
- envolvimento de D. Pedro I na sucessão do trono português;
- Noite das Garrafadas (manifestações de brasileiros contra a proximidade de D. Pedro I com o Partido Português – os portugueses, nessa ocasião, esperavam o imperador que voltava de visita, não bem-sucedida, a Minas Gerais).

Por isso, em 1831, D. Pedro I abdicou do trono em favor de seu filho, Pedro de Alcântara, então com 5 anos de idade. Começou ali o período regencial.

10.3.2 Regência

O período das regências iniciou-se com a abdicação de D. Pedro I, em 1831, e encerrou-se com o Golpe da Maioridade, que colocou D. Pedro II, ainda adolescente, no poder. Foi um período de grande instabilidade política, de disputas entre partidos e de revoltas em várias províncias. Em junho de 1831, foi feita a eleição e definiu-se a **Regência Trina Permanente**. A regência eleita, conforme indicava a Constituição de 1824, deveria ser composta por três pessoas. O período pode ser dividido em quatro momentos:

1. Regência Trina Provisória (1831), que durou dois meses, enquanto eram organizadas eleições;
2. Regência Trina Permanente (1831-1835);
3. Regência Una de Feijó (1835-1838); e
4. Regência Una de Araújo Lima (1838-1840).

Nesse período, três partidos disputaram a cena política: (1) **dos restauradores** ou **caramurus**, que desejavam a volta de D. Pedro I ao Brasil e era composto de comerciantes portugueses, altos funcionários públicos e alguns oficiais; (2) **dos moderados** ou **chimangos**, que desejavam a manutenção da ordem e dos privilégios, defendiam uma monarquia constitucional e eram representados por proprietários rurais, profissionais liberais, padres e militares; e (3) **dos exaltados ou farroupilhas**, que defendiam uma maior autonomia para as provinciais, a organização de uma república e, em alguns casos, o fim da escravidão e representavam os interesses de proprietários de terra e profissionais liberais.

Observe a seguir o quadro que representa os partidos brasileiros que compunham a cena política do país durante os governos do Império. Veja que, na transição do período regencial para o II Império ou Segundo Reinado, os partidos alteraram novamente sua nomenclatura. Isso é importante para que você compreenda os agentes que atuavam no final da Regência.

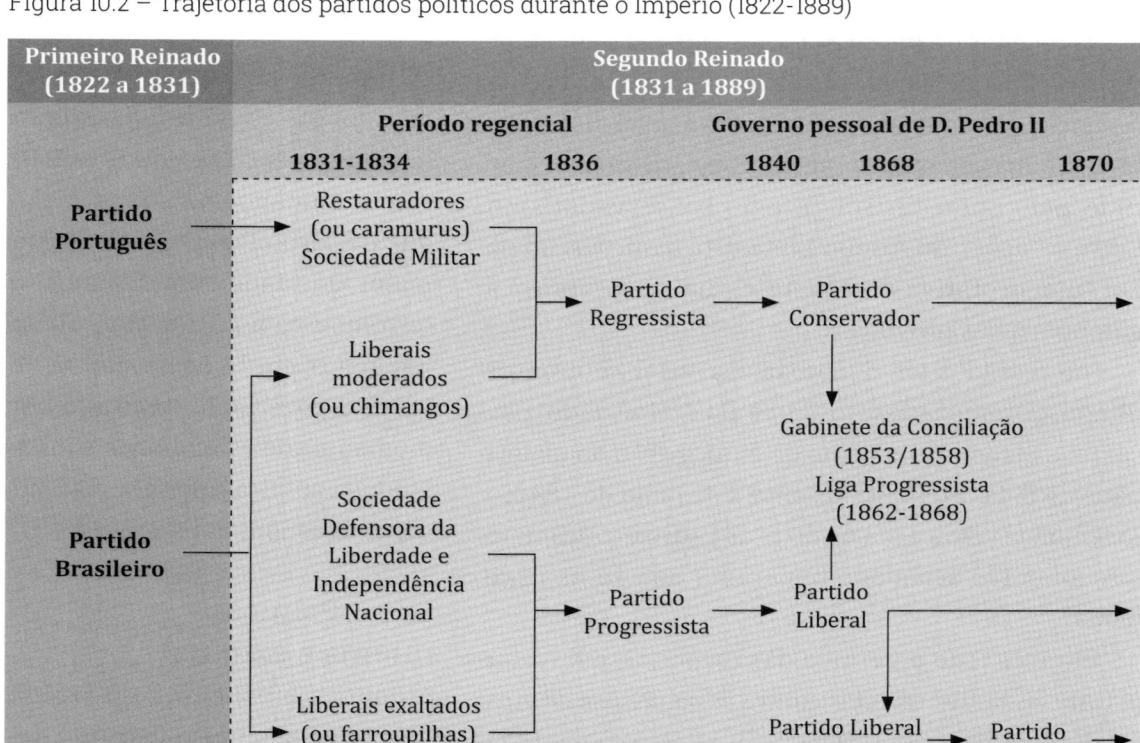

Figura 10.2 – Trajetória dos partidos políticos durante o Império (1822-1889)

Primeiro Reinado (1822 a 1831)	Segundo Reinado (1831 a 1889)				
	Período regencial		Governo pessoal de D. Pedro II		
	1831-1834	1836	1840	1868	1870
Partido Português →	Restauradores (ou caramurus) Sociedade Militar ⎫ ⎬ ⎭	Partido Regressista →	Partido Conservador ↓	→	
	Liberais moderados (ou chimangos)		Gabinete da Conciliação (1853/1858) Liga Progressista (1862-1868) ↑		
Partido Brasileiro →	Sociedade Defensora da Liberdade e Independência Nacional →	Partido Progressista →	Partido Liberal	→	
	Liberais exaltados (ou farroupilhas) Sociedade Federal		Partido Liberal Radical →	Partido Republicano →	

Em 17 de junho de 1831, foi eleita a Regência Trina Permanente, formada por José da Costa Carvalho (o Marquês de Monte Alegre), Francisco Lima e Silva e João Bráulio Muniz. O gabinete ministerial era eminentemente conservador. O Ministério da Justiça coube ao Padre Diogo Antônio Feijó, que instituiu a Guarda Nacional. Só podiam fazer parte dessa instituição homens com idade entre 21 e 60 anos e proprietários com renda anual ou superior a 200 mil réis. A Guarda Nacional transformou-se na defesa da regência contra as revoltas locais e, ao mesmo tempo, garantiu poderes de mando aos proprietários (a elite) da região. Durante esse período foi também elaborado o **Ato Adicional**, de 1834, que extinguia o Conselho de Estado, criava Assembleias nas províncias e substituía a regência trina pela regência una.

Em um contexto de desafios, como a eclosão de novas revoltas e a oposição da Câmara dos Deputados, Padre Feijó, que havia sido eleito o primeiro regente, renunciou. Novas eleições foram chamadas e foi eleito Araújo Lima como novo regente. Seu governo foi marcado pelo autoritarismo e pelo conservadorismo. Entre as ações de Araújo Lima está a aprovação da **Lei Interpretativa do Ato Adicional**, que retirava a autonomia das províncias.

Interessados em derrubar os conservadores, os liberais, organizados no Clube da Maioridade, passaram a elaborar um plano de antecipação da maioridade de D. Pedro II. Assim, em 23 de julho de 1840, a Assembleia votou a maioridade de Pedro de Alcântara, que foi então aclamado imperador aos 14 anos de idade.

Durante todo o período das regências, em várias províncias houve revoltas contra as condições de vida local e contra o poder central. Entre elas podemos citar a Revolução Farroupilha, a Sabinada, a Balaiada e a Cabanagem, além das revoltas de escravos, como a do Quilombo de Vassouras e a Revolta dos Malês. A **Balaiada** (1838-1841) e a **Cabanagem** (1835-1840) contaram com intensa participação popular, reivindicavam liberdade e uma vida melhor. A **Revolução Farroupilha** (1835-1845) teve participação e defesa, inicialmente, dos interesses de fazendeiros gaúchos. A **Sabinada** (1837-1838), por sua vez, contou com a participação de profissionais liberais, como o médico Francisco Sabino.

10.3.3 II Império

O Império foi uma das fases mais longas da política brasileira. Iniciou-se em 23 de julho de 1840, com a mudança na Constituição que declarou Pedro de Alcântara maior de idade com 14 anos, e terminou com a Proclamação da República, em 15 de novembro de 1889. O governo foi marcado por momentos de estabilidade e instabilidade política e por grandes mudanças econômicas e sociais.

10.3.3.1 Política interna e externa

A política brasileira foi marcada pela disputa entre o Partido Liberal e o Partido Conservador. Inicialmente, o primeiro gabinete que subiu ao poder com D. Pedro II, depois do Golpe da Maioridade, foi o do Partido Liberal. Entretanto, na sequência do governo, fraudes de compras de votos inauguraram as primeiras eleições, incluindo até mesmo pancadaria. Por isso as eleições ficaram conhecidas como *eleições do cacete*. E o imperador contou com um gabinete ora composto de conservadores, ora de liberais.

Houve um período de estabilidade na política ministerial, introduzido, em parte, pela experiência do parlamentarismo às avessas. Diferentemente do modelo adotado pelos ingleses, a indicação do presidente do Conselho de Ministros (primeiro-ministro) era feita por D. Pedro II. Por sua vez, o presidente escolhia os demais componentes do gabinete. Se o ministério fosse aprovado pela Câmara, passava a exercer o Poder Executivo. Caso contrário, D. Pedro II dissolvia a Câmara e chamava novas eleições. No fundo, como era dito na época, pouco importava se quem estivesse no poder fosse um liberal ou um conservador, afinal, eram poucas as suas diferenças.

Entre as revoltas enfrentadas no país podemos citar a **Revolução Praieira** (1848-1850), ocorrida em Pernambuco. Ganhou esse título porque os revoltosos, liberais, tinham seu jornal na Rua da Praia. Como principais causas da insatisfação, destacaram-se os desmandos das famílias locais que se perpetuavam no poder e exploravam vantagens – Rego-Barros e Cavalcanti – e o monopólio de portugueses sobre o comércio varejista. A revolta foi reprimida pelo Império. Mesmo assim, seus líderes foram condenados à prisão perpétua e depois anistiados.

No plano externo, o Império envolveu-se em um incidente diplomático com a Inglaterra, chamado de **Questão Christie** e em algumas questões de disputa na região platina. Contudo, o conflito mais intenso e importante foi a **Guerra do Paraguai**, tanto pelo que significou como conflito bélico quanto pelos resultados que trouxe para o Brasil. A guerra colocou de um lado os componentes da **Tríplice Aliança** (Brasil, Argentina e Uruguai) com apoio da Inglaterra e, do outro lado, o Paraguai. As motivações da participação da Tríplice Aliança foram principalmente territoriais, graças às pretensões de Solano Lopes, presidente paraguaio, de expandir o território e buscar uma saída ao mar. O Brasil não só não admitia a perda territorial, mas também temia a unidade e a formação de um Estado forte e competitivo no Prata. Os interesses ingleses estavam relacionados à venda de armamentos, aos empréstimos cedidos e à possibilidade de desestabilizar o Paraguai, que, naquele momento, crescia como nação independente do capital estrangeiro.

A importância da interferência inglesa no conflito ainda é tema de debate entre os historiadores. A Guerra do Paraguai foi objeto de estudo de um livro escrito da década de 1970, por Júlio José Chiavenato, intitulado *Genocídio americano*. Nele, o autor levava em consideração as inúmeras influências e os interesses da Inglaterra no conflito. Recentemente os historiadores tendem a diminuir as preocupações inglesas sobre o Paraguai e a se debruçar sobre os interesses britânicos referentes à venda de armamentos. Sem dúvida, a influência do capital inglês foi muito expressiva, registram alguns pesquisadores, mas as hostilidades históricas entre espanhóis e portugueses também fazem parte da composição do barril de pólvora que era a região e que alimentou, também, o início do conflito.

Mapa 10.2 – A Guerra do Paraguai

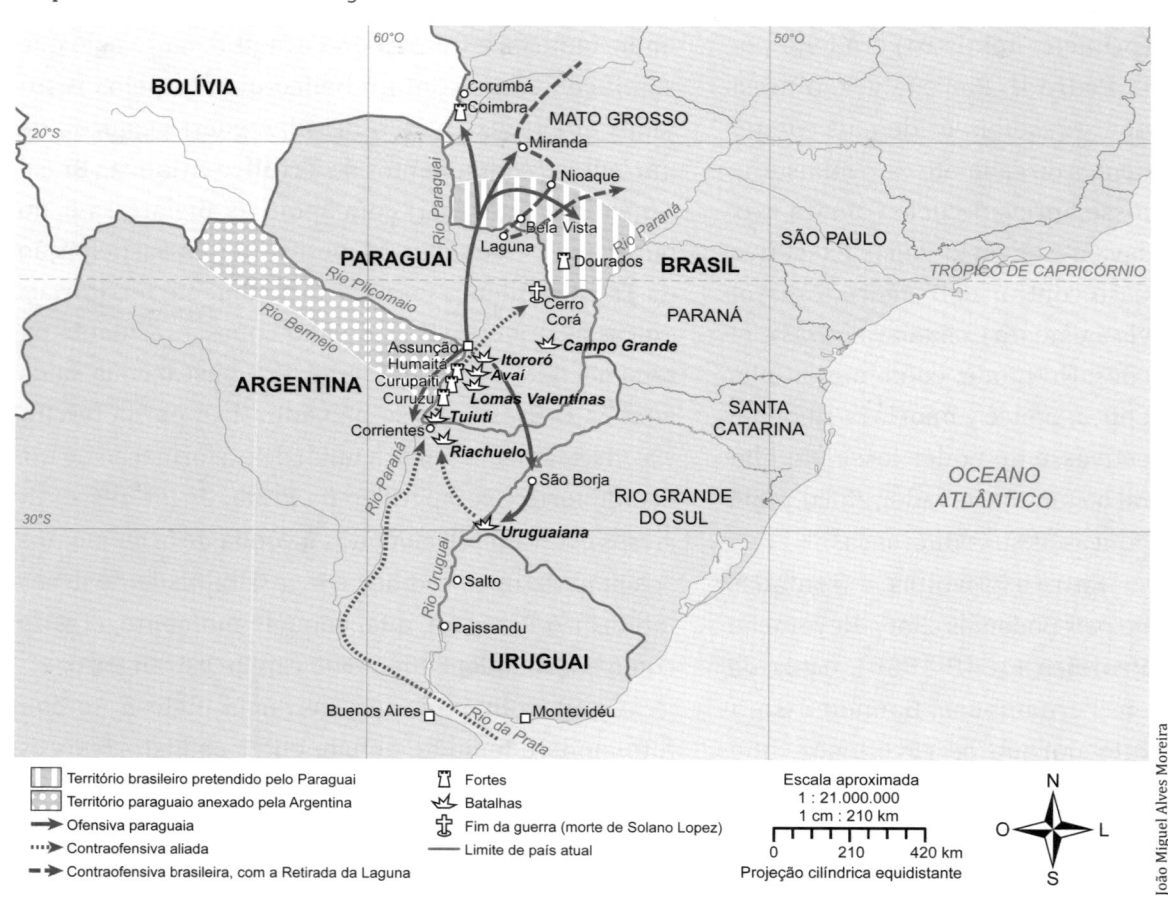

Fonte: Arruda, 2010, p. 42.

Observe, no Mapa 10.2, as pretensões territoriais do Paraguai em busca de uma saída para o mar, bem como os territórios anexados posteriormente pelo Brasil e pela Argentina.

A primeira fase da guerra, iniciada com o apresamento do navio brasileiro Marques de Olinda, é de muitas manobras e vitórias paraguaias por terra. Nos rios, no entanto, a Marinha de Guerra brasileira saía vitoriosa, sendo uma das batalhas mais famosas a do Riachuelo. Como o conflito durou mais do que o esperado, o Brasil contou com um efetivo composto da Guarda Nacional, do Exército e dos Voluntários da Pátria (nem tão voluntários assim, pois eram homens recrutados à força para servir na guerra). A segunda fase da guerra foi marcada pelas vitórias dos aliados. A partir de 1868, sob o comando do Duque de Caxias, as forças aliadas conquistaram os principais pontos no território paraguaio, em um conjunto de batalhas que ficou conhecido como **Dezembrada**. A última fase, sob a liderança do Conde D'Eu, registrou imensas atrocidades cometidas pelos soldados brasileiros contra a população civil paraguaia. Ao término do conflito, o Brasil incorporou território e aumentou sua dívida com a Inglaterra. Todavia, firmou a posição do Exército como entidade importante para o país, bem como abriu espaço para o questionamento sobre o lugar do escravo e do negro na nação, pois foi um componente significativo na guerra. O Paraguai, por sua vez, perdeu mais da metade da população masculina, perdeu territórios e ficou debilitado economicamente e com dificuldades de se equilibrar até os dias de hoje.

10.3.3.2 Economia e sociedade

Na segunda fase do século XIX, o café tornou-se um dos principais produtos da economia brasileira. Produzido inicialmente na região do Vale do Paraíba, utilizava técnicas de plantio antigas, como as queimadas, e grande escala da mão de obra negra garantida pelo intenso tráfico de escravos das décadas de 1830 e 1840. Até 1850, a produção fluminense era responsável por mais de 80% do café brasileiro. Depois de 1870, com o esgotamento do solo e o fim do tráfico negreiro, essa região entrou em decadência e foi substituída pelo Oeste Paulista, que já produzia café desde 1840. Na província de São Paulo, implantaram-se novas técnicas de produção, desenvolveram-se mecanismos de transporte e passou a ser utilizada a mão de obra assalariada de imigrantes em substituição à mão de obra negra. O fim do tráfico exigiu o comércio interprovincial de cativos e, por fim, para garantir a lucratividade, os escravos negros conviveram com trabalhadores europeus que foram gradativamente introduzidos no

Brasil. O crescimento da cafeicultura no país tinha relação direta com o fato de a bebida ter se tornando moda na Europa e nos Estados Unidos. Além disso, a produção exigia menos investimentos que a da cana-de-açúcar e o produto tinha maior durabilidade.

Em 1844, o Brasil criou a Tarifa Alves Branco, que aumentava os impostos sobre os produtos importados e retirava os privilégios ingleses, adquiridos nos tratados de 1810. Isso favorecia a produção interna brasileira e, ao mesmo tempo, incentivava cafeicultores a investir em outros setores, como a indústria. Contudo, a Inglaterra respondeu à tarifa negativamente: em represália, impôs a Bill Aberdeen (1845) que proibia o tráfico de escravos pelo Atlântico. Sem saída, o governo brasileiro criou a Lei Eusébio de Queirós (1850), que colocou fim ao tráfico de escravos.

É bom deixar claro que, nesse momento, os interesses ingleses para defender o fim da escravidão eram muitos; entre eles estava o desejo de um mercado consumidor maior para seus produtos industrializados e, para isso, era preciso de mão de obra assalariada. Outro motivo era a intensa ocupação da África em uma política imperialista que já mostrava seus contornos; portanto, admitir a retirada de "negros escravos" do continente seria negativo para seus interesses.

Assim, diante desse momento de crescimento econômico, do fim do tráfico de escravos e das dificuldades de importação, o Brasil viu acontecer investimentos em indústrias de cerveja, de chapéus, de tecidos, entre outras. O Barão de Mauá foi um dos principais investidores. Tinha uma fundição e um estaleiro em Ponta de Areia (1846, Rio de Janeiro), criou a Companhia de Iluminação e Gás do Rio de Janeiro, fez a primeira estrada de ferro do Brasil, além de bancos, navios, paquetes etc.

O fim do tráfico favoreceu a vinda de imigrantes para trabalhar nas fazendas de café ou como colonos nas pequenas propriedades no Sul do Brasil. Nas fazendas de café, primeiramente, vieram os imigrantes sob o sistema de parceria (cuidavam de determinado número de pés de café e, em troca, dividiam com o dono o lucro obtido com a venda do produto). O colono deveria repor o preço da passagem paga para a vinda desses trabalhadores. Houve muitas queixas de exploração, e o sistema perdurou nas décadas de 1840-1850, tendo sido substituído, nas décadas de 1870 e 1880, pela migração subvencionada pelo Estado. A mão de obra era livre e assalariada, mas os trabalhadores eram, geralmente, muito explorados. No Sul, inicialmente deveriam receber terras e subsídios, mas essa não foi a realidade da maioria dos colonos. A propaganda de um paraíso, de clima favorável e de terras sobrando, era muito mais enganosa do que verdadeira. Os colonos do Sul serviram para marcar território e ocupar o vazio demográfico da região. Os grandes proprietários, para dificultar a vida dos imigrantes, criaram, em 1850, a **Lei de Terras**, que proibia o acesso à terra por ocupação ou doação.

Figura 10.3 – Imigrantes nas fazendas de café no interior de São Paulo

Figura 10.4 – Colonização alemã no sul do Brasil

Um dos pontos do processo de imigração bastante discutido foi a desvalorização do trabalho do negro liberto e do mestiço. A política adotada pelo governo desfavorecia a população local. Além disso, havia nessa política o desejo do branqueamento da população brasileira. Nessa época, defendia-se a ideia de "raças inferiores" e "raças superiores", conforme já estudamos quando tratamos do imperialismo. Essa mesma concepção era defendida no Brasil. Para o país crescer e civilizar-se, era preciso aumentar o número de brancos.

A partir de meados do século XIX, intensificou-se o movimento abolicionista. Algumas leis conquistadas foram:

- Lei Eusébio de Queirós (1850), que extinguiu oficialmente o tráfico de escravos no Brasil.
- Lei do Ventre Livre (1871), que tornou livre os filhos de escravos nascidos após a promulgação da lei, mas estes deveriam ficar trabalhando até os 21 anos para o proprietário a fim de pagar sua liberdade ou ser entregues ao governo.

- Lei dos Sexagenários (1885), que dava liberdade aos escravos ao completarem 60 anos de idade, na prática, beneficiando o proprietário, que podia "se ver livre" dos gastos com um "escravo velho".
- Lei Áurea (1888), que foi assinada pela Princesa Isabel e aboliu a escravidão no Brasil.

A Lei Áurea garantiu o fim da escravidão no Brasil. No entanto, não ofertou às pessoas livres acesso mínimo às terras e às propriedades. Grande parcela transformou-se em mão de obra barata e desqualificada. A população negra passou a viver em cortiços ou nos arrabaldes das cidades.

Fim do Império

O Império Brasileiro estava sustentado sobre um tripé que foi mostrando, com o passar do tempo, suas fragilidades. Compunham essa tríade os grandes proprietários de terras e escravos, a Igreja e o Exército.

Em um primeiro momento, houve um desentendimento fatal entre a Igreja e o Estado, conhecida como **Questão religiosa (1872-1875)**. Por apoiar a maçonaria e ir contra as decisões papais, D. Pedro abriu uma cisão com setores importantes do clero. O papa havia encaminhado uma bula chamada *Syllabus*, que condenava a maçonaria. Descontente, o Imperador usou o beneplácito, norma brasileira que permitia que ele aceitasse ou não as bulas do papa. Os bispos de Olinda e do Pará acataram à risca as decisões do papa. D. Pedro II mandou prender os bispos. Estava estabelecido o descontentamento e o desgaste de uma das partes do tripé.

Outra causa foram as **Questões militares (1884-1886)**. Depois da Guerra do Paraguai, o exército desejava alcançar maior reconhecimento político no Império, e D. Pedro II mantinha velhas estruturas de favorecimento. Além disso, setores do Exército reclamavam dos baixos salários e dos índices de corrupção e desvio de verbas, incidentes que foram cruciais no desentendimento entre o governo e a instituição.

Setores do Exército, cafeicultores paulistas e profissionais liberais se organizaram e, apesar de terem interesses distintos, fundaram, em 1870, na cidade de Itu (SP), o Partido Republicano Paulista. Definitivamente uma oposição que marcava fortemente o desagrado com forma de governo Imperial.

Finalmente, o descontentamento dos fazendeiros do Nordeste e do Rio de Janeiro com fim da escravidão ameaçava ruir as estruturas do governo. Ainda, os fazendeiros paulistas, que não dependiam da mão de obra escrava, reclamavam por maior participação nas decisões de governo e por mais modernidade do país.

Sentindo-se ameaçado, o Império mostrou seu último suspiro no Baile da Ilha Fiscal, onde estariam as principais forças políticas brasileiras. No entanto, isso não foi suficiente para assegurar a manutenção do Império e, muito menos, a tentativa de mudança do gabinete ministerial. A República foi proclamada em 15 de novembro de 1889, no Rio de Janeiro, encabeçada por setores positivistas do Exército.

Entre aspas

Era o sábado 9 de novembro de 1889, e o Rio de Janeiro, então capital do Brasil, parou. [...] O imperador Dom Pedro II e a imperatriz Tereza Cristina mal sabiam que se preparavam para o último banquete. Uma festa que seria memorável não só pelas 12 mil garrafas de vinho, licores e cervejas, 200 caixas do mais autêntico champanhe francês, 500 pratos de doces, mil peças de caças e milhares de sorvetes servidos. O jantar acabou sendo o último do qual Pedro II participou e reuniu toda a elite da monarquia brasileira.

O baile na Ilha Fiscal homenageava o Almirante Cochrane, do Chile, que estava de passagem pelo país. Para muitos, foi um ato político para demonstrar o poder do governo frente aos constantes ataques republicanos. A festa teria custado 250 réis aos cofres públicos, o que hoje em dia corresponderia a alguns milhões de reais. [...] Não se sabe ao certo quantas pessoas foram convidadas, mas a impressão era que todos os 500 mil moradores da capital estavam ali. Barcos e lanchas carregados de lanternas cruzavam de um lado para o outro na Baía de Guanabara. A comitiva imperial desembarcou na ilha por volta das 22h.

Fonte: Há 220 anos..., 2009.

Luz, câmera, reflexão

CARLOTA Joaquina: princesa do Brasil. Direção: Carla Camurati. Brasil: Europa Filmes, 1995. 100 min.

ANAHY de las misiones. Direção: Sérgio Silva. Brasil: Programadora Brasil, 1996. 134 min.

O TEMPO e o vento. Direção: Jayme Monjardim. Brasil: Globo Filmes, 2012. 115 min.

MAUÁ: o imperador e o rei. Direção: Sérgio Rezende. Brasil: Europa Filmes, 2001. 138 min.

Atividades

1) A prática da escravidão já existia no continente africano mesmo antes da chegada dos europeus, entre os séculos XV e XVI. Qual foi a diferença que passou a vigorar sobre essa prática e como isso

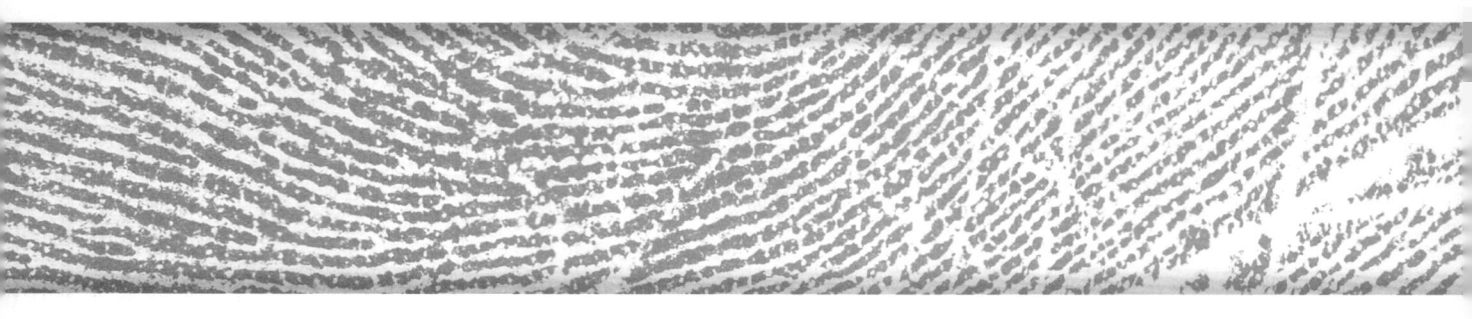

desarticulou as forças produtivas no continente?

2) Leia os fragmentos a seguir e responda às questões propostas.

> *Seguiu-se uma série de modificações introduzidas pelos comerciantes vindos sobretudo da Inglaterra e da França, após a abertura dos portos. No centro da cidade, na rua do Ouvidor, instalaram-se inúmeras lojas cheias de artigos europeus e orientais, dos mais finos. Surgiram livrarias, perfumarias, tabacarias, lojas de calçados, oficinas de costureiras e de modistas, salões de barbeiros e cabeleireiros. Tudo isso foi modificado, aos poucos, gostos, hábitos e costumes da população, introduzindo na cidade noções de conforto desconhecidas até então.* (Hollanda, 1980, p. 148-150).

> *As ruas estão, em geral, repletas de mercadorias inglesas. A cada porta as palavras "Superfino de Londres" saltam aos olhos: algodão estampado, panos largos, louça de barro, mas, acima de tudo, ferragens de Birmingham, podem-se obter um pouco mais caro do que em nossa terra nas lojas do Brasil.* (Graham, 1990, p. 230)

a) O que foi a abertura dos portos? Quem saiu beneficiado e por quê?
b) Como o fim do Pacto Colonial está relacionado com a Proclamação da Independência?
c) Por que os produtos ingleses estavam tão presentes nos mercados brasileiros depois da chegada da família real portuguesa?

3) Leia o trecho a seguir e aponte as principais diferenças existentes entre esse anteprojeto (Constituição da Mandioca) e a Constituição Outorgada de 1824. Considere o voto e o poder do imperador.

> *Além de incentivar a aversão ao português num momento em que algumas Províncias como Bahia, Pará e Cisplatina não haviam aderido à nova ordem de independência e sujeitas a recolonização, o anteprojeto excluía a participação popular uma vez que a eleição deveria ser em dois graus e os candidatos a deputados e senadores deveriam ter uma renda, não medida em dinheiro, mas sim com base no preço da mandioca, que era a mercadoria de maior consumo.* (Vieira do Rosário, 1986)

4) Por que é possível afirmar que o período regencial (1831-1840) é um momento de grande instabilidade na política nacional?

5) Comente os motivos que atraíram centenas de imigrantes europeus para o Brasil na segunda metade do século XIX e as formas de trabalho e moradia vivenciados por eles.

capítulo onze

História do Brasil: da Proclamação da República à Era Vargas

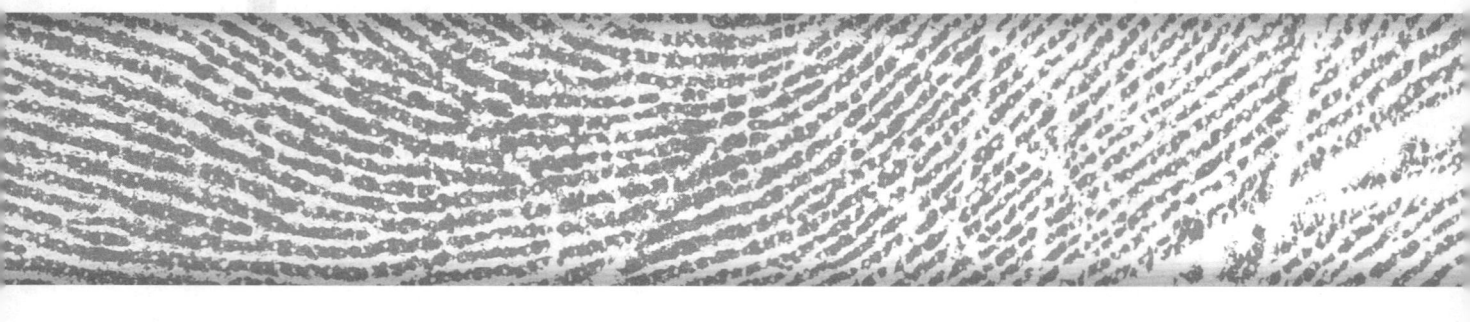

Além do *smartphone*, do computador e da televisão, quais são os meios de comunicação que você mais utiliza em seu cotidiano?

No final do século XIX, surgiu a radiodifusão. No século XX, esse novo meio de comunicação passaria a fazer enorme sucesso. O Brasil dos anos de 1930 a 1950 experimentou uma verdadeira revolução com o uso do rádio, foi a famosa *Era do Rádio*. As pessoas passaram a poder ouvir o presidente falando, as grandes canções tocando na sua sala, as informações do mundo em guerra, tudo muito de perto.

Figura 11.1 – Carmen Miranda, no cinema e no rádio, o ícone nacional

Figura 11.2 – A Era do Rádio – chega o rádio na casa das famílias

Figura 11.3 – O rádio foi o grande meio de comunicação de Getúlio Vargas

Veja, nas imagens, Carmem Miranda, cujo sucesso em grande parte foi conquistado pela difusão de sua música pelo rádio, o Presidente Vargas discursando para a rádio e as famílias reunidas escutando o noticiário.

Neste capítulo, conheceremos o Brasil da primeira metade do século XX, a República Velha e o Governo Vargas.

11.1 Primeira República: governos e conflitos

A República Velha corresponde ao período de 1889 a 1930 e pode ser dividida em dois momentos: a República da Espada ou Militar e a República Oligárquica ou Café com Leite.

11.1.1 República Militar ou da Espada

O primeiro presidente que assumiu o Brasil ainda de forma provisória foi o Marechal Deodoro da Fonseca, que foi responsável por organizar os primeiros passos da nova República. Lembre-se que, embora vários setores tenham pressionado para que acontecesse o processo republicano, seus interesses eram divergentes e isso acarretou os primeiros choques na nova forma de governo. Por exemplo, os setores mais conservadores do Exército, de caráter positivista, defendiam uma ditadura republicana e não viam a necessidade de uma imediata eleição. No entanto, apesar da instabilidade, foi convocada uma Assembleia Constituinte para organizar a nova Constituição do Brasil, de 1891, e definir as eleições para Presidência.

A Constituição definia o Brasil como uma República Federativa, com sistema presidencialista e regime representativo. O presidente seria eleito por 4 anos e os eleitores deveriam ser homens, maiores de 21 anos e alfabetizados. O poder ficou distribuído em Legislativo, Executivo e Judiciário. Houve, ainda, a separação da Igreja e do Estado.

Eleito para um mandato de mais 4 anos, Deodoro enfrentou dificuldades no Congresso. Em grande parte, isso aconteceu pela política malsucedida do Encilhamento, em que Rui Barbosa, ministro da área econômica, criou uma política de incentivo à industrialização com a emissão de papel-moeda. O resultado foi o descontrole do crédito e o aumento inflacionário. A corrida das pessoas para vender suas ações na Bolsa lembrava as cenas de corrida no jóquei, por isso o nome *Encilhamento*.

Assim, pressionado, Deodoro deixou a presidência. Depois de

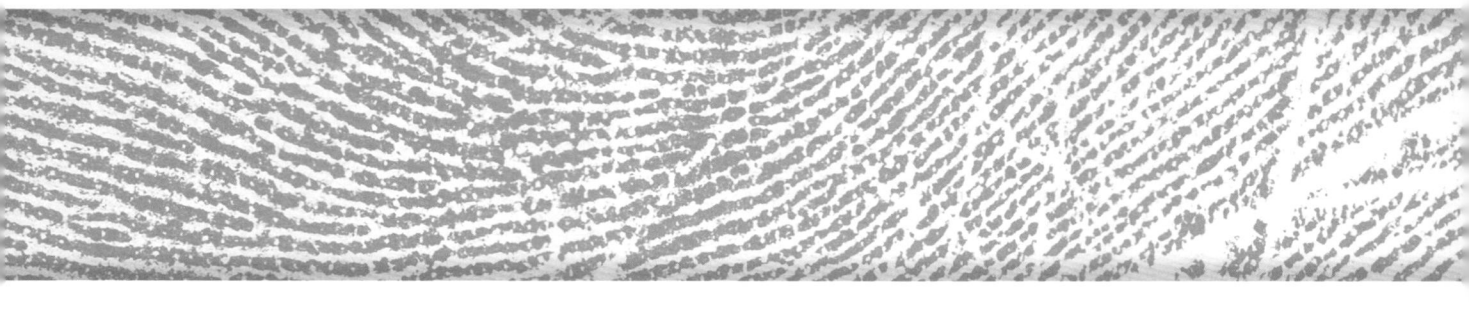

intensivo embate sobre a possibilidade legal de assumir a presidência em tão pouco tempo entre a eleição e a renúncia do então presidente Deodoro, o vice Floriano Peixoto tomou o poder e teve um governo conturbado, marcado por revoltas, como a Revolução Federalista (1893-1896), no Rio Grande do Sul, e a Segunda Revolta da Armada (1893-1894), no Rio de Janeiro. Ainda no Rio de Janeiro, o Presidente Floriano optou por medidas populares no intuito de conquistar o apoio da população, tais como controle do preço das carnes e dos alugueis.

11.1.2 República Oligárquica ou Café com Leite

Até 1920, cerca de 70% da população brasileira vivia no campo. Nessa sociedade essencialmente agrária, muitas pessoas dependiam dos proprietários de terra. A maioria dos trabalhadores vivia em condições de miséria, com baixos salários. Usando da boa vontade e da necessidade do povo, o proprietário de terra, o coronel[i], manipulava o voto. Os coronéis exigiam, em troca de favores, o voto para seus candidatos (prefeito, vereador, senador, deputado governador ou presidente). O voto dado sob pressão, porque muitos eram obrigados ou ficavam sob ameaça dos jagunços e capangas do coronel, foi denominado **voto de cabresto**. Além disso, havia a fraude para vencer as eleições: urnas eram violadas, documentos eram falsificados com nomes de pessoas mortas ou analfabetas, entre outros. A prática autoritária desses homens que detinham o poder local era chamada de **coronelismo**.

O poder garantido nos currais eleitorais de cada coronel espalhava-se e sustentava um aparelho maior em nível estadual. As famílias tradicionais de cada estado garantiam, com o apoio de sua base municipal, o poder que sustentaria o governo federal. Em resumo, havia uma rede de transmissão de poderes, sendo o coronel uma importante influência na cadeia de troca de favores.

Campos Sales, poderoso cafeicultor paulista e segundo presidente civil da República (1898-1902), foi um dos principais articuladores do sistema de alianças entre os estados e o governo federal, conhecida como *política dos governadores* – sistema no qual também havia a troca de favores. O presidente firmou acordo com os presidentes de estado (atuais governadores), que apoiariam os candidatos fiéis ao governo federal e, em contrapartida, este não interferiria nas eleições estaduais. Quando essa política não dava certo, os estados eram submetidos à **Comissão de Verificação de Poderes** ou **Degola**, e novas eleições eram chamadas sob a justificativa

---

[i] *O nome coronel foi mantido desde a época do Império, quando havia a Guarda Nacional e a distribuição de patentes a importantes comerciantes e grandes proprietários de terra.*

de fraude. Os cinco parlamentares que compunham a comissão garantiam aqueles que poderiam tomar posse e "degolavam" os opositores. Assim, apenas aqueles que apoiavam o Executivo podiam compor o Congresso.

Durante os mais de 30 anos da República Velha, essa foi das principais formas de articulação do poder. Além disso, as oligarquias estaduais mais poderosas controlavam a política da República Velha. Eram os estados de São Paulo, maior produtor de café, e de Minas Gerais, maior produtor de leite. Nessas primeiras décadas da República, quase todos os presidentes foram paulistas ou mineiros ou apoiados por essas oligarquias. Assim, nasceu o apelido *República Café com Leite*.

Durante a República Velha, a economia ainda continuava sob o comando do café, sendo ele um dos principais produtos exportados. Todavia, o aumento da oferta e os momentos de crise da economia europeia fizeram com que acordos e financiamentos procurassem equilibrar o preço do produto e sua valorização no mercado. Entre esses acordos estão o *Funding Loan* (1898, renegociação da dívida externa com o intuito de equilibrar a economia brasileira e o valor do café) e o Convênio de Taubaté (1906, trâmites de valorização do café como a aumento de impostos sobre novos cafezais e a imposição de um preço mínimo sobre a saca). Outros produtos que alavancaram sua produção no período foram a borracha (Amazônia) e o cacau (Bahia). Até a Crise de 1929, a indústria brasileira foi beneficiada pela falta de produtos europeus no mercado, estimulando setores da indústria nacional a se desenvolverem.

11.1.2.1 Movimentos sociais rurais e urbanos

Os movimentos rurais aconteceram por fenômenos de cunho religioso e social. A desestabilidade social e econômica de muitas comunidades no interior do Brasil motivou grupos de pessoas a seguir líderes religiosos ou milícias armadas. A concentração de terras e a seca no Nordeste, por exemplo, fizeram os beatos consagrarem-se como solução dos problemas daquela população, e esse foi o caso do movimento de Canudos, cuja liderança estava nas mãos do Beato Antônio Conselheiro. O Arraial do Belo Monte, no interior da Bahia, congregou milhares de seguidores. De outro lado, por medo e defendendo seus interesses econômicos, as autoridades locais (Igreja e latifundiários) se impuseram sobre a comunidade, e os ataques a Conselheiro, como era chamado o beato, ganharam a força graças à ajuda das tropas legalistas republicanas. A repercussão das derrotas anteriores e as denúncias de que Conselheiro pregava o retorno à Monarquia repercutiram negativamente na capital da República. O Arraial sofreu o ataque de mais duas expedições federais. A terceira, coordenada pelo Coronel Moreira César, apelidado de *Corta-cabeças* por causa da violenta repressão à Revolução Federalista, também fracassou. A quarta expedição, composta por cerca de 7 mil homens e 18 canhões e liderada pelo General Artur Oscar de Andrade Guimarães, atacou Canudos em setembro de 1897, destruindo totalmente o Arraial.

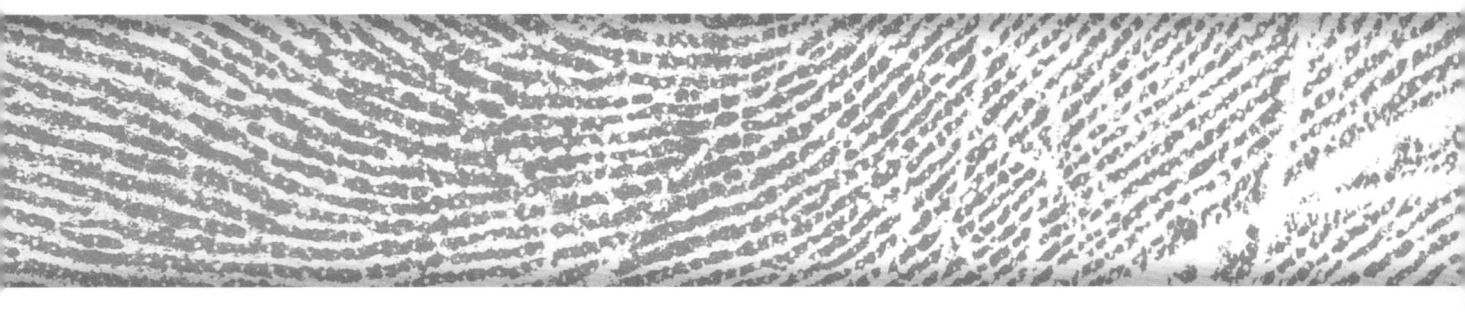

Em Juazeiro, no Ceará, a força político-religiosa do Padre Cícero Romão Batista, que tinha fama de milagreiro, conquistou centenas de seguidores. Ligado à oligarquia dos Acciolly, família que dominava o Ceará há anos, Cícero se impôs contra as decisões do governo federal em uma das "degolas" anunciadas pela política dos governadores. Liderado por Padre Cícero, um exército de fiéis ajudou a família Accioly a retornar ao controle do estado do Ceará.

No Sul do Brasil, também foi um movimento messiânico que deu origem à **Guerra do Contestado**, em 1912. O problema da terra era grave na localidade. A construção de uma ferrovia que cortaria os estados de São Paulo ao Rio Grande do Sul passaria na região que corresponde ao Contestado (entre Santa Catarina e Paraná). Acontece que, em virtude da grande especulação e da valorização das terras, tanto a empresa *Brazil Railways Company* quanto vários fazendeiros e madeireiros locais passaram a almejar e a ocupar as terras no entorno da ferrovia, expropriando antigos moradores e expulsando aqueles que chegaram na região para trabalhar na construção da ferrovia e que também desejavam permanecer. Ao fim da construção, milhares de pessoas não tinham emprego nem terra. Assim, vários líderes religiosos pregaram no lugar e organizaram revoltas populares contra a República. O mais conhecido desses monges/beatos foi José Maria. As forças da República massacraram o movimento e mais de 20 mil pessoas morreram.

Mapa 11.1 – Região do Contestado, disputada entre camponeses e latifundiários e entre os estados de Santa Catarina e do Paraná

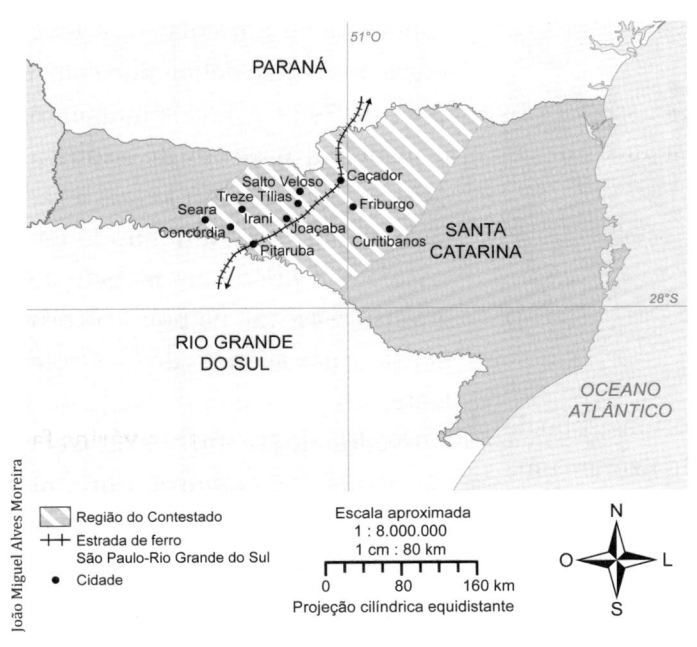

Fonte: D'Angelis, 1991.

Entre 1870 e 1940, além das manifestações religiosas ou messianismo, outras centenas de pessoas seguiram os **cangaceiros**, que surgiram nesse ambiente de miséria e eram vistos como justiceiros. Diziam roubar dos ricos para dar aos pobres. Porém, viver como cangaceiro era uma forma de sobrevivência. O mais famoso deles foi Virgulino Ferreira da Silva, o Lampião, morto em uma emboscada em 1938.

Nas cidades, principalmente no Rio de Janeiro, houve movimentos de contestação. Em 1904, a **Revolta da Vacina** tomou as ruas da cidade. É verdade que muitas pessoas estavam descontentes com a imposição da vacina proposta por Oswaldo Cruz. No entanto, as questões eram muito maiores. Rodrigues Alves (1902-1906), então presidente da República, mandou fazer, além de um projeto de higienização da capital, um plano de urbanização para a capital do Brasil, ordenando derrubar cortiços e casas na zona central da cidade. Assim, para construir a Avenida Central (atual Rio Branco), o prefeito Pereira Passos fez um verdadeiro bota-abaixo na cidade. Centenas de pessoas ficaram sem ter para onde ir e, por isso, subiram os morros. Aliado a esse descontentamento, a vacina obrigatória gerou grande insatisfação. A população mais pobre, que nem sabia ler e foi pouco informada sobre os benefícios da vacina, achou que ela pudesse ser perigosa, trazer contaminação ou causar a morte. Por isso, muitas pessoas agrediram os vacinadores e começaram a revolta.

Figura 11.4 – A figura de Oswaldo Cruz contra os rebeldes da Revolta da Vacina, em 1904

Em 1910, também no Rio de Janeiro, um grupo de marinheiros liderados por João Cândido fizeram uma insurreição contra os castigos físicos dados aos marinheiros, as chibatadas. Em novembro de 1910, vários navios ancorados na Baía de Guanabara foram tomados pelos rebeldes no movimento que ficou conhecido como **Revolta da Chibata**. Pressionado, o presidente Marechal Hermes da Fonseca (1910-1914) prometeu abolir os castigos. Dois dias depois de os revoltosos terem deposto as armas, mesmo com o acordo com o governo, foram expulsos da corporação, desterrados ou presos. Muitos morreram nas prisões.

No Rio de Janeiro e em São Paulo, foram organizadas as primeiras grandes manifestações de trabalhadores. O movimento operário brasileiro contava com uma alta participação de socialistas, comunistas e anarquistas. A primeira grande greve ocorreu em 1917, em São Paulo.

11.1.2.2 Crise da República Velha

A partir dos anos 1920, a República Velha entrou em colapso e teve seu suspiro final deflagrado com a Crise de 1929. Naquele momento, o principal produto de exportação do Brasil, o café, passava a ser caro demais para um mundo em crise. Era o fim de um modelo de governo baseado na política coronelista e nas alianças do Café com Leite.

No Rio de Janeiro (1922) e em São Paulo (1924), foram organizados os movimentos tenentistas, da baixa oficialidade do Exército (tenentes e capitães), que se mobilizavam contra o poder central das oligarquias. Os tenentes exigiam a moralização política (voto secreto, fim das fraudes, afastamento do controle oligárquico), o ensino obrigatório e, mesmo parecendo defender a democracia e o liberalismo, compactuavam com a centralização do governo, capaz de atender às necessidades do país. Consideravam-se a salvação nacional, mas, tanto no Rio quanto em São Paulo, o movimento foi abafado violentamente. Em 1924, rebelados de vários quartéis, partindo do Rio Grande do Sul rumo a São Paulo para encontrar outros tenentes, os militares gaúchos organizaram a **Coluna Prestes**. Depois de encontrar rebeldes paulistas, em Foz do Iguaçu (PR), já que o conflito havia sido perdido na capital de São Paulo, a coluna marchou pelo Brasil cerca de 25 mil quilômetros. O objetivo era juntar forças para desmontar a República Velha, debilitando o governo de Arthur Bernardes. Seu líder foi Luís Carlos Prestes, o Cavaleiro da Esperança. Depois do fracasso, seus integrantes se exilaram na Bolívia.

Com a Crise de 1929, o governo não teve mais como valorizar o café. Uma das consequências, além da crise econômica, foi o rompimento do Pacto do Café com Leite: era a vez de Minas Gerais indicar o candidato, porém, São Paulo indicou o paulista Júlio Prestes para a sucessão do Presidente Washington Luís. Em resposta, nasceu a Aliança Liberal, uma junção de forças das chamadas *oligarquias dissidentes* do Rio Grande do Sul, da Paraíba e de Minas Gerais, além do apoio de alguns tenentes da classe média urbana e de outras oligarquias dissidentes. Os candidatos para presidente e vice foram, respectivamente, o gaúcho Getúlio Vargas e o paraibano João Pessoa. Em uma eleição fraudulenta, como tantas outras, Júlio Prestes venceu, e protestos acontecem por todo o país. No meio de toda a turbulência, por motivos não políticos, João Pessoa foi assassinado. Era o que faltava para que Washington Luís fosse deposto e a presidência fosse entregue a Getúlio Vargas. As revoltas que aconteceram entre a morte de João Pessoa e a posse de Getúlio Vargas ficaram conhecidas como *Revolução de 1930*.

Entre aspas

Sobre as misérias e a resistência no interior do Brasil

Devem ser consideradas como revoltas populares e camponesas os movimentos ligados ao messianismo e ao banditismo, uma vez que os camponeses, espoliados da posse da terra e do produto do trabalho, procuram outros caminhos. Alguns, místicos, refugiam-se na religião e se organizam em comunidades sob a direção de um beato, passado a viver em função do 'Reino de Deus' que terão após a morte; outros, mais enérgicos, quando vítimas de injustiças, vingam-se de seus opressores e passam a viver como marginais, fora da lei, a roubar, a depredar e a matar. Entre os místicos, os fanáticos, podem ser destacados os movimentos de Antônio Conselheiro, com o Arraial de Canudos, e o do beato

José Lourenço, com a fazenda Caldeirão. Entre os cangaceiros, tornaram-se famosos Antônio Silvino, com a legenda de que, como um novo Robin Hood, tomava dos ricos para distribuir aos pobres, e Lampião, que teve tanto poder e força que era apelidado Rei do Cangaço ou Rei do Sertão.

Cangaceiros e fanáticos, vítimas ambos do poder econômico e político do latifúndio, foram tratados a trabuco pelos governos estaduais e federal e eliminados em nome da lei e da ordem. Lei e ordem que iriam garantir o poder dos coronéis do Sertão sobre os bens e as pessoas das áreas que dominavam. Daí serem considerados como movimentos camponeses, como movimento de reação contra a estrutura fundiária que negava o acesso à posse da terra aos que nela trabalhavam, em benefício dos que, tendo direito à terra, utilizavam como uma mercadoria, como um bem negociável.

Fonte: Andrade, 1986, p. 13-14.

11.2 Era Vargas

Getúlio Vargas assumiu o governo brasileiro em seu primeiro mandato após a Revolução de 1930. A Era Vargas teve duração de 15 anos, entre 1930 e 1945, e esse período pode ser dividido em três momentos: governo provisório, governo constitucional e Estado Novo.

11.2.1 Governo provisório e governo constitucional

Assim como no início da República, diferentes setores colocaram Deodoro no poder, nesse momento acontecia algo semelhante com Getúlio Vargas. Conciliar forças tão contraditórias – diferentes oligarquias, tenentes, classes médias urbanas e alguns setores de esquerda – não seria nada fácil. Por isso, desde o início, Vargas optou por fazer políticas que satisfizessem a massa e usou o rádio como seu melhor veículo de comunicação com o povo.

No início do governo provisório, dissolveu o Congresso Nacional e as Assembleias estaduais e colocou nos estados interventores, em sua maioria, tenentes que o haviam apoiado na Revolução de 1930, o que gerou muitas insatisfações.

O descontentamento dos paulistas, que estavam fora do jogo político nacional era grande. Além disso, havia grande desagrado com o interventor escolhido. Assim, São Paulo lançou-se em uma campanha para a elaboração de uma nova Constituição, levando as manifestações às vias de fato. Iniciou-se a **Revolução Constitucionalista de 1932**, na qual, depois de 70 dias de luta, as forças do governo foram vencedoras. Foi convocada uma Assembleia Constituinte para redigir a Constituição de 1934, a terceira do Brasil. Foram mantidas a federação, as eleições diretas e estabeleceu-se o voto secreto e o voto feminino. No que diz respeito aos direitos trabalhistas, foi criada a obrigatoriedade da jornada de trabalho de 8 horas, de férias remuneradas e do descanso semanal obrigatório, foi proibido o trabalho para menores de 14 anos, entre outros.

Naquele momento, além dos grupos que apoiavam Getúlio, havia um grupo de oposição liderado por Luís Carlos Prestes (o mesmo da Coluna Prestes). Depois de viver um tempo na Argentina e na União Soviética, agora profundo conhecedor do modelo e da teoria comunista, Prestes voltava com o sonho de fazer uma Revolução nesses moldes no Brasil. Assim, comunistas, socialistas e tenentistas de esquerda organizaram a Aliança Nacional Libertadora (ANL), a qual, em julho de 1935, Getúlio mandou fechar. Em novembro do mesmo ano, os participantes da organização fizeram um levante, a **Intentona Comunista**, com apoio dos quartéis de Natal, Recife e Rio de Janeiro, mas esse movimento também foi reprimido.

A partir de então, Getúlio passou a usar a ameaça comunista como pretexto para tomar o poder de forma ditatorial, organizou um falso plano de ataque comunista, o **Plano Cohen**, e, com essa justificativa, instaurou o Estado Novo.

É importante salientar que, nesse período do Brasil, houve uma força de extrema-direita denominada *Ação Integralista Brasileira* (AIB), cujos ideais assemelhavam-se aos partidos totalitários europeus. O chefe desse grupo fascista foi Plínio Salgado. Os integralistas adotaram um símbolo, a letra grega sigma (Σ) e o lema "Deus, pátria e família". Submetiam-se a uma rígida disciplina, vestiam uniformes com camisas verdes, desfilavam fazendo a saudação *Anauê!* (que em tupi significa "Você é meu irmão"). A AIB conseguiu conquistar o apoio e a simpatia de uma parcela de empresários; no entanto, nunca foi aceita pelo governo Varguista.

Entre parênteses

Olga Benário e Luís Carlos Prestes se conheceram na União Soviética e vieram para o Brasil com a missão de organizar um levante comunista. Inicialmente, Olga deveria proteger Prestes na trajetória e ajudar a formular, com os demais, o plano conhecido, mais tarde, como *Intentona Comunista de 1935*. A proximidade entre os dois acabou fazendo com que se apaixonassem e vivessem uma história de amor.

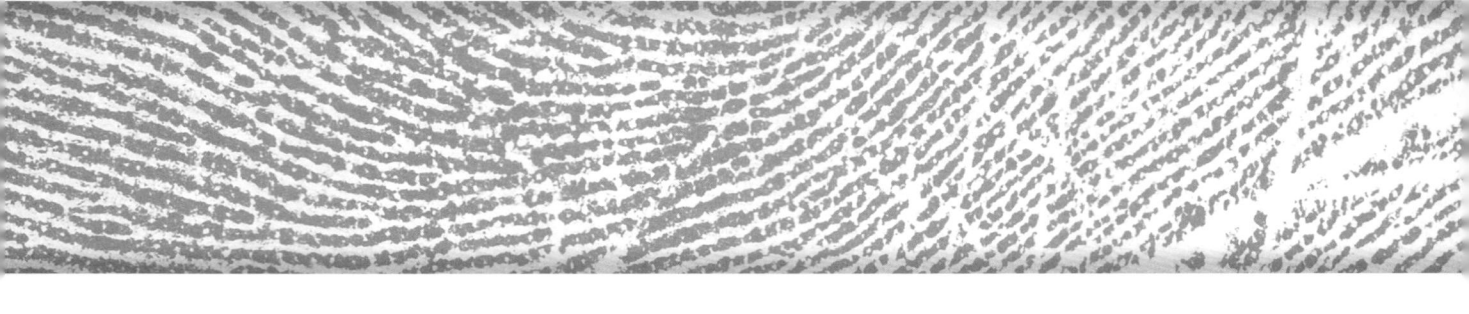

Figura 11.5 – Olga Benário e Luís Carlos Prestes

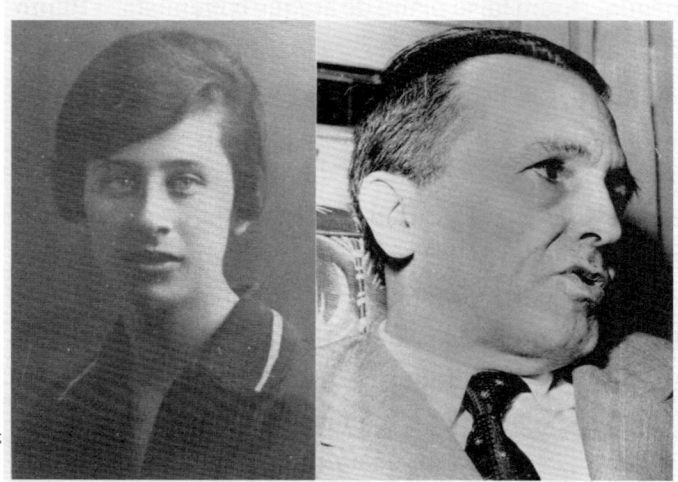

Ao serem descobertos, foram presos pela Polícia Varguista, liderada por Filinto Müller. Mesmo grávida e com todas as mobilizações nacionais pedindo sua permanência no país, Olga foi deportada para a Alemanha nazista. É importante ressaltar que Olga era alemã, judia e comunista. Entregue à Polícia Política Alemã (a Gestapo), ela foi levada para um campo de concentração, onde deu a luz à Anita Leocádia Prestes. A mãe de Luís Carlos Prestes lutou até o fim para ficar o com o bebê e pela libertação da nora. Anita foi entregue à avó graças às pressões internacionais. Olga morreu em Bernburg, campo de extermínio alemão.

11.2.2 Ditadura varguista – Estado Novo

Estado Novo foi o nome dado ao governo ditatorial de Vargas, que durou de 1937 a 1945. As eleições para presidente estavam anunciadas para janeiro de 1938, mas, alegando o falso Plano Cohen, Getúlio instaurou um golpe de Estado, em 10 de novembro de 1937, contando com o apoio de uma parcela da população anticomunista e com militares. Imediatamente, fechou o Congresso Nacional e impôs uma nova Constituição, conhecida como *Polaca* pela semelhança com as constituições totalitárias europeias.

Seu governo foi caracterizado pela perseguição aos inimigos políticos e opositores, pela censura aos meios de comunicação e pela propaganda intensa da figura do líder e do Estado. Para tanto, criou o Departamento de Imprensa e Propaganda (DIP) e intensificou a apresentação positiva de sua imagem. Difundiu a ideologia governista entre os estudantes a partir de disciplinas de moral e civismo, aulas de repertório musical nacionalista, desfiles e datas cívicas. Passou a controlar os sindicatos e aumentou a burocracia de estado; criou a Consolidação das Leis do Trabalho (CLT) e a Justiça do Trabalho, bem como implantou uma nova moeda, o cruzeiro.

A partir de 1941, as políticas de governo de Getúlio passaram a se aproximar às dos Estados Unidos. Foram feitos acordos internacionais para apoiar os Aliados. O presidente comprometeu-se em fornecer minério de ferro e borracha e liberou pontos no Nordeste para bases militares estadunidenses. Em contrapartida, os americanos financiaram grande parte da Companhia Siderúrgica Nacional (CSN) e da Companhia Vale do Rio Doce. Em 1942, os alemães reagiram à cooperação brasileira com os Aliados e passaram a torpedear, com submarinos, os navios brasileiros. Em 31 de agosto de 1942, o governo declarou guerra às potências do Eixo e enviou a Força Expedicionária Brasileira (FEB) aos campos de batalha na Itália.

Com o término da Segunda Guerra Mundial e a derrota do modelo nazifascista, o governo getulista passou a ser questionado. Assim, em fevereiro de 1945, o presidente fixou prazo para eleições presidenciais e concedeu anistia a presos políticos como Luís Carlos Prestes. Contudo, a situação se tornou insustentável com a Lei Malaia (antitruste), que previa a desapropriação de empresas ligadas ao capital estrangeiro e a indicação de Benjamin Vargas, irmão de Getúlio, para o cargo de chefe de polícia do Distrito Federal, até então ocupado por militares. Empresários e militares passaram a opor-se veementemente a Vargas. Em 30 de outubro daquele ano, o estadista gaúcho foi intimado a renunciar. A presidência passou interinamente a José Linhares, ministro do Supremo Tribunal Federal. Em 1951, Vargas retornaria à cena política, eleito pelo povo.

Entre aspas

Departamento de Imprensa e Propaganda (DIP)

O DIP foi criado por decreto presidencial em dezembro de 1939, com o objetivo de difundir a ideologia do Estado Novo junto às camadas populares. Mas sua origem remontava a um período anterior. Em 1931 foi criado o Departamento Oficial de Publicidade, e em 1934 o Departamento de Propaganda e Difusão Cultural (DPDC). Já no Estado Novo, no início de 1938, o DPDC transformou-se no Departamento Nacional de Propaganda (DNP), que finalmente deu lugar ao DIP.

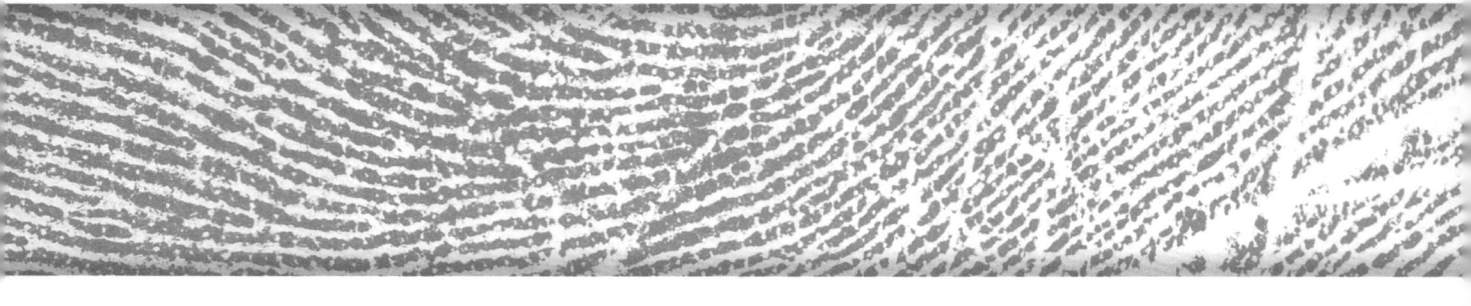

O DIP possuía os setores de divulgação, radiodifusão, teatro, cinema, turismo e imprensa. Cabia-lhe coordenar, orientar e centralizar a propaganda interna e externa, fazer censura ao teatro, cinema e funções esportivas e recreativas, organizar manifestações cívicas, festas patrióticas, exposições, concertos, conferências, e dirigir o programa de radiodifusão oficial do governo. Vários estados possuíam órgãos filiados ao DIP, os chamados "Deips". Essa estrutura altamente centralizada permitia ao governo exercer o controle da informação, assegurando-lhe o domínio da vida cultural do país.

Na imprensa, a uniformização das notícias era garantida pela Agência Nacional. O DIP as distribuía gratuitamente ou como matéria subvencionada, dificultando assim o trabalho das empresas particulares. Contando com uma equipe numerosa e altamente qualificada, a Agência Nacional praticamente monopolizava o noticiário.

Quanto ao rádio, buscou-se difundir seu uso nas escolas e nos estabelecimentos agrícolas e industriais, de modo a promover a cooperação entre a União, os estados, os municípios e particulares. O programa oficial "Hora do Brasil" era transmitido para todo o território nacional. Outra realização do DIP foi o "Cinejornal Brasileiro", série de documentários de curta metragem de exibição obrigatória antes das sessões de cinema. No "Cinejornal" fazia-se a crônica cotidiana da política nacional, recorrendo-se ao forte impacto dos recursos audiovisuais. Alguns filmes eram exportados para países como a Argentina, o Uruguai e o Paraguai.

Um dos reflexos da guerra no Brasil foi uma campanha de penetração cultural do governo norte-americano destinada a barrar a influência alemã no país. O DIP colaborou nessa campanha, que marcou a presença do Tio Sam no Brasil, apoiando e desenvolvendo projetos conjuntos com a agência norte-americana criada para esse fim. Foi nesse contexto que vieram ao Brasil artistas famosos como o cineasta Orson Welles, Walt Disney e Nelson Rockefeller. Também foi instituída no DIP uma sessão de intercâmbio cultural luso-brasileiro. Um dos frutos desse intercâmbio foi a revista Brasília, publicada pelo Instituto de Estudos Brasileiros da Universidade de Coimbra.

[...]

Fonte: FGV-CPDOC, 2018.

Entre parênteses

Zé Carioca é a personagem criada em 1942, por Walt Disney, quando esteve no Brasil. O papagaio brasileiro estaria presente no filme *Alô amigos*, um desenho que mostrava a América do Sul. No filme, Zé Carioca e Pato Donald se encontram, sambam e bebem cachaça ao som de *Aquarela do Brasil*, de Ari Barroso, e *Tico-tico no fubá*, de Zequinha de Abreu.

A aproximação fazia parte da política de boa vizinhança, que foi criada pelo governo americano e apresentada na Conferência Pan-americana, realizada em Montevidéu em 1933. Ela consistia em investimentos e venda da tecnologia dos Estados Unidos aos países latino-americanos em troca de apoio e aceitação da política estadunidense. Em grande medida, sustentou-se sob a aproximação cultural latino-americana com os norte-americanos. No caso do Brasil, o personagem Zé Carioca e a cantora Carmen Miranda são importantes representantes daquele momento.

Luz, câmera, reflexão

GUERRA de Canudos. Direção: Sérgio Rezende. Brasil: Columbia Pictures, Eletrobrás, 1997. 169 min.

GAIJIN: os caminhos da liberdade. Direção: Tizuka Yamasaki: CPC e Embrafilme, 1980. 112 min.

MEMÓRIAS do cárcere. Direção: Nelson Pereira dos Santos. Brasil: BRETZ–BACK FIVE, 1984. 187 min.

CINEMA, aspirina e urubus. Direção: Marcelo Gomes. Brasil: Imovision, 2005. 99 min.

OLGA. Direção: Jayme Monjardim. Brasil: Lumière, 2004. 141 min.

Atividades

1) Leia o texto a seguir e, depois, responda às questões propostas.

Os negros que o governo havia alforriado para que lutassem pelo país na Guerra do Paraguai e os praças que retornavam da campanha de Canudos (onde havia um lugar conhecido justamente por esse nome, Favela) tinham sido os primeiros habitantes dos barracos. Muitos outros a eles haviam se juntado.

Para o sarcástico Luís Edmundo, o Rio lembra "Tânger, Alexandria, Oran, com sua população descalça e malvestida, as suas toscas lojas de comércio". Os cariocas pensam que habitam "a mais branca, a mais linda e a mais adiantada das metrópoles do mundo, conformados, até, com o espectro da febre amarela; sem indústria, mandando buscar calçado na Inglaterra, casemiras na França e até palitos em Portugal; com um comércio todo de estrangeiros, com uma agricultura que não muda do plantio que possa fazer concorrência "às nações amigas' e uma literatura que, salvo algumas exceções, vive a copiar". Luís Edmundo não menciona os escritores que se constituem em exceções, mas certamente deveria incluir Machado de Assis e Lima Barreto entre eles.

Cidade portuária, o Rio conta com seu *bas fonds*, o reduto das prostitutas, dos malandros, dos capoeiras, dos videntes, das ciganas que anunciam a *buena dicha*. Já no Beco dos Ferreiros localizam-se várias *fumeries*, casas de ópio, como a do chinês Afonso; deitados em catres, nus da cintura para cima, os viciados aspiram a droga de cachimbos aquecidos por lamparinas de azeite.

Por toda parte, a doença. O Rio era assolado por pestilâncias: a varíola, a peste, o cólera. A febre amarela era tão frequente que as companhias de navegação europeias anunciavam viagens diretas a Buenos Aires, sem o risco de passar pelo Brasil. Doença viral que se manifesta por febre e icterícia – daí o nome –, a febre amarela era velha conhecida dos brasileiros: a primeira epidemia teria ocorrido em Recife, em 1685.

[...]

Panfletos circulavam, denunciando o "Código de Torturas", como era chamado o Regulamento Sanitário, e os "charlatães sem clínica que vivem à custa do Tesouro" – clara alusão aos sanitaristas. Enquanto isto o povo ficava sem teto, sem pão, sem água: "Sem teto, porque este lhe é derrubado pela Engenharia Sanitária; sem pão, porque este lhe é roubado por artifícios diretos ou indiretos; sem água, porque a pouca que lhe toca é despejada fora pela Legião Mata-Mosquitos".

E a oposição não partia só dos setores civis. Os positivistas tinham muitos adeptos entre os militares. Lauro Sodré, líder de grande prestígio, considerado o herdeiro do Marechal de Ferro, Floriano Peixoto, opunha-se ao governo não só por causa da vacina: achava que o Brasil estava nas mãos da oligarquia cafeeira – da qual Rodrigues Alves era representante – e que, para acabar com a dependência do café era preciso diversificar a agricultura e industrializar o país. Lauro Sodré teria o apoio de Alfredo Varela, dono de O Commercio do Brasil, jornal financiado pelos monarquistas, entre os quais o conde Afonso Celso, autor de *Por que me ufano de meu país*, obra que inspirou uma geração de "ufanistas". Os monarquistas também se opunham ao governo – por motivos óbvios.

Mas o amplo arco da oposição não estava ainda completo. O movimento operário, que então começava a se articular no Rio, declarou-se contra a vacinação obrigatória. O Centro da Classe Operária, formado, sobretudo, por marítimos e dirigido por Vicente de Souza, organizava listas de protesto contra a obrigatoriedade da vacina.

Quinze mil pessoas – incluindo algumas dezenas de militares – assinaram-nas [...].

Tudo começou no dia 10 de novembro de 1904, com uma pequena manifestação contra a vacina. Estudantes saíram às ruas, gritando lemas de protesto e entoando canções satíricas. Houve confronto com a polícia, violência, prisões. À noite, a calma voltou à cidade – mas só aparentemente; já no dia seguinte, novas manifestações, e mais violência, desta vez acompanhada de troca de tiros, a indicar que o conflito se ampliava. No dia 12 o número de pessoas na rua cresceu consideravelmente; numa grande reunião realizada no Centro das Classes Operárias, Lauro Sodré, Barbosa Lima e Vicente de Souza conclamaram o povo a resistir contra a vacina obrigatória.

Em passeata, os manifestantes dirigiram-se ao Palácio do Catete. Tiros foram disparados contra o carro do comandante da Brigada Policial, o general Piragibe. As forças policiais investiram contra os manifestantes, o Exército entrou de prontidão.

No domingo, dia 13, o movimento estava caracterizado como franca rebelião. O centro da cidade e os bairros adjacentes, Tijuca, Gamboa, Saúde, Laranjeiras, Botafogo, Rio Comprido, Catumbi, Engenho Novo, transformaram-se em campo de batalha. Havia depredação – bondes eram derrubados e incendiados, os lampiões de gás eram quebrados –, mas começavam a surgir as primeiras barricadas. De outra parte, Lauro Sodré e o general Travassos conseguiram a adesão dos cadetes da Escola Militar da Praia Vermelha, que imediatamente saíram para enfrentar as tropas governamentais, o que aconteceu na Rua da Passagem; o confuso combate, no qual Sodré e Travassos foram feridos, terminou com a fuga dos combatentes de ambos os lados.

Rodrigues Alves, que acompanhava tudo do Palácio do Catete, não quis se refugiar num navio da Marinha, como lhe sugeriam os chefes militares. Também se recusou a demitir o seu diretor de Saúde Pública; não se tratava de um funcionário comum, e, ademais, a vacina obrigatória estava apenas servindo de pretexto para a revolta contra o governo.

Oswaldo Cruz era alvo de manifestações de violenta hostilidade; vaiado, seu carro foi apedrejado, uma das pedras atingindo-o na testa. Na noite de 14 de novembro, um grupo surgiu à frente de sua casa, na Rua Voluntários da Pátria. Vários amigos e colegas estavam com ele, mas não havia proteção policial. Diante da ameaça de invasão – tiros e pedradas se sucediam –, decidiram abandonar o local, apesar da relutância de Oswaldo, que insistia em ali permanecer à disposição do governo.

Mulheres e crianças saíram com Sales Guerra e Cândido de Andrade. Oswaldo e os outros escaparam pelos fundos. No dia 15, feriado nacional, operários de fábricas do Jardim Botânico (incluindo a Corcovado, em que Oswaldo Cruz trabalhara) fizeram barricadas. Batalhões de Minas e São Paulo chegaram para reforçar as tropas federais.

Fonte: Scliar, 1996. p. 35-56.

a) Qual era a situação da capital federal às vésperas da revolta?
b) Quais os diversos motivos que levaram à Revolta da Vacina?
c) Quem era Oswaldo Cruz?

2) Quais motivações da Revolta da Vacina extrapolam a própria imposição da vacina?

3) Quem foi João Cândido e o que motivou os marinheiros a fazer a sublevação da chamada *Revolta da Chibata*?

4) Veja o esquema a seguir e descreva, com base nele, as práticas do coronelismo e a Política os Governadores.

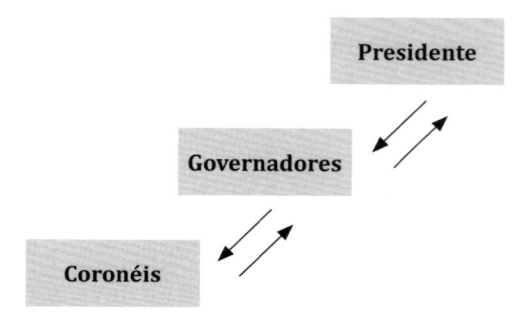

Presidente
Governadores
Coronéis

5) Leia e responda.

Era enorme o esforço desenvolvido pelas agências de propagandas e informação do regime no intuito de moldar a cabeça de Vargas de modo a que [sic] ela fosse reveladora de facetas que escapassem da esfera do homem comum. O lado humano não era negligenciado: Vargas surge sempre sorridente, jovial, confiante. Entretanto, é mais constante nessa composição o casamento de perfis derivados da excepcionalidade de sua pessoa com os perfis de homem público, desdobrados ao político capaz e reformador social. (Lenharo, 1986, p. 193)

a) Era importante para Getúlio Vargas transmitir aos brasileiros a sensação de proteção, a figura de pai. Uma das funções da DIP era promover essa imagem. Por que isso era relevante?
b) O que era a DIP e quais eram suas atribuições no Estado Novo?

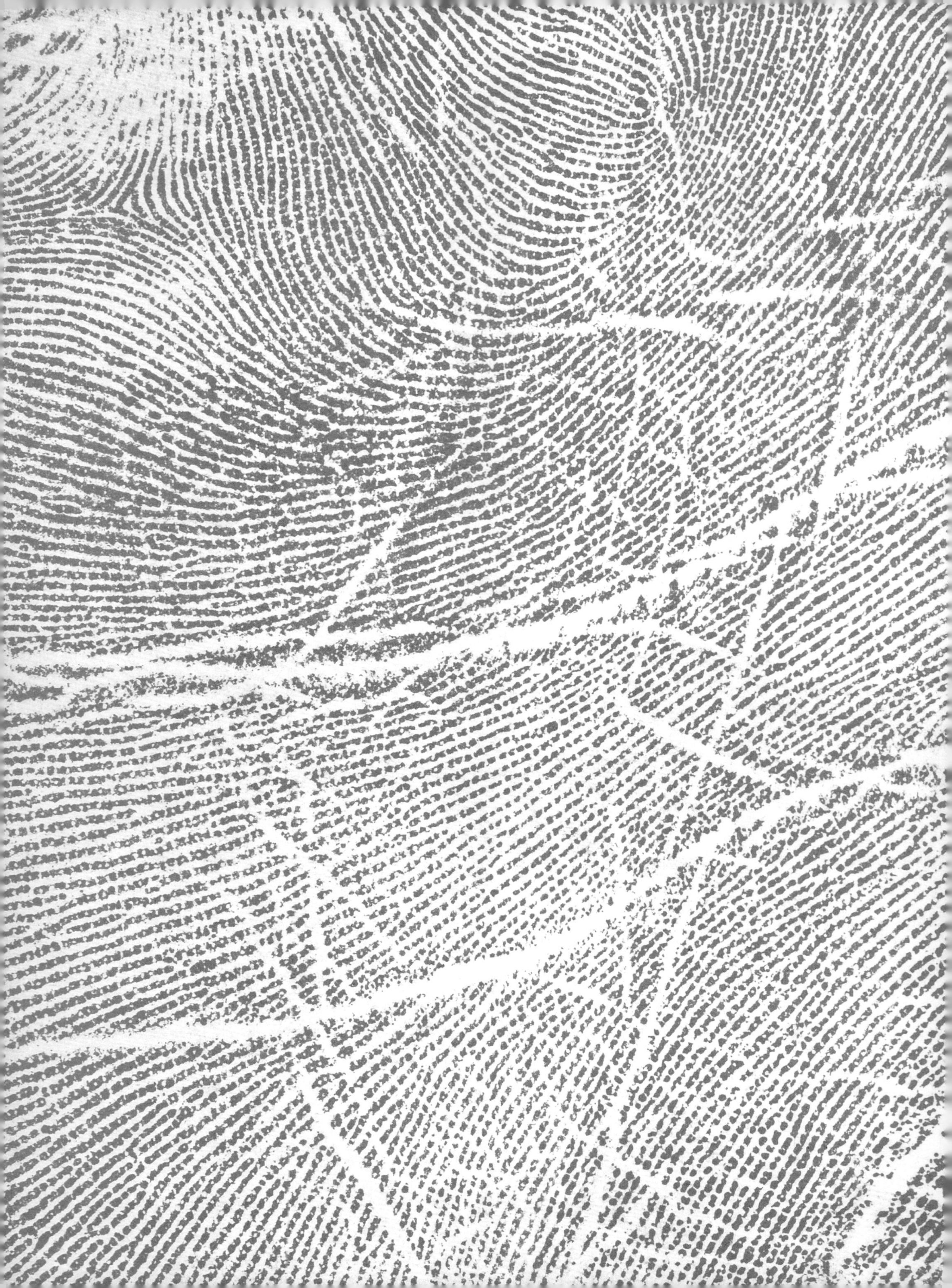

capítulo doze

Comícios, passeatas, discursos, anos de chumbo e a redemocratização na segunda metade do século XX

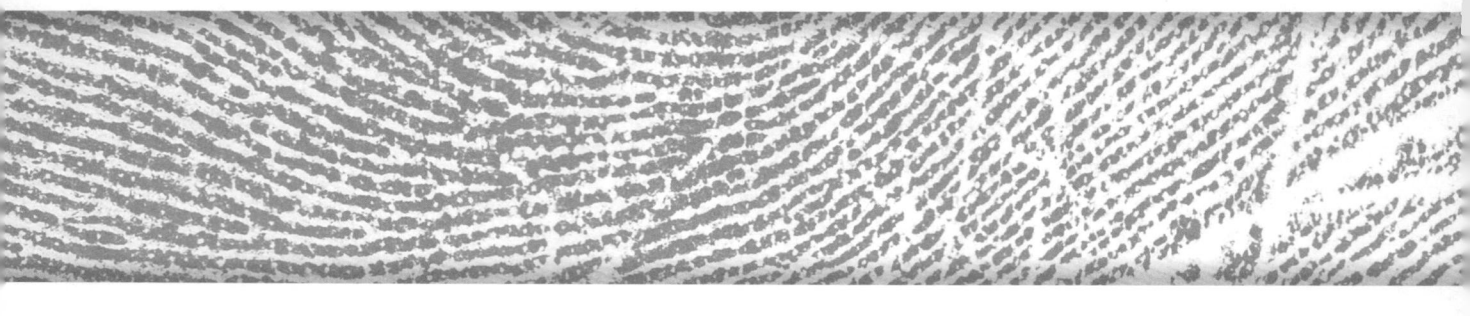

Os últimos 50 anos da história brasileira foram marcados pelas manifestações populares contra governos opressores ou corruptos.

Figura 12.1 – Marcha popular contra a ditadura militar

Figura 12.2 – Manifestação contra a ditadura militar

Figura 12.3 – Movimento pelas Diretas

Figura 12.4 Manifestações populares contra o governo Temer

As manifestações populares são legítimas e visam protestar contra alguma atitude negativa ou abusiva que fira as questões civis e nacionais. São lutas por causas de cunho político, econômico ou social. Você participou de alguma manifestação ou se lembra de alguma das que estão ilustradas nas Figuras 12.1 a 12.4?

Neste capítulo, apresentaremos os últimos 50 anos da história do Brasil, desde a ditadura imposta em 1964 aos governos atuais, destacando a participação popular nessas questões.

12.1 Governos populistas

O **populismo**, que predominou de 1946 a 1964, foi uma forma de governar adotada no Brasil pelos governos que sucederam a ditadura varguista, assim como em outros países da América Latina no mesmo período. Nesse modelo de governo, há uma grande popularidade do líder, que usa sempre uma linguagem simples para chegar ao povo e utiliza muito os meios de comunicação para se aproximar das massas. A propaganda pessoal é uma das marcas dessa forma de governo, que, mesmo sendo autoritário, garante apoio popular a seu poder político.

Depois do Movimento Queremista ("Queremos Getúlio!"), Vargas foi deposto em 1945. Em seu lugar, foi eleito Eurico Gaspar Dutra, cujo governo foi marcado pela elaboração da Constituição de 1946, a quinta constituição brasileira, e pela perseguição aos opositores políticos, principalmente de ideologia marxista. O mundo assistia à Guerra Fria e à bipolarização; era então preciso tomar partido. A política econômica foi marcada pela abertura ao mercado internacional e pelo corte de gastos públicos (política liberal e descentralizadora).

Nas eleições de 1950, a disputa pela presidência tomou conta do país e havia mobilizações em todas as capitais. A União Democrática Nacional (UDN), partido de direita, voltou a lançar o Brigadeiro Eduardo Gomes; o Partido Democrático Social (PDS) apresentou Cristiano Machado; e o Partido Trabalhista Brasileiro/Partido Social Progressiata (PTB/PSP) lançou Getúlio Vargas.

De volta ao poder, em 1951, "nos braços do povo" como costumava dizer, Getúlio teve um governo bastante conturbado. Diversas forças políticas de oposição passaram a pressioná-lo em razão de duas tendências bem claras da política e da economia brasileiras: de um lado, aqueles que defendiam, como condição para o progresso, a abertura do país ao capital estrangeiro, liderados por Carlos Lacerda, eram chamados de *entreguistas*; de outro lado, os nacionalistas, liderados por Getúlio Vargas, defendiam a intervenção do Estado na economia e a limitada entrada do capital estrangeiro. Essa visão de Getúlio o levou a lançar a campanha "O petróleo é nosso", que culminou com a criação da Petrobrás em 1953. Getúlio, como bom populista, tentou manter uma proximidade com os trabalhadores, fosse em comícios, pela rádio ou pelas propagandas no cinema. O aumento de 100% sobre o salário mínimo foi a gota d'agua para os empresários.

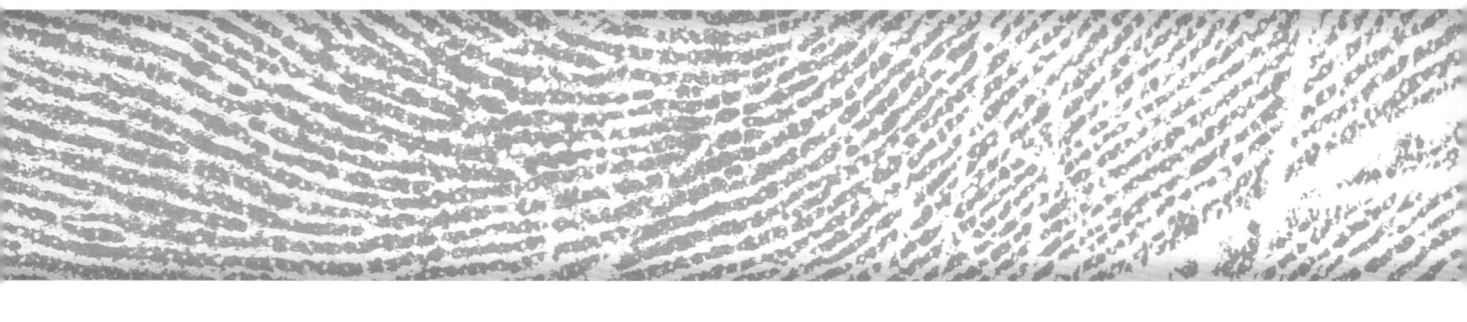

Nesse mesmo tempo, Carlos Lacerda, o líder da UDN, sofreu um atentado na Rua Toneleros, em Copacabana, no Rio de Janeiro, e seu segurança, o Major Rubens Vaz, foi morto. Imediatamente, as Forças Armadas passam a pressionar Getúlio e a exigir providências. Em poucos dias, o Inquérito Policial Militar (IPM) concluiu que Gregório Fortunato, o chefe de segurança de Getúlio, estava envolvido no atentado. Assim, após esse episódio, Lacerda passou a usar os meios de comunicação para difamar Getúlio e defender um golpe militar (Delphino, 2010).

Figura 12.5 – Atentado na rua Tonelero, Carlos Lacerda sendo carregado

Em 24 de agosto de 1954, em meio a esse cenário tumultuado, Getúlio Vargas se suicidou, deixando à nação sua famosa carta testamentária, na qual ele afirma "Saio da vida para entrar na história". Encerrava-se ali a Era Vargas. Café Filho assumiu a presidência até novas eleições presidenciais.

O governo de Juscelino Kubitschek (JK) foi marcado pelo diálogo com o Congresso, pelo fim da censura à imprensa e do estado de sítio. JK organizou o famoso Plano de Metas, que procurava atingir cinco áreas favoráveis ao desenvolvimento: energia, transporte, indústria, alimentação e educação. Cada uma dessas áreas tinha várias metas, entre elas a integração nacional vinculada por meio da construção da nova capital: Brasília. O lema de JK era "Cinquenta anos em cinco" e uma das características de seu projeto de governo foi o **desenvolvimentismo**, no qual, diferentemente do nacionalismo getulista, o Estado deveria associar-se ao capital privado (nacional e estrangeiro) e promover a industrialização.

Atraídas por inúmeras facilidades, algumas grandes montadoras multinacionais fizeram seus investimentos no Brasil, foram elas: Ford, Volkswagen, Willys e General Motors, que se instalaram no Sudeste brasileiro, especialmente no ABC Paulista.

No entanto, mesmo com todos os avanços na área da industrialização e o aumento de investimentos do capital estrangeiro, o governo JK teve alguns fracassos, como alta inflação e distribuição desigual da riqueza e da terra. A modernização do país não chegou para todos. Apesar disso, na onda do novo ritmo musical do momento, JK ficou conhecido, por seu carisma e seu sorriso, como "o presidente bossa nova".

Entre aspas

A festa e a ressaca de Juscelino
[...]
50 anos em 5
Juscelino gostava de cultivar a lenda de que o Plano de Metas tinha sido elaborado por ele próprio na banheira da casa de um dos cunhados, Júlio Campos. Na verdade, o documento foi preparado pelos técnicos do Banco Nacional de Desenvolvimento Econômico, o BNDE, atual BNDES. Gente ligada à UDN, como o engenheiro Lucas Lopes e o economista Roberto Campos. A receita era, em resumo, a seguinte: o país deveria deixar de ser um exportador de matéria-prima para o mundo civilizado e desenvolver, aqui dentro, um poderoso parque industrial.

O plano tinha um aliado externo. Nos anos do pós-guerra, a economia mundial crescia como nunca, principalmente a norte-americana. Além disso, em meio à Guerra Fria, o governo americano via nos investimentos no Brasil, maior e mais populoso país latino-americano, uma forma de deter a "ameaça comunista". De olho nos dólares, Juscelino voou para os Estados Unidos antes mesmo da posse e lá foi recebido pelo presidente Eisenhower. Depois foi à Alemanha, Inglaterra, França e Itália.

Na época em que o país era apresentado à escada rolante e inventava a bossa nova, as empresas estrangeiras recebiam incentivos maciços para se instalar no Brasil. Indústrias automobilísticas como as alemãs Volkswagen e DKW chegaram e ajudaram a mudar de vez o cenário das ruas locais. Uma trouxe o popularíssimo "Fusca", que virou instituição nacional, a outra lançou um dos símbolos da época: o simpático e barulhento "Decavê", apelido inspirado na sigla da montadora, Dampf Kraft Wagen, impronunciável para os brasileiros.

Entre 1955 e 1961, 2 bilhões de dólares entraram no país. Com o tempo, o impacto desses investimentos se transformou em razões concretas para o otimismo ostensivo que tomou conta do Brasil. Fusquinhas, jipes e Kombis, fabricados em série pela primeira vez no país, fizeram a classe média trocar o bonde pelo carro próprio e, grande novidade, construir casas com garagens no jardim. Da porta para dentro, um arsenal eletrônico mudava para sempre a rotina dos lares: liquidificadores, vitrolas, geladeiras, enceradeiras, espremedores de frutas e, principalmente, televisores.

Fonte: Miranda; Neto, 2017.

Entre parênteses

Brasília é tão singular que até merece um destaque maior neste capítulo só para constatarmos a genialidade do plano piloto arquitetado por Lúcio Costa. Observe o formato do avião, as asas sul e norte, os diferentes setores, na cabeça do avião a Esplanada dos Ministérios, o Congresso e o Palácio do Planalto. Ao fundo, está o Lago Paranoá, criado artificialmente com o desvio do curso do Rio Paranoá a fim de garantir melhor qualidade de vida em uma região com baixa umidade do ar.

Figura 12.6 – Brasília – Plano Piloto

Grafissimo/Getty Images

Lúcio Costa apenas enviou um anteprojeto, simples em apresentação, alegando que não tinha pretensão de concorrer e se desculpando por não ser tão detalhista. [...]. O urbanista foi responsável pelo planejamento da capital e escolheu Oscar Niemeyer pelos projetos dos prédios e Burle Marx pelos jardins e terraços.

[...] Vista do alto, Brasília ainda se assemelha à sua planta, em baixo relevo. Com as superquadras, a intenção de Lúcio Costa era criar bairros que favorecessem os laços locais. [...]. Entre as quadras, a única divisão seria uma área verde, sem cercas, com reserva de área para pequenos comércios locais [...].

[...] O modelo das superquadras acabou sendo posto de lado na continuidade na urbanização e surgiram cidades-satélites, boa parte delas desordenadas. Brasília se tornou Patrimônio Mundial da UNESCO em 1987. (CAU/BR, 2018)

Jânio Quadros foi eleito em 1961, era político filiado ao pequeno Partido Democrata Cristão (PDC), que acabou emplacando graças à campanha fora do padrão e ao apoio da UDN. Ao som de "Varre, varre, varre, vassourinha", Jânio foi eleito o novo presidente do país, sendo o primeiro a tomar posse na nova capital, Brasília, inaugurada em 1960. Prometendo varrer a corrupção, promoveu um governo autoritário, adotando a "política dos bilhetinhos" (pequenos pedaços de papel que entregava com ordens aos ministros e funcionários). Em seu rápido governo, proibiu as brigas de galo, o funcionamento dos jóqueis clubes em dias úteis e o uso de biquínis na praia. No plano econômico, suas medidas conservadoras agradaram aos setores empresariais: desvalorização da moeda, eliminação dos subsídios para importação do trigo e do petróleo e redução dos gastos públicos. Contudo, sem apoio ou base política e pertencendo a um partido inexpressivo, Jânio renunciou, achando que seria ovacionado pelo povo; não aconteceu. Seu pretenso golpe político, como acreditam alguns historiadores, não deu certo.

Depois, João Goulart, conhecido como *Jango*, ex-ministro de Getúlio Vargas e vice-presidente de Jânio, assumiu a presidência[i]. Portanto, João Goulart havia sido eleito pelo PTB, e Jânio, pela aliança PDC/UDN. Contrários à posse de Jango estavam a UDN, os grandes empresários e os ministros militares. Para que pudesse assumir, foi preciso que a campanha da legalidade, no Sul do Brasil, liderada por Leonel Brizola, garantisse a posse. A solução para evitar a crise foi aprovar a adoção do parlamentarismo, havendo, assim, um chefe de Estado e um chefe de governo. A experiência durou de setembro de 1961 a janeiro de 1963, quando um plebiscito votou pelo retorno do presidencialismo.

Para sanar os problemas econômicos do país, Jango lançou o Plano Trienal com a proposta de Reformas de Base (agrária, bancária, tributária, administrativa, eleitoral, educacional). Os setores mais conservadores saíram às ruas na Marcha da família com Deus pela liberdade, ao passo que os setores favoráveis a Jango ouviam e faziam comícios de apoio, sendo o maior deles o da Central do Brasil, que contou com 150 mil pessoas. Diante desse quadro, os adversários de João Goulart apoiaram o golpe militar, que aconteceu no final de março de 1964 e depôs o presidente.

[i] *Nesse período, os candidatos à presidência e à vice-presidência não lançavam chapa comum. Cada um, de forma independente, concorria para seu cargo.*

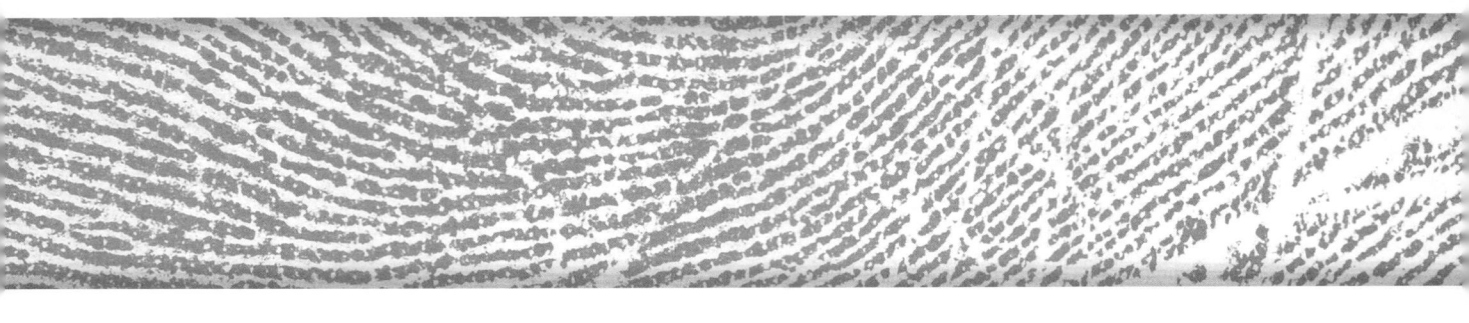

12.2 Governos militares

O governo militar tomou posse com o golpe do dia 31 de março de 1964, dizendo ser necessário um processo transitório que garantisse a democracia, colocasse fim no avanço comunista e eliminasse a corrupção. Os militares ficaram no poder por mais de 20 anos (1964-1985).

Logo após o golpe, no dia 9 de abril de 1964, o governo editou o primeiro Ato Institucional, que definia: demissão de funcionários públicos (civis ou militares) leais ao antigo governo; cassações de mandatos de opositores do golpe; prisões de opositores; eleições indiretas para presidente. Assim, em 11 de abril, elegeram como novo presidente o Marechal Castelo Branco. Seu mandato deveria ser provisório, mas Atos Adicionais revogaram essa definição e amplos poderes foram dados aos militares. O governo castelista foi reconhecido pelas autoridades governamentais americanas e contou com o apoio de empresários brasileiros e empresas multinacionais.

O apoio americano foi motivado pela criação da Doutrina de Segurança Nacional, inspirada por militares e agentes estadunidenses e desenvolvida pela Escola Superior de Guerra (ESG). Essa doutrina tinha como compromisso combater as ideias socialistas e comunistas e, com base nesse propósito, a política interna voltou-se à perseguição de entidades como a União Nacional dos Estudantes (UNE), à cassação de mandatos de políticos oposicionistas e à suspensão de direitos dos ex-presidentes JK, Jânio Quadros e João Goulart. No plano externo, o Brasil cortou relações diplomáticas com Cuba, único país socialista do continente americano. No plano econômico, houve o fim da Lei de Remessa de Lucros, garantindo que grandes somas fossem enviadas ao exterior pelas multinacionais aqui instaladas, o que agradou autoridades, empresários e, principalmente, setores influentes ligados aos Estados Unidos.

Figura 12.7 – Castelo Branco e os militares

Acervo Iconographia

Durante o período do Regime Militar, cinco presidentes governaram o Brasil. Alguns seguiam uma linha chamada de *Sorbonne* (mais intelectualizada) e outros a dita *Linha Dura*. A linha da *Sorbonne* era composta de militares oriundos da Escola Superior de Guerra, de intelectuais, de veteranos da Segunda Guerra Mundial, próximos a UDN e alinhados ideologicamente com os Estados Unidos; eram anticomunistas e defendiam um Poder Executivo forte e soluções econômicas tecnocráticas. A Linha Dura não tinha ligações diretas com os Estados Unidos, mas também era composta por anticomunistas, avessos a políticos, à democracia e aos nacionalistas.

O governo Castelista foi marcado pelo Plano de Ação Econômica do Governo (Paeg), em que havia intenso corte de gastos, aumento de tarifas e impostos, restrição de crédito e arrocho salarial. Do plano, também fazia parte o fim da estabilidade do emprego público e a criação do Fundo de Garantia por Tempo de Serviço (FGTS). Em julho de 1964, o mandato presidencial foi prorrogado até março de 1967. Nas eleições de 1965, por sua impopularidade, os candidatos governistas perderam em vários estados e, com isso, foi imposto o AI-2, que garantia eleições indiretas para a presidência e definia o bipartidarismo, extinguindo os demais partidos existentes à época. Foram criados então:

- a Aliança Renovadora Nacional (Arena), partido do governo; e
- o Movimento Democrático Brasileiro (MDB), opositores do governo.

Em 1966, o AI-3 determinava eleições indiretas também nos estados, criando os "prefeitos biônicos" para cidades estratégicas e capitais, e havia também a indicação dos governadores. O AI-4 convocou o Congresso para elaborar uma nova Constituição.

Em 1967, Costa e Silva assumiu e foi o primeiro presidente da chamada *Linha Dura*. A nova Constituição, promulgada em 1967, foi duramente criticada; em 1968, organizaram-se manifestações estudantis contra o governo, em oposição ao acordo MEC-Usaid (Acordo entre o Ministério da Educação e Cultura e a americana *Agency for International Development*). Tratava-se de um acordo criado para assessorar os países latino-americanos em aspectos econômicos e, no caso específico, implantar o modelo educacional americano para o ensino superior. Os confrontos com a polícia foram vários e, em um deles, o estudante Édson Luís foi assassinado. As manifestações ganharam corpo na passeata dos 100 mil, no Rio de Janeiro, em julho de 1968, e nas greves em Osasco, em São Paulo, e em Contagem e Belo Horizonte, em Minas Gerais. A isso, o governo respondeu com um dos Atos Institucionais mais duros da história, o AI-5, que definia:

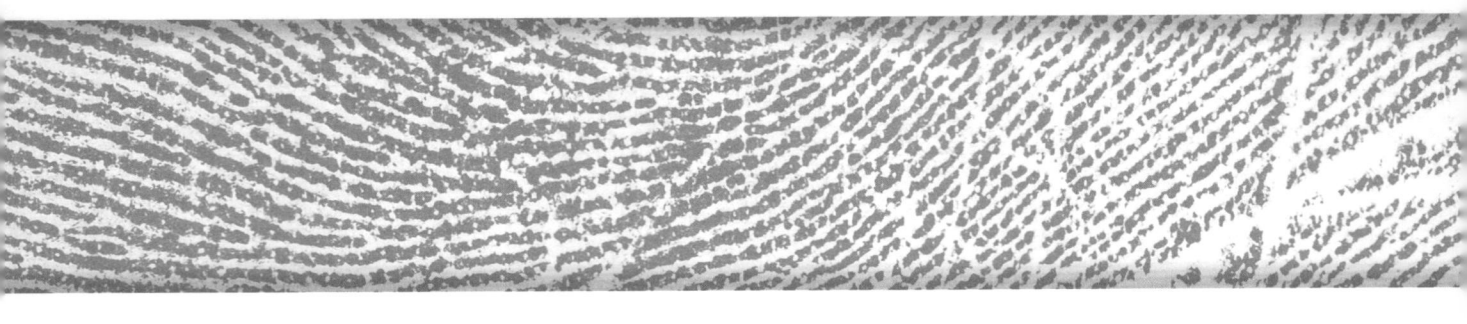

- fechamento do Poder Legislativo (presidente assumiria sua função);
- suspensão dos direitos políticos e individuais (*habeas corpus*);
- intervenção nos estados e municípios;
- permissão para cassar mandatos, demitir, prender, editar leis;
- prazo de validade indeterminado.

Em 30 de agosto de 1969, o presidente Costa e Silva teve um acidente vascular cerebral e foi afastado. No intuito de garantir que o vice, Pedro Aleixo, não assumisse o cargo, os ministros militares formaram uma junta que assumiria o poder enquanto o presidente estivesse doente. A junta militar declarou os cargos de presidente e vice-presidente vagos, sendo novas eleições realizadas pelo Congresso Nacional em 25 de outubro. O novo presidente escolhido pelos militares também pertencente à Linha Dura, foi o General Emilio Garrastazu Médici, que assumiu o poder em 30 de outubro de 1969.

O movimento de oposição cresceu com a chamada *luta armada*, com organizações de guerrilha urbana e rural. A guerrilha urbana tinha como objetivo libertar os companheiros presos e em exílio e, para tanto, organizou sequestros de autoridades nacionais e estrangeiras e assaltos a bancos; o grupo uniu-se a organizações como Aliança Nacional Libertadora (ALN), Movimento Revolucionário 8 de Outubro (MR-8), Vanguarda Popular Revolucionária (VPR), Vanguarda Armada Revolucionária Palmares (VAR-Palmares) e Partido Comunista Brasileiro Revolucionário (PCBR). A guerrilha rural, cujo modelo era o de Fidel Castro em "Sierra Maestra", na Revolução Cubana, pretendia mobilizar também a população camponesa contra a ditadura militar.

Na Figura 12.8, podemos verificar um cartaz dos órgãos do governo à procura dos guerrilheiros, chamados *terroristas*. O primeiro da imagem é de Carlos Lamarca, morto na Guerrilha do Araguaia pelo exército.

Figura 12.8 – Cartaz com procurados pelo governo

Opostos ao governo, estudantes, professores, atores e cantores passaram a ser vítimas da repressão. Cursos foram fechados, teatros foram invadidos e a censura foi mais autoritária do que nunca. A repressão intensa e a eliminação da guerrilha de esquerda foram alvos dos diferentes serviços de segurança: Serviço Nacional de Informações (SNI), Destacamento de Operações de Informações/Centros de Operações de Defesa Interna (DOI-Codi), Operação Bandeirante (Oban), Departamento de Ordem Política e Social (Dops).

Ao mesmo tempo, o governo Médici fazia uma grande propaganda das maravilhas que estavam acontecendo no Brasil, apresentando o país do futebol, vencedor na Copa de 1970, as grandes construções denominadas *faraônicas*, e o milagre econômico brasileiro (marcado pelo favorecimento do capital estrangeiro, pelo arrocho salarial, pelo crescimento de 10% ao ano e pela má distribuição de renda). O *slogan* de Médici dizia que quem não quisesse acreditar deveria se retirar.

Gráfico 12.1 – Crescimento da inflação – décadas de 1960-1980

O crescimento da dívida externa (em US$ bilhões)

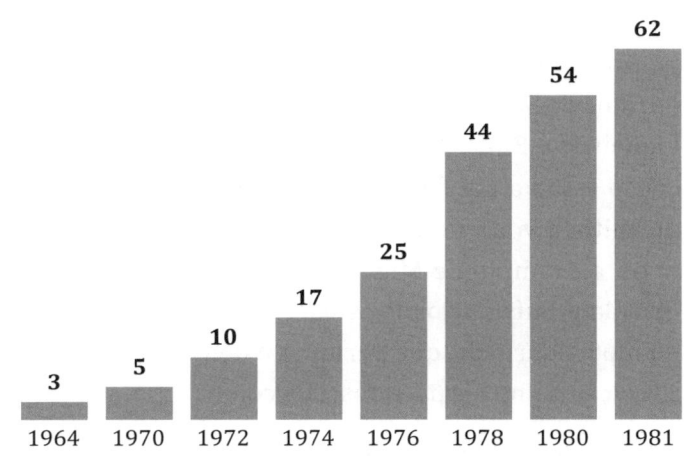

1964	1970	1972	1974	1976	1978	1980	1981
3	5	10	17	25	44	54	62

Os governos seguintes, de Ernesto Geisel e de João Figueiredo alinham-se à Escola da Sorbonne. Geisel assumiu prometendo fazer uma distensão política lenta, gradual e segura. Lançou o II Plano Nacional de Desenvolvimento (PND2), muito próximo do modelo anterior, e continuou com as obras faraônicas, entre elas Itaipu, no Paraná, Tucuruí, no Pará, e Sobradinho, na Bahia. Também estabeleceu o acordo nuclear com Alemanha para construção de oito usinas nucleares; na época, apenas a usina Angra I funcionou.

Nas eleições parlamentares de 1974, houve ampla vitória do Movimento Democrático Brasileiro (MDB). Em 1975, Geisel propôs o fim da censura prévia aos meios de comunicação. No entanto, à medida que parecia afrouxar o processo ditatorial, impunha também restrições, como a Lei Falcão, de 1976, que limitava a propaganda política ou mesmo o brutal assassinato do jornalista Vladimir Herzog sob tortura, em outubro de 1975. Em 1977, lançou o Pacote de Abril, criando os "senadores biônicos" e, em 1978, colocou fim ao AI-5.

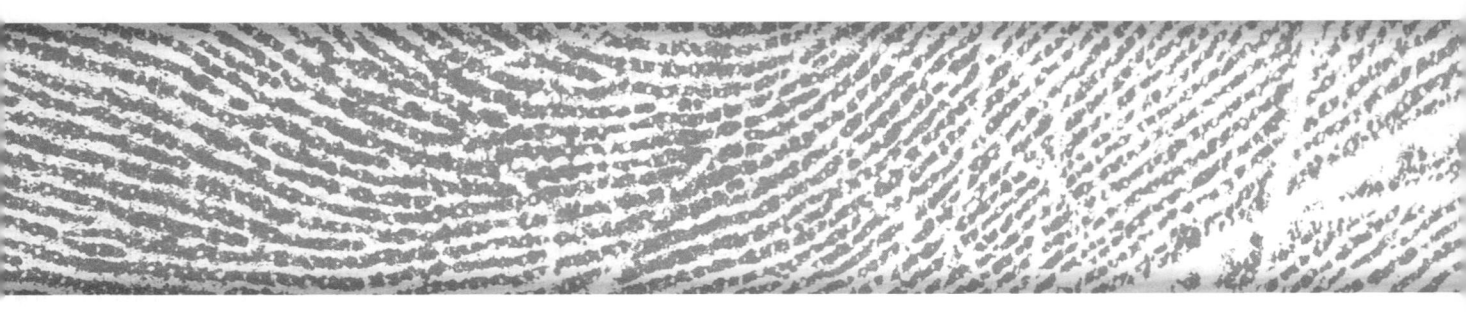

Ao sair do governo, deixou seu sucessor, da linha da Sorbonne, o General João Batista Figueiredo. Entre as realizações de seu governo estão a Lei da Anistia, de 1979, que permitia a volta de todos os exilados políticos, a exemplo de Miguel Arraes, Leonel Brizola e Luís Carlos Prestes, e a extinção do bipartidarismo, que permitiu a divisão e a criação de novos partidos, tais como:

- Partido Democrático Social (PDS), antigo Arena;
- Partido dos Trabalhadores (PT);
- Partido do Movimento Democrático Brasileiro (PMDB);
- Partido Democrático Trabalhista (PDT);
- Partido Trabalhista Brasileiro (PTB).

No governo de João Figueiredo, ocorreu intensa campanha pelas eleições diretas, o movimento **Diretas Já!**, que ocorreu com base na Emenda Dante de Oliveira (1984), rejeitada na Câmara por 22 votos de diferença. De forma indireta, Tancredo Neves (Aliança Democrática PMDB + PFL – Partido da Frente Liberal) foi eleito, pelo colégio eleitoral, como primeiro presidente do Brasil redemocratizado, derrotando seu adversário político, Paulo Maluf (PDS).

12.3 Redemocratização

A volta do Brasil democrático se concretizou com a elaboração da Constituição de 1988 (Brasil, 1988), a mais libertária e moderna que tivemos. Nela, podem ser observadas várias conquistas trabalhistas, como a indenização de 40% de FGTS em caso de demissão, o abono de férias e a limitação da jornada semanal a 44 horas de trabalho semanais. As eleições passaram a ser diretas para qualquer cargo dos Poderes Legislativo e Executivo (níveis municipal, estadual e federal), sendo o voto facultativo para jovens entre 16 e 18 anos e para pessoas com mais de 70 anos. Foram assegurados direitos importantes aos indígenas e o racismo passou a ser crime inafiançável, apontando para avanços nas discussões dos direitos humanos.

Os presidentes desse período foram: José Sarney (vice que assumiu com a morte de Tancredo Neves, que, eleito pelo Congresso, não chegou a assumir a Presidência da República), Fernando Collor (sofreu processo de *impeachment*), Itamar Franco (vice que assumiu o mandato), Fernando Henrique Cardoso (reeleito), Luís Inácio Lula da Silva (reeleito), Dilma Rousseff (reeleita, sofreu processo de *impeachment*) e Michel Temer (vice que assumiu o mandato).

Luz, câmera, reflexão

JANGO. Direção: Silvio Tendler. Brasil: Embrafilmes, 1984. 117 min.

BATISMO de sangue. Direção: Helvécio Ratton. Brasil: Downtown filmes, 2006. 110 min.

O ANO em que meus pais saíram de férias. Direção: Cao Hamburger. Brasil, 2006. 105 min.

CABRA-CEGA. Direção: Toni Venturi. Brasil: Europa **Filmes**; M. A. Marcondes; 2005. 107 min.

ZUZU Angel. Direção: Sérgio Rezende. Brasil: Warner Bros., 2006. 103 min.

Atividades

1) Defina *populismo*.

2) Veja a imagem a seguir e comente-a, apresentando os seguintes elementos: entreguismo *versus* nacionalismo, campanha "o petróleo é nosso".

3) No que se baseava o Plano de Metas de JK? Quais as táticas de governo utilizadas pelo presidente e que o fizeram conciliar interesses de vários setores e, com isso, permanecer no poder?

4) O que eram os Atos Institucionais? Apresente as imposições do AI-5.

5) O que foi a redemocratização? Quais as características da nova Constituição de 1988?

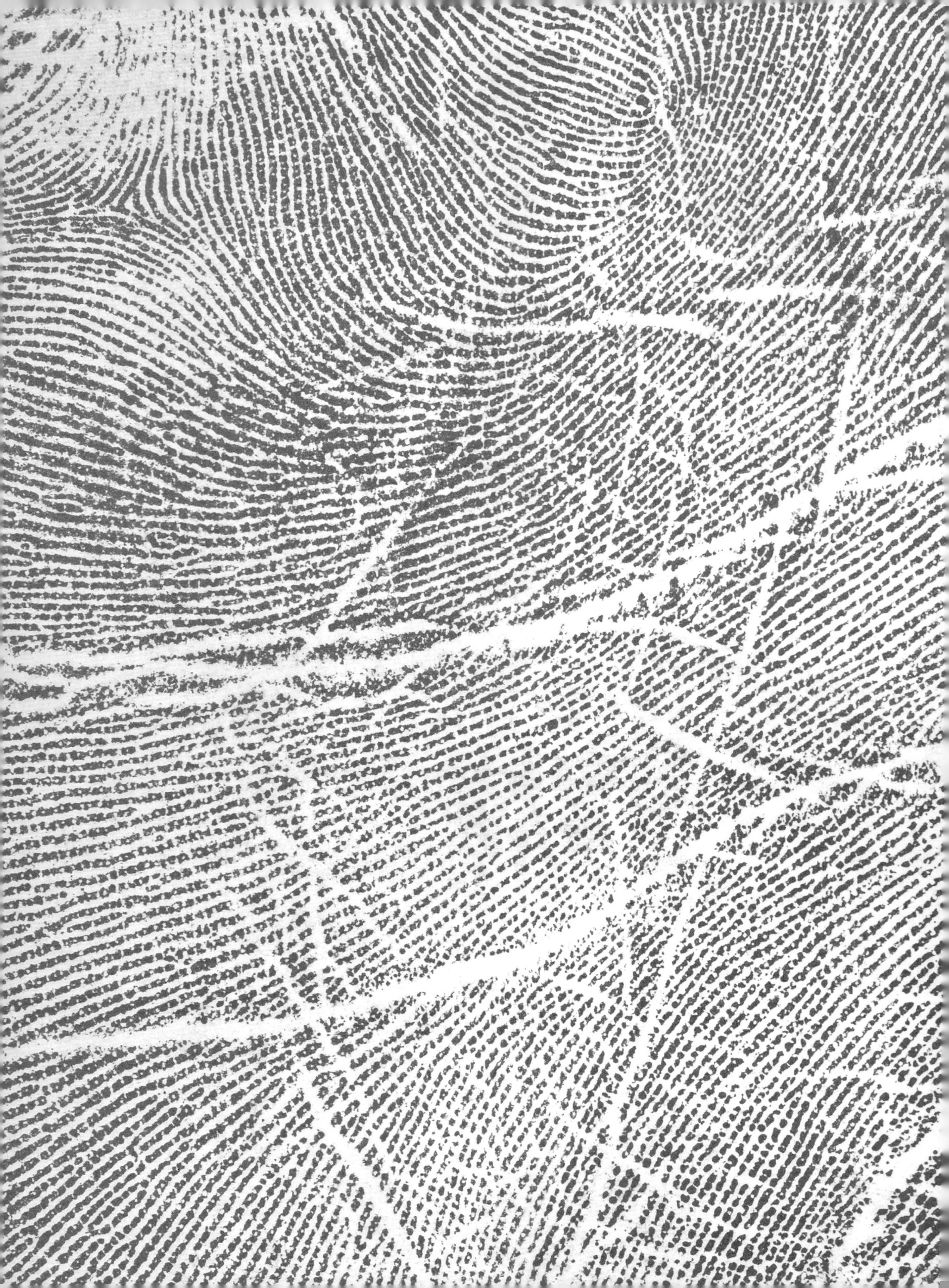

Considerações finais

Nossa jornada de exploração pela história nos conduziu no tempo e no espaço. Neste percurso, você teve a chance de identificar alguns documentos ou fontes históricas, bem como analisar, compreender e perceber a disciplina de História. Contudo, ressaltamos que este material não tem a pretensão de ter um fim em si mesmo, ou seja, esperamos que essa incursão tenha lhe provocado curiosidade, despertando o desejo de ir além em suas pesquisas.

Os temas sugeridos aqui são apenas um aporte que permite entender, em parte, o que vivenciamos ontem e hoje. Assim, nossas abordagens neste estudo favorecem uma reflexão e um posicionamento sobre valores, situações cotidianas e a compreensão dos processos e consequências do que somos.

Por isso, analisamos aqui a história em distintas dimensões. No início de cada capítulo, sugerimos reflexões, pontuando aspectos do passado histórico e da realidade contemporânea. Nessa mesma perspectiva, discutimos teorias mais recentes que desconfiguram antigos mitos e fatos cristalizados na historiografia e apresentamos, ao final dos capítulos, outras abordagens de personagens e fatos históricos sob o olhar do cinema. A ideia foi garantir múltiplas referências e sugestões de estudo.

Os conteúdos aqui tratados são relevantes para a investigação dos períodos, dos processos e dos fatos históricos, simultâneos e sucessivos, possibilitando, por vezes, interconexões entre épocas e lugares.

Nossa longa jornada de estudos permitiu conhecer a Antiguidade Clássica, a Idade Média Oriental e a Ocidental, a formação da modernidade, o mundo contemporâneo e os quinhentos anos de história do Brasil.

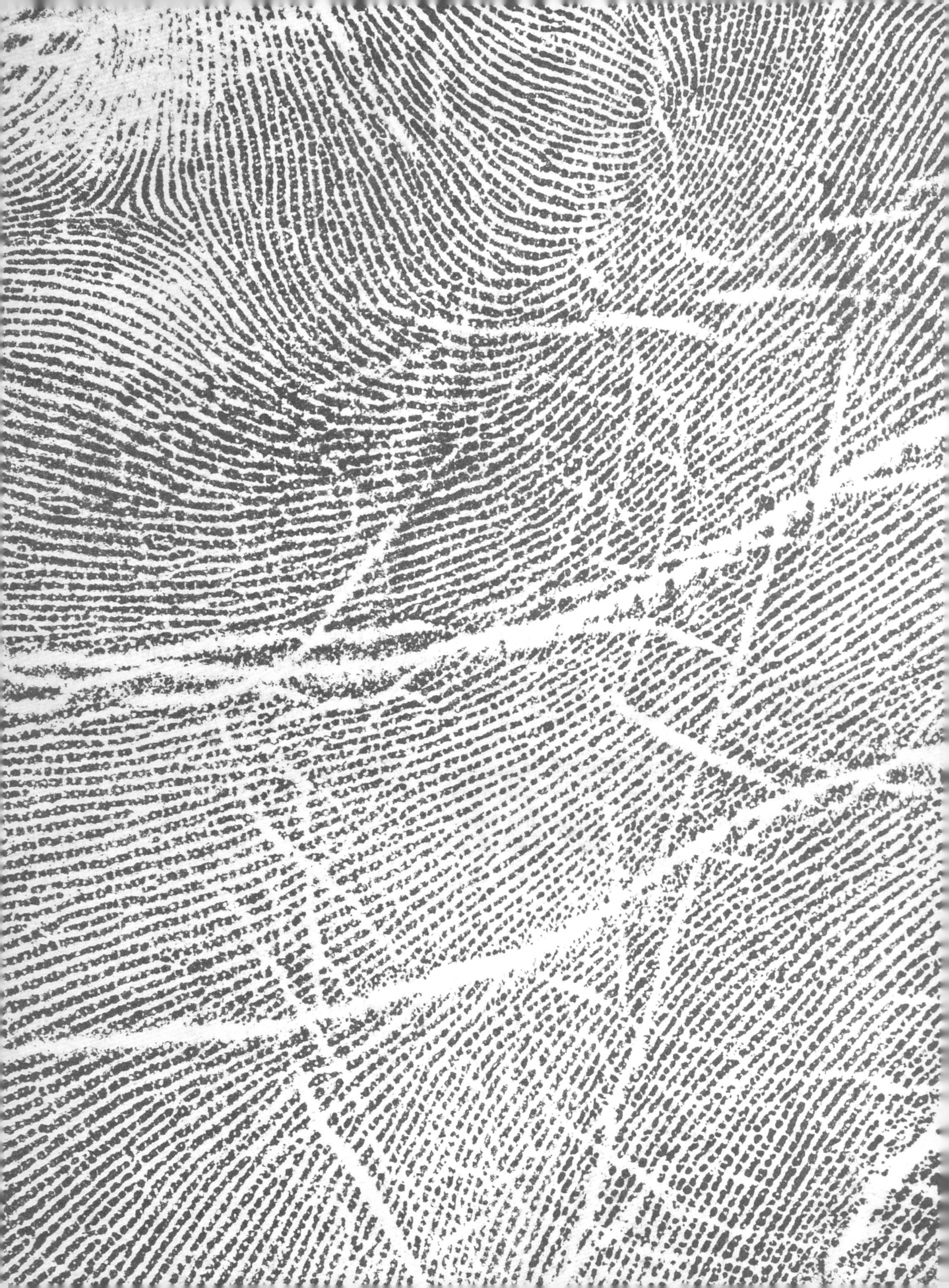

Referências

AEDES e as epidemias atuais. 26 fev. 2016. Disponível em: <https://www.medicina.ufmg.br/contraoaedes/>. Acesso em: 18 jun. 2018.

ALBUQUERQUE, M. M. **Atlas histórico escolar**. 8. ed. Rio de Janeiro: FAE, 1986.

ANDRADE, M. C. de. **Lutas camponesas no Nordeste**. São Paulo: Ática, 1986.

ANTONIL, J. A. A. **Cultura e opulência do Brasil**. Belo Horizonte: Itatiaia; São Paulo: Edusp, 1982.

ARRUDA, J. J. de A. **Atlas histórico básico**. 17. ed. São Paulo: Ática, 2010.

BARRACLOUGH, G. (Ed.). **Atlas da história do mundo**. Times Books: Londres, 1993.

BETHELL, L. (Org.). **História da América Latina**. São Paulo: Edusp, 1998.

BLOCH, M. **Introdução à história**. Portugal: Publicações Europa-América, 1997.

BRASIL. Constituição (1934). **Diário Oficial da União**, Rio de Janeiro, 16 jul. 1934. Disponível em: <http://www.planalto.gov.br/ccivil_03/constituicao/constituicao34.htm>. Acesso em: 19 jun. 2018.

BRASIL. Constituição (1988). **Diário Oficial da União**, Brasília, DF, 5 out. 1988. Disponível em: <http://www.planalto.gov.br/ccivil_03/constituicao/constituicaocompilado.htm>. Acesso em: 19 jun. 2018.

BRASIL. Ministério da Educação e Cultura. **Atlas histórico escolar**. Rio de Janeiro: IBGE, 1967.

BRASIL. Ministério do Planejamento, Desenvolvimento e Gestão. **Atlas geográfico escolar**. 7. ed. Rio de Janeiro: IBGE, 2016.

BRESCIANI, M. S. M. Metrópoles: as faces do monstro urbano (as cidades no século XIX). **Revista Brasileira de História**, São Paulo, v. 5, n. 8/9, p. 35-68, set. 1984/abr. 1985.

BUENO, C. Alimentos que mudaram a história. **Revista Pré-Univesp**, n. 61, dez. 2016/jan. 2017. Disponível em: <http://pre.univesp.br/alimentos-que-mudaram-a-historia#.WAza4OArLIU>. Acesso em: 9 maio 2018.

BUSTAMANTE, R. M. da C. Ludi circenses: comparando textos escritos e imagéticos. **Phoînix**, Rio de Janeiro: Mauad Editora, ano XI, p. 221-245, 2005.

CAMINHA, P. V. de. **A carta**. 1500. Disponível em: <http://www.dominiopublico.gov.br/download/texto/ua000283.pdf>. Acesso em: 19 jun. 2018.

CAMÕES, L. V. de. **Os Lusíadas**. Canto I, 1-2, 1572.

CAU/BR – Conselho de Arquitetura e Urbanismo do Brasil. **Plano Piloto de Brasília**. Disponível em: <http://arquiteturaurbanismotodos.org.br/plano-piloto/>. Acesso em: 21 jun. 2018.

CAUTI, C. Doutores da peste. **AH – Aventuras na História**, 23 out. 2017. Disponível em: <https://aventurasnahistoria.uol.com.br/noticias/idade-media/doutores-da-peste.phtml>. Acesso em: 19 jun. 2018.

CULTURA BRASILEIRA. **A União Ibérica e o Brasil holandês**: 1580-1640. Disponível em: <http://www.culturabrasil.org/uniao_iberica_brasil_holandes.htm>. Acesso em: 19 jun. 2018.

CUNHA, M. C. da. O futuro da questão indígena. **Estudos Avançados**, São Paulo, v. 8, n. 20, jan./abr. 1994. Disponível em: <http://www.scielo.br/scielo.php?script=sci_arttext&pid=S0103-40141994000100016>. Acesso em: 15 jun. 2018.

D'ANGELIS, W. **Contestado**: a revolta dos sem-terras. São Paulo: FTD, 1991.

DELPHINO, C. Atentado da Rua Tonelero. **História Brasileira**, 4 fev. 2010. Disponível em: <http://www.historiabrasileira.com/era-vargas/atentado-da-rua-tonelero/>. Acesso em: 19 jun. 2018.

DELUMEAU, J. **Nascimento e afirmação da Reforma**. São Paulo: Pioneira, 1989.

FERNANDES, F. **A integração do negro na sociedade de classes**. São Paulo: Ática, 1978. v. 1-2.

FGV-CPDOC – Fundação Getúlio Vargas – Centro de Pesquisa e Documentação de História Contemporânea do Brasil. **A Era Vargas**: dos anos 20 a 1945 – Departamento de Imprensa e Propaganda (DIP). Disponível em: <http://cpdoc.fgv.br/producao/dossies/AEraVargas1/anos37-45/EducacaoCulturaPropaganda/DIP>. Acesso em: 21 jun. 2018.

FOLHA ON-LINE. **Veja mapa com a região da África subsaariana**. 5 dez. 2005. Disponível em: <https://www1.folha.uol.com.br/folha/mundo/ult94u90202.shtml>. Acesso em: 20 jun. 2018.

FREITAS, G. (Org.). **900 textos e documentos de história**. Lisboa: Plátano, 1977. v. 2.

GLOBONEWS. **Brasil tem 180 mil leitores de ideologias neonazistas na internet**. 25 abr. 2016. Disponível em: <http://g1.globo.com/globo-news/noticia/2016/04/brasil-tem-180-mil-pessoas-leitoras-das-ideologias-neonazistas.html>. Acesso em: 19 jun. 2018.

GRAHAM, M. **Diário de uma viagem ao Brasil**. São Paulo: Edusp, 1990.

GRAMSCI, A. **Cadernos do cárcere** – O Risorgimento. Notas sobre a história da Itália. Rio de Janeiro: Civilização Brasileira, 2002. v. 5.

GUIDON, N. **Arqueologia da região do Parque Nacional Serra da Capivara**: sudeste do Piauí. 10 set. 2003. Disponível em: <http://www.comciencia.br/reportagens/arqueologia/arq10.shtml>. Acesso em: 19 jun. 2018.

HÁ 220 ANOS, Dom Pedro II participava de seu último jantar oficial no Rio de Janeiro. **Correio Braziliense**, 14 nov. 2009. Disponível em: <https://www.correiobraziliense.com.br/app/noticia/diversao-e-arte/2009/11/14/interna_diversao_arte,154634/ha-220-anos-dom-pedro-ii-participava-de-seu-ultimo-jantar-oficial-no-rio-de-janeiro.shtml>. Acesso em: 21 jun. 2018.

HERMAN, J. **Guia de história universal**. Lisboa: Edições 70, 1981.

HISTORIANET. **Mercantilismo**. Disponível em: <http://www.historianet.com.br/conteudo/default.aspx?codigo=746>. Acesso em: 18 jun. 2018.

HOLLANDA, S. B. de (Org.). **História do Brasil**: das origens à independência. São Paulo: Nacional, 1980.

HUBERMAN, L. **História da riqueza do homem**. 18. ed. Rio de Janeiro: Zahar, 1982.

JANSON, H. W.; JANSON, A. **Iniciação à história da arte**. 2. ed. São Paulo: M. Fontes, 1996.

KOK, G. No mato sem cachorro. **Revista de História da Biblioteca Nacional**, n. 34, p. 24, jul. 2008.

KRIEGER, R. Os novos neonazistas da Alemanha. **Carta Capital**, 16 maio 2012. Disponível em: <https://www.cartacapital.com.br/internacional/os-novos-neonazistas-da-alemanha>. Acesso em: 19 jun. 2018.

LE GOFF, J. **A civilização do Ocidente Medieval**. Lisboa: Editorial Estampa, 1984. v. II.

___. **A civilização do Ocidente Medieval**. Bauru: Edusc, 2005.

___. **Mercadores e banqueiros da Idade Média**. São Paulo: M. Fontes, 1991.

LENHARO, A. **Sacralização da política**. Campinas: Papirus, 1986.

MAQUIAVEL, N. **O príncipe**. São Paulo: M. Fontes, 1990.

MATTOSO, K. M. de Q. **Textos e documentos para o estudo da história contemporânea (1789-1963)**. São Paulo: Hucitec/Edusp, 1977.

MDH – Ministério dos Direitos Humanos. Secretaria Nacional de Políticas de Promoção da Igualdade Racial. **Em 3 anos, 150 mil negros ingressaram em universidades por meio de cotas**. 21 mar. 2016. Disponível em: <http://www.seppir.gov.br/central-de-conteudos/noticias/2016/03-marco/

em-3-anos-150-mil-negros-ingressaram-em-universidades-por-meio-de-cotas>. Acesso em: 19 jun. 2018.

MELO E SOUZA, M. de. África e Brasil africano. 2. ed. São Paulo: Ática, 2007.

MILAN, P. A descoberta da cidade perdida. **Gazeta do Povo**, 13 maio 2011. Disponível em: <http://www.gazetadopovo.com.br/vida-e-cidadania/a-descoberta-da-cidade-perdida-3zbr9r0z666nbk1h0j96oate6>. Acesso em: 19 jun. 2018.

MIRANDA, C; NETO, L. A festa e a ressaca de Juscelino. **Aventuras na História**, 23 out. 2017. Disponível em: <https://aventurasnahistoria.uol.com.br/noticias/reportagem/a-festa-e-a-ressaca-de-juscelino.phtml>. Acesso em: 19 jun. 2018.

MOREIRA, I. 4 descobertas arqueológicas imperdíveis. **Revista Galileu**, 19 jun. 2016. Disponível em: <http://revistagalileu.globo.com/Ciencia/noticia/2016/06/4-descobertas-arqueologicas-imperdiveis.html>. Acesso em: 19 jun. 2018.

MOSSÈ, C. **Dicionário da civilização grega**. Tradução de Carlos Ramalhete, com a colaboração de André Telles Rio de Janeiro: J. Zahar, 2004.

O QUE É biotecnologia. Disponível em: <http://www.fiesp.com.br/o-que-e-biotecnologia/>. Acesso em: 19 jun. 2018.

O ÚLTIMO de Jaques LeGoff. 16 jul. 2015. Disponível em: <http://editoraunesp.com.br/blog/no-prelo-16-07-2015-10-30>. Acesso em: 11 jun. 2018.

PARENTI, M. **O assassinato de Júlio César**: uma história popular da Roma Antiga. Rio de Janeiro: Record, 2005.

PEGOLI, J. **Resumo da Guerra Fria e principais acontecimentos**. 23 dez. 2014. Disponível em: <http://www.mixdenoticias.com.br/resumo-da-guerra-fria/>. Acesso em: 18 jun. 2018.

PERÍODO entre guerras. Disponível em: <https://pt.wikipedia.org/wiki/Per%C3%ADodo_entreguerras#/media/File:Second_world_war_europe_1935-1939_map_de.png>. Acesso em: 19 jun. 2018.

PERROT, M. **Mulheres públicas**. São Paulo: Ed. da Unesp, 1998.

PESSOA, F. **Obra poética**. Rio de Janeiro: J. Aguilar, 1969.

REMARQUE, E. M. **Nada de novo no Front**. Lisboa: Europa-América, 1971.

REPÚBLICA Romana. Disponível em: <https://pt.m.wikipedia.org/wiki/Rep%C3%BAblica_Romana>. Acesso em: 28 jun. 2018.

RIBEIRO, F. Malinche, a Judas mexicana. **Aventuras na História**, 27 maio 2009. Disponível em: <https://aventurasnahistoria.uol.com.br/noticias/reportagem/malinche-a-judas-do-mexico.phtml>. Acesso em: 19 jun. 2018.

ROBERTS, J. M. (Org.). **História do século XX**. São Paulo: Abril, 1974. v. 2.

SCHILLING, V. **Guilhotina**: a máquina de matar. Disponível em: <http://educaterra.terra.com.br/voltaire/mundo/guilhotina.htm>. Acesso em: 19 jun. 2018.

___. A grande peste. **Guia do estudante**. Aventuras da história para viajar no tempo, 2003. Disponível em: <http://origin.guiadoestudante.abril.com.br/aventuras-historia/grande-peste-433397.shtml>. Acesso em: 19 jun. 2017.

SCLIAR, M. **Oswaldo Cruz**: entre micróbios e barricadas. Rio de Janeiro: Relume-Dumará: Prefeitura, 1996.

SHAKESPEARE, W. **Hamlet**. São Paulo: Martin Claret, 2002.

SIEYÈS, E. J. **Considerações preliminares sobre o que é o Terceiro Estado?** Disponível em: <http://www.olibat.com.br/documentos/O%20QUE%20E%20O%20TERCEIRO%20ESTADO%20Sieyes.pdf>. Acesso em: 19 jun. 2018.

SILVA, K. V.; SILVA, M. H. **Dicionário de conceitos históricos**. São Paulo: Contexto, 2009.

SOUSA, R. Peste negra. **Brasil Escola**. Disponível em: <http://brasilescola.uol.com.br/historiag/pandemia-de-peste-negra-seculo-xiv.htm>. Acesso em: 19 jun. 2018.

UFRGS – Universidade Federal do Rio Grande do Sul. **Tratado de Tordesilhas**. Disponível em: <http://penta2.ufrgs.br/rgs/historia/tordesilhas.html>. Acesso em: 19 jun. 2018.

UNESCO – United Nations Educational, Scientific anda Cultural Organization. **About the Silk Road**. Disponível em: <https://en.unesco.org/silkroad/about-silk-road>. Acesso em: 21 jun. 2018.

UNIVERSITY OF TEXAS LIBRARIES. Disponível em: <http://legacy.lib.utexas.edu/maps/historical/shepherd/italy_1494_shepherd.jpg>. Acesso em: 19 jun. 2018.

VAINFAS, R. Jerusalém pernambucana. In: VIEIRA, H. C.; GALVÃO, N. N. P.; SILVA, L. D. (Org.). **Brasil holandês**: história, memória e patrimônio compartilhado. São Paulo: Alameda, 2012. p. 165-192.

VIEIRA DO ROSÁRIO, A. M. A constituinte de 1823 e a Constituição de 1824. **Correio Braziliense**, set. 1986. Disponível em: <https://www2.senado.leg.br/bdsf/bitstream/handle/id/117546/1986_SETEMBRO_032a.pdf?sequence=3>. Acesso em: 21 jun. 2018.

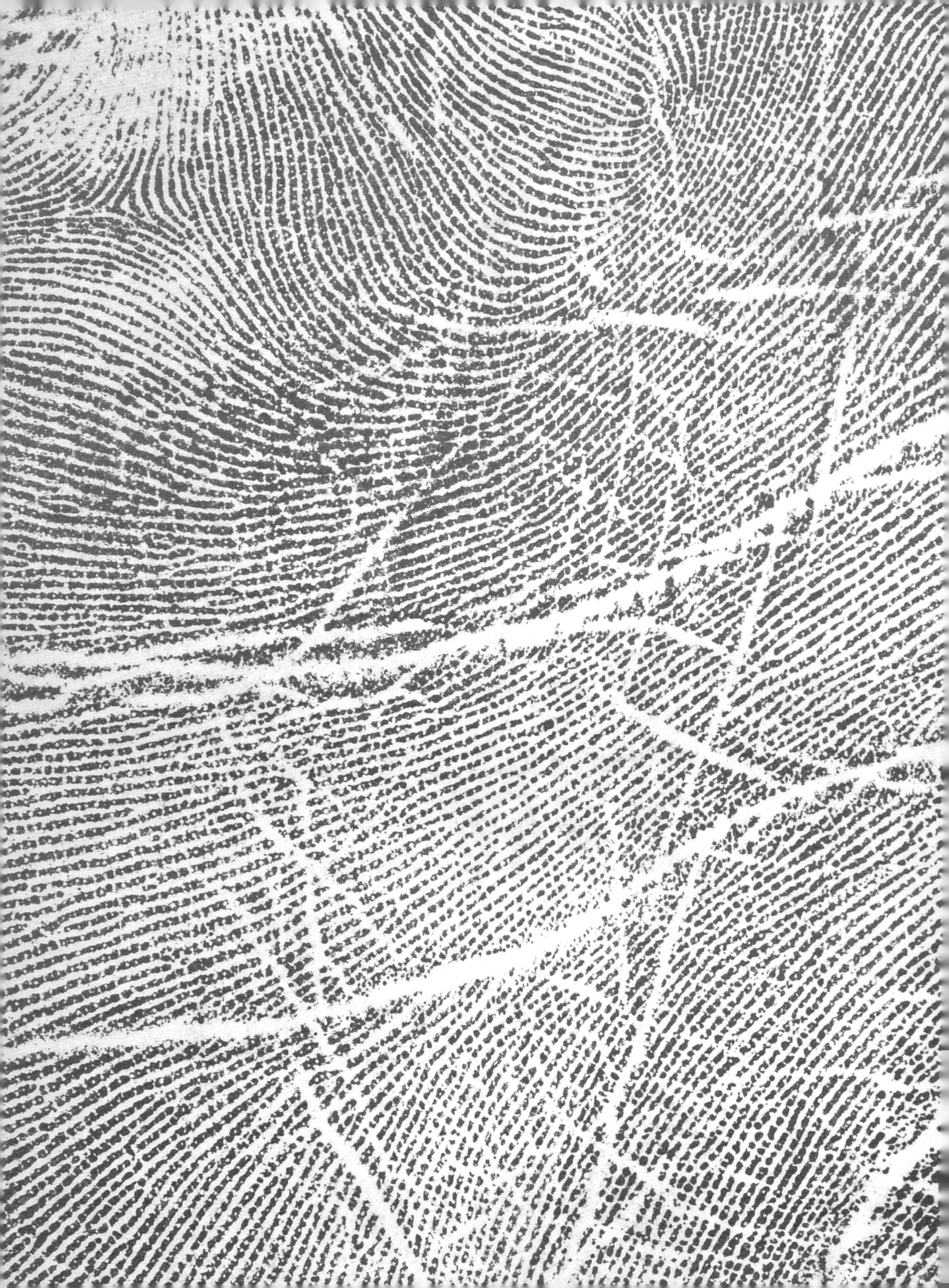

Respostas

Capítulo 1

1. História é a ciência que estuda o passado e a ação do ser humano ao longo do tempo.
2. Fontes históricas são o material de análise do historiador. Sua leitura e interpretação permitem que o historiador reconstrua uma noção do passado.
3. Estudar história é importante porque, mais que decorar datas e nomes, é preciso compreender o processo, as causas e os efeitos, percebendo que a história necessita de muitos partícipes, ela é constituída de muitos sujeitos históricos.
4. Porque valoriza datas, fatos e nomes que são importantes para a história europeia e, consequentemente, para a história ocidental.
5. É importante notar que diferentes fontes indagam diferentes problemas e dão ao historiador diferentes respostas. Todo registro humano é uma fonte da história.
    a. Fonte escrita. Sugestão de perguntas: Qual era o tipo de tema trabalhado pelos médicos no século XIX? Quais eram as preocupações médicas da época? Quais eram as doenças mais frequentes? Período: Século XIX.
    b. Fonte não escrita. Sugestão de pergunta: Quais eram o comportamento e a moda do século XIX? Período: Século XIX.
    c. Fonte escrita. Sugestão de perguntas: Quais eram os ritos de comensalidade da época? Quais eram as receitas de família? O que podemos concluir sobre a industrialização dos alimentos no século XX? Período: Século XX.

d. Fonte não escrita. Sugestão de pergunta: Quais eram o tipo de enterramento, o período e a produção material daquela sociedade? Período: Antiguidade.

Capítulo 2

1. Esparta situa-se na Península do Peloponeso, na região da Lacônia, e desenvolveu-se de forma isolada. Sua origem é dória (os dórios são um povo guerreiro e de característica violenta). Tornou-se uma cidade militar por vocação. Sua forma de governo era a diarquia apoiada sob o poder de poucos, a oligarquia. A sociedade era dividida em três grupos: espartanos, periecos e hilotas. Por sua vez, Atenas foi fundada pelos jônios, na planície da Ática, próxima ao Mar Egeu. Seu relevo montanhoso levou a cidade a dedicar-se às atividades marítimas a partir do Porto de Pireu. Desenvolveu intenso comércio com o Mediterrâneo e contato com o exterior. Na política, experimentou a monarquia, a oligarquia e a democracia. A sociedade era dividida em *eupátridas*, *georgóis*, *thetas*, *thecnays* e *metecos*. Além disso, a diversidade populacional e os contatos exteriores levaram a cidade-Estado a desenvolver uma educação mais complexa, voltada à formação integral das pessoas; havia aulas de arte, música e atividades físicas, por exemplo. A origem violenta e militarista dos dórios originou uma cidade com as mesmas características, além da geografia do lugar que favoreceu o isolamento dos espartanos. Da mesma maneira, a abertura dos jônios e as facilidades da proximidade do porto de Pireu legaram à Atenas sua abertura ao estrangeiro e sua composição populacional mais diversa.

2. As guerras entre persas e gregos, denominadas *Guerras Médicas*, exigiram a organização das cidades gregas contra um inimigo comum. Depois de dominar as cidades jônias na Ásia Menor, os persas se direcionaram à Atenas. Sob uma liderança conjunta, Atenas e Esparta venceram os persas nas batalhas de Salamina, Plateia e Micala. Tendo derrotado os persas, Atenas e outras cidades continuaram a luta para

expulsar o inimigo do Mar Egeu e formaram a Liga de Delos. Essa confederação era presidida por Atenas e cada cidade deveria contribuir com dinheiro e navios para o tesouro comum. Grande parte dessa arrecadação foi utilizada por Atenas em proveito próprio para construir obras magníficas na cidade.

3. As guerras e as conquistas romanas, depois da derrota dos cartagineses, levaram Roma a se tornar a senhora do Mediterrâneo (*Mare Nostrum*). Uma grande quantidade de riquezas, na forma de espólios de guerra e tributos, chegou a Roma. Eram produtos, animais e escravos trazidos de várias partes do Mundo Antigo. Essa riqueza, no entanto, ficou nas mãos de poucos; por outro lado, aumentou o número de trabalhadores rurais sem emprego (perdiam os empregos para os escravos que estavam chegando) e os pequenos proprietários entraram em ruína, sem conseguir concorrer com os produtos estrangeiros. Parte dessa população passou a migrar para as cidades. Portanto, houve o empobrecimento da plebe e o êxodo rural.

4. Otávio Augusto preocupou-se com as obras públicas e, em seu governo, foram construídas as mais magníficas edificações de Roma. Ele organizou a distribuição de trigo à população e promoveu espetáculos públicos de circo – política de pão e circo. Além disso, criou a guarda pretoriana, com o objetivo de aumentar a segurança da população e do imperador. Graças às medidas adotadas por ele – como a extensão da cidadania romana às províncias do Império e o aperfeiçoamento administrativo dessas localidades, além da organização e da ampliação do exército –, um longo período de paz foi conquistado – a *Pax romana*, que durou dois séculos após seu governo.

5. Constantino (313-337) promulgou o Édito de Milão, que garantiu a liberdade de culto aos cristãos, tornou Constantinopla a segunda capital do Império e instituiu a Lei do Colonato, tentativa de resolver a crise do escravismo. Teodósio (378-395) tornou o cristianismo a religião oficial e dividiu o Império em Ocidental (capital em Roma) e Oriental

(capital em Constantinopla). Tornar o cristianismo uma religião livre e, depois, oficializá-la como religião do Império, garantiu aos imperadores certo controle sobre o culto dos cristãos e, ao mesmo tempo, aos cidadãos romanos, o direito à conversão. A promessa de que o reino dos céus cristão traria uma vida plena e melhor, assegurou uma espécie de paz e de subordinação, ideais para o controle da população em um momento de crise do Estado.

Capítulo 3

1. Em 768, Carlos Magno assumiu o Reino Carolíngio, iniciando uma política expansionista. Para controlar todo o território, o rei impôs uma forte administração e estabeleceu uma série de obrigações de homem a homem, baseadas em laços de fidelidade. Oferecia terras ou benefícios em troca de ajuda militar, criando marcas, condados e ducados. Criou também o cargo de *missi dominici* (enviados do senhor ou inspetores reais) e estabeleceu as Capitulares, leis imperiais que foram as primeiras escritas na Idade Média. Carlos Magno recebeu apoio da Igreja, coroando-se em 800, e incentivou o desenvolvimento das artes, no período que ficou conhecido como *Renascimento Carolíngio*.

2. Com a morte de Carlos Magno, em 814, o reino foi governado por Luís, o Piedoso. Depois, três herdeiros disputaram os domínios do Império e, por fim, o Tratado de Verdun finalizou a partilha do Império em três reinos menores. Essa fragmentação ampliou o poder dos grandes proprietários de terra e diminuiu as influências do rei, conquistando autonomia política, que é uma das características do feudalismo.

3.
a. O feudo era a menor unidade de produção, uma propriedade de terra pertencente a um senhor. Havia uma aldeia ou aldeias onde viviam os camponeses, ou servos, que trabalhavam nessa terra. Era, então, uma propriedade de terra ou um bem, portanto, também um sinônimo de *benefício*. Poderia ser ainda um conjunto de terras cedidas por um nobre a outro.

b. O feudo era dividido em manso senhorial, manso comunal e manso servil (terras dos servos subdividida em tenências).
c. O suserano devia ajudar militar e juridicamente seu vassalo e podia reaver o feudo que não tivesse herdeiros diretos; o vassalo tinha o direito à proteção e ajuda militar e os deveres de pagar resgate se o suserano fosse aprisionado, de comparecer ao tribunal do suserano sempre que preciso, de ajudar no dote da filha do suserano etc.
d. Quem doava a terra tornava-se suserano, e quem recebia passava a ser vassalo, garantindo uma hierarquia da nobreza. Assim, formava-se uma cadeia de senhores de terra ligados pelos laços de suserania e vassalagem que garantiam a ordem e a proteção no mundo feudal.
e. Era a cerimônia em que se estabelecia a relação entre os dois nobres na concessão do feudos, em um momento que se jurava fidelidade e obrigações recíprocas.
4. Na iluminura, podemos ver o trabalho dos servos na colheita. Uma das atividades que eles deveriam executar ao longo do ano: plantio, colheita e cuidado com os animais. Para ter o direito de viver na propriedade do senhor, os servos deveriam também pagar alguns tributos, denominados *obrigações feudais*, tais como talha, corveia e banalidade.
5. A Alta Idade Média foi o período de formação e consolidação do feudalismo. *Grosso modo*, esse sistema se caracteriza pela descentralização do poder (ou seja, o poder estava fragmentado nas mãos dos nobres ou senhores feudais); por uma sociedade hierárquica e sem flexibilidade; pelo poder exercido pela Igreja; e pela produção autossuficiente dos feudos – por isso, o comércio era quase inexistente (a sociedade era essencialmente agrária). A Baixa Idade Média, por sua vez, caracteriza-se pelo processo de desagregação do feudalismo. A produção aumentou graças às novas técnicas agrícolas, houve o renascimento do comércio e das cidades e o surgimento de uma nova classe social, a burguesia. Gradativamente, o poder dos senhores feudais passou a ser questionado e surgiu, novamente, a figura do rei com um poder maior do que de um simples suserano.

Capítulo 4

1. O fragmento de *Hamlet*, de Shakespeare, coloca o ser humano no centro das preocupações, como um ser capaz de produzir e de criar, o exemplo de perfeição entre todas as criaturas, revelando o espírito renascentista e expondo uma de suas características: o humanismo. *Os lusíadas*, de Camões, retrata as aventuras dos portugueses no processo das Grandes Navegações. Assim como nas epopeias clássicas, e esse é o estilo literário adotado por Camões, há o herói no centro da narrativa – aqui, um herói coletivo, o povo português. Ainda, é possível observar no fragmento alusão à mitologia e aos heróis gregos, como Alexandre, ou a seres mitológicos, como Netuno. Há uma referência à poesia clássica, a Musa. Uma das características do Renascimento é justamente o retorno aos clássicos greco-latinos.

2. As principais características do Renascimento cultural europeu foram: repúdio ao medievalismo, naturalismo, hedonismo, mecenato, otimismo, racionalismo, individualismo e humanismo. O desenvolvimento da burguesia comercial italiana, principalmente nas cidades de Gênova e Veneza, fomentou o interesse pela arte e por uma concepção de mundo que lhes explicasse e atraísse como grupo social. Assim, os excedentes da riqueza comercial alimentaram a produção cultural. Mercadores e banqueiros, sem o devido prestígio na Idade Média, começaram a se interessar por ganhar uma imagem positiva como protetores das artes (mecenas). Além disso, estando a Península Itálica repleta de referências clássicas greco-romanas, esculturas, templos, palácios e literatura serviram de suporte e referência para os artistas do Renascimento.

3.
    a. A venda de relíquias sagradas e do perdão dos pecados, o comportamento desregrado do clero, o abuso na cobrança do dízimo, a pouca preparação intelectual do clero, a vida desregrada de alguns membros da Igreja.

b. O descontentamento em pagar dízimos e a doutrina católica que contestava a prática da usura e do lucro, principais atividades da burguesia comercial.
c. A compra ou não das indulgências, o perdão dos pecados, ponto crucial para a apresentação da doutrina de Lutero.
4. No início da Idade Moderna, a partir do século XVI, os defensores do absolutismo propunham a necessidade da autoridade do rei baseados em duas justificativas: (1) o direito divino dos reis – Deus teria delegado a um homem o poder de governar em seu nome; (2) o contrato social – os homens, para não experimentarem o caos e a barbárie, dariam ao rei o poder. Os filósofos políticos que criaram essas teorias refletiram sobre o Estado e a política à procura de um poder ideal. Os que defendiam a necessidade de uma administração que pusesse ordem sobre o caos eram Nicolau Maquiavel e Thomas Hobbes. Os que defendiam a divindade do poder real eram Jean Bodin e Jacques Bossuet.
5. O governo elisabetano reforçou a autoridade dos nobres e, ao mesmo tempo, garantiu melhorias aos pobres com a criação da Lei dos Pobres, na qual o senhor feudal era obrigado a cuidar dos necessitados de seu feudo. Além disso, para solidificar seu poder interno e estabelecer garantias políticas e econômicas, a rainha propôs acordos com a França, cedendo a posse do porto de Calais, garantiu riquezas ao financiar a pirataria britânica e sufocou revoltas religiosas de cunho católico. Venceu a guerra contra a poderosa Espanha, derrotando a chamada *armada invencível*. Garantiu a reforma religiosa organizada pelo pai e impôs o anglicanismo na Inglaterra, instituindo novos atos religiosos.

Capítulo 5

1. Uma das motivações foi buscar novas rotas de comércio para fugir dos impostos cobrados nos portos e em cidades italianas como Pisa, Gênova e Veneza. Essas localidades monopolizavam o comércio no Mar Mediterrâneo. Além disso, os turcos otomanos tomaram

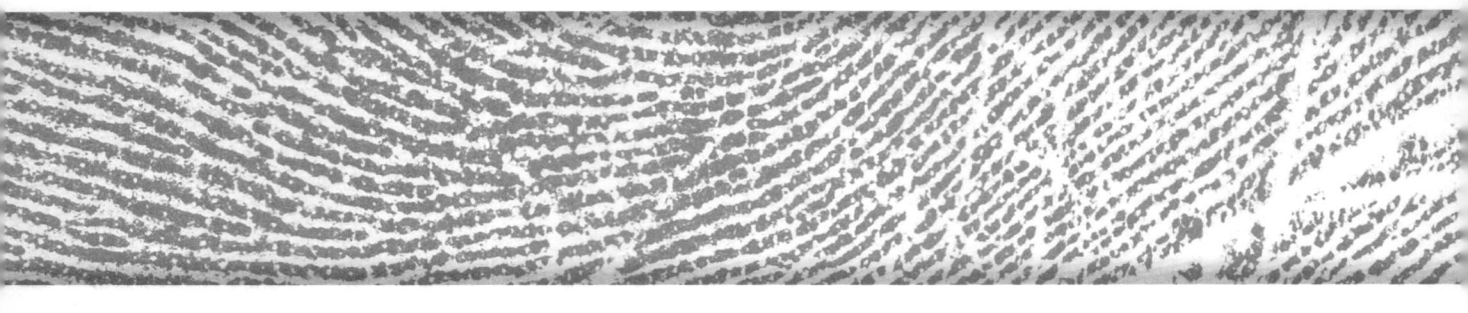

Constantinopla, o que dificultava ainda mais o acesso ao Oriente, e estabeleceram alianças com os italianos. Era preciso buscar novas rotas, alimentos e metais para a cunhagem de moedas.

2. Instrumentos de navegação e estudos náuticos foram fundamentais no empreendimento marítimo. A descoberta e/ou uso da bússola, astrolábio, quadrante e da caravela.

3.
a. Fernando Pessoa foi o mais significativo poeta de língua portuguesa de todos os tempos. Iniciou sua trajetória na revista *Orpheu*, marco do Modernismo português. Criou o conceito de *heteronomia* (personalidades literárias ficcionais como se fossem reais) e produziu inúmeras obras. Seus heterônimos mais conhecidos são: Alberto Caeiro, Ricardo Reis e Álvaro de Campos.

b. O poema retrata a saída de portugueses de sua terra natal deixando para trás mulheres, mães em busca da aventura do descobrimento. No entanto, graças a eles foi possível a conquista. É interessante identificar o traçado das Grandes Navegações quando o poeta, na voz do eu-lírico, faz menção ao Bojador, ao Cabo Bojador, na África.

c. As primeiras navegações portuguesas começaram a partir de 1415 com a conquista de Ceuta, ao norte da África. Depois, chegaram às ilhas do Atlântico e, na sequência, contornaram a costa africana em um sistema de cabotagem (de cabo a cabo, de porto a porto). Finalmente, em 1488, cruzaram o Cabo da Boa Esperança (antigo Cabo das Tormentas) com Bartolomeu Dias e, em 1498, chegam a Calicute, na Índia, com Vasco da Gama. O Cabo Bojador foi cruzado em 1434; o desaparecimento de embarcações que já haviam tentado contorná-lo levou a criação de lendas e mitos sobre um mar dominado por monstros. A passagem do Cabo Bojador por Gil Eanes foi um dos marcos da navegação portuguesa.

4.
a. Com a descoberta a América, portugueses e espanhóis fizeram um acordo de partilha de todas as terras, o famoso Tratado de Tordesilhas, que tem esse nome porque foi assinado na cidade de mesmo nome. Por ele, a linha imaginária era deslocada para 370 léguas da Costa de Cabo Verde, cabendo, ainda, à Espanha o lado oeste da linha e a Portugal o leste.

b. Os demais países europeus saíram tardiamente para as Grandes Navegações e questionaram a validade do acordo firmado entre Portugal e Espanha, que definia os dois como os únicos detentores das terras descobertas.

5.

	Povos		
	Incas	Maias	Astecas
Localização geográfica	Cordilheiras dos Andes: partes da Bolívia, Chile, Peru e outros países.	Sul do México e partes da Guatemala, El Salvador, Belize e Honduras.	Atual México.
Economia	Agricultura (técnicas de irrigação) e escadas nas montanhas para o plantio variado de culturas. Milho: produto básico. Criavam animais. Artesanato e mineração.	Agricultura e artesanato. Milho: produto básico.	Agricultura (técnicas de irrigação) – como a *chinampas* (ilhas artificiais). Comércio exterior. Exploração e cobrança de impostos dos povos conquistados. Milho: produto básico.
Política	Teocracia. Imperador Inca: filho do deus-sol.	Teocracia. Divindade do imperador.	Teocracia. Divindade do imperador.
Cultura	Não tinham escrita. Usavam os quipos (cordões com nós coloridos para fazer cálculos). Eram politeístas e faziam sacrifícios de animais aos deuses.	Desenvolveram a escrita hieroglífica. Criaram um símbolo para o zero. Eram politeístas e faziam sacrifícios humanos aos deuses.	Cultivavam cacau (chocolate). Eram politeístas e faziam sacrifícios humanos aos deuses.

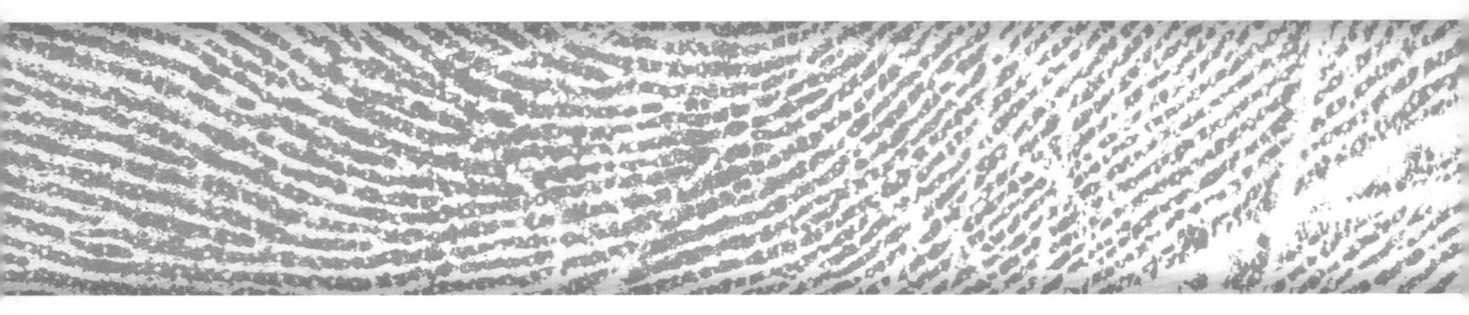

Capítulo 6

1. De acordo com o texto lido, os mantimentos eram basicamente cabaças de sal e pães de "farinha de guerra", feitos de mandioca ou de milho. O texto informa que, por meio da caça e da pesca, os bandeirantes completavam um pouco de seu sustento. Além disso, incorporavam ao cardápio alimentos improvisados, tais como frutas silvestres, pinhão, raízes, tubérculos etc. Outra fonte de alimento eram as roças indígenas de milho, feijão e mandioca, geralmente saqueadas e destruídas como prova da supremacia dos bandeirantes.
2. Os bandeirantes eram homens oriundos de São Paulo (vila da capitania de São Vicente). As necessidades locais, a falta de escravos e de comida levaram esses homens a se aventurar pelo interior do Brasil à procura de riquezas. As bandeiras organizadas por eles eram expedições armadas com o objetivo de encontrar negros fugitivos e destruir quilombos, capturar índios e encontrar ouro e pedras preciosas. Assim, originam-se as bandeiras: de apresamento ou caça ao índio, de contrato e de busca de ouro e metais preciosos (minas e aluvião).
3. Destacam-se as características da população e seu caráter mestiço, bem como a apresentação exótica da localidade e a referência à natureza, tema de interesse dos europeus.
4. A elite mineradora era a maior devedora de impostos para a metrópole, e uma das motivações pela luta da independência estava no cancelamento das dívidas. Além disso, os mais ricos desejavam maior autonomia para resolver as questões relacionadas aos negócios e isso só aconteceria com a quebra do pacto colonial. Essa mesma elite teve acesso às ideias iluministas de Voltaire e Rosseau e foi influenciada pela conquista da Independência Americana. A intenção do movimento era tomar o poder e estabelecer um governo republicano.
5. Podem ser citados Tomás Antônio Gonzaga, Cláudio Manuel da Costa, Inácio José de Alvarenga Peixoto, Antônio Gonzaga ou Joaquim José da Silva Xavier, além dos padres José da Silva de Oliveira Rolim e Luís

Vieira da Silva. Os inconfidentes desejavam o fim do pacto colonial, a possibilidade de produzir manufaturas, uma república com o centro em Vila Rica, a construção de uma Universidade etc.

Capítulo 7

1. Pertenciam ao terceiro estado a alta e a pequena burguesia, os *sans culottes* (trabalhadores, aprendizes e marginalizados urbanos) e o povo. Portanto, cerca de 98% da população estava nesse grupo social, que sustentava os privilégios do primeiro e do segundo estados, isentos de impostos, e da corte. Por sustentar economicamente a França, o terceiro estado era tudo. No entanto, no sistema político, não tinha representação. Mesmo quando, raramente, eram chamados os Estados Gerais (Assembleia), o voto era por estado; dessa forma, não tinha representação política, pois era sempre a minoria. As reivindicações que antecedem a Revolução e as demais estão centradas em uma maior participação política e no fim dos privilégios de nascimento para os demais estados e que se instaurasse a igualdade civil.

2. Em 1791, a Assembleia Constituinte foi dissolvida, depois que passou a vigorar a Constituição Francesa. Em seu lugar, passou a existir a Assembleia. No plenário, ao lado direito (*droite*) sentavam-se os girondinos e, do lado esquerdo (*gauche*), os jacobinos. Os girondinos eram moderados e defendiam os interesses da alta burguesia. Os jacobinos, entre os quais havia muitos democratas, eram mais radicais e defendiam a implantação de uma república e o fim do poder real. Os jacobinos representavam os interesses da pequena burguesia e dos *sans culottes*. É possível dizer que a direita da Assembleia defendia os interesses dos mais ricos, e a esquerda, os dos mais pobres; por isso, a expressão utilizada até hoje para identificar aqueles partidos que defendem reformas sociais e populares é *partidos de esquerda*.

3. Não se pode dizer que a Revolução Francesa é essencialmente popular. Essa revolução teve várias fases e, nelas, houve a participação

do povo e da burguesia, em defesa de seus interesses. Ao término, o grupo social vitorioso foi a burguesia, cuja marca da vitória está nas Constituições Francesas do período, na Declaração de Direitos do Homem e do Cidadão e na imposição de Napoleão Bonaparte no poder.

4. A primeira fase (1760-1860), conhecida como *era do carvão e do ferro*, teve intensa exploração do trabalhador e condições insalubres das fábricas, o que marcou as relações de trabalho e o modo de vida. A maioria dos trabalhadores recebia baixos salários por jornadas de mais de 15 horas. Crianças e mulheres passaram a fazer parte do processo de produção industrial, como mão de obra ainda mais barata. A segunda fase (1860-1914) é conhecida como a *era do aço e da eletricidade* e sua marca está no desenvolvimento tecnológico, com a utilização do aço, da energia elétrica, dos combustíveis originários do petróleo e do desenvolvimento do motor à explosão e de produtos químicos. Surgiram as greves e a organização sindical, pontos importantes para as primeiras conquistas dos trabalhadores.

5. As correntes citadas são o anarquismo e o socialismo científico, respectivamente. O anarquismo defende o fim imediato do Estado ou de qualquer forma de hierarquia, e um dos principais inspiradores desse movimento foi Pierre-Joseph Proudhon (1809-1865), que afirmava ser necessária a liberdade individual e o fim da exploração do capitalismo industrial. Uma de suas manifestações célebres serviu de inspiração para o movimento anarquista em todo o mundo: "A propriedade é um roubo". A segunda corrente propunha compreender a história pelo vetor econômico e pelo processo da luta de classes. Para Marx, o fim do capitalismo levaria ao socialismo, sendo o Estado representante dos interesses proletários. O domínio sobre o capitalismo ocorreria por uma revolução proletária. O socialismo, por sua vez, propunha o fim da propriedade privada e, em seu lugar, sugeria a propriedade coletiva, nas mãos de um Estado dirigido por operários. Esse processo desembocaria em uma sociedade totalmente igualitária, ou seja, no

comunismo; logo, o socialismo era um momento intermediário entre o capitalismo e o comunismo.

Capítulo 8

1. Otto von Bismarck fez nascer a Alemanha a partir de três conquistas importantes: a Guerra dos Ducados, a Guerra contra a Áustria e a Guerra Franco-Prussiana. A primeira foi um conflito direto com a Dinamarca, com a ajuda da Áustria, pela conquista dos Ducados de Schleswig e Holstein, importante contato entre o Mar do Norte e o Mar Báltico. Terminada a conquista, a Áustria sentiu-se ameaçada e declarou guerra à Prússia. Em 1866, por sua vez, a Prússia invadiu e conquistou com grande facilidade vários estados antes dominados pela Áustria. Assim nasceu a Confederação Germânica do Norte. Por fim, para completar a unificação e conquistar os estados do sul alemão, Bismarck resolveu inflamar o espírito nacionalista e forjar um conflito que unisse os alemães em prol de um inimigo comum: a França. A Guerra Franco-Prussiana (1870), declarada pela França, fomentou um espírito nacionalista nos alemães, unindo norte ao sul. Ao término da guerra, a Alemanha estava formada.

2. As práticas imperialistas iniciaram-se a partir de 1870, quando as grandes potências europeias passaram a procurar fora de seu continente mercados consumidores de produtos manufaturados e áreas produtoras de matérias-primas como ferro, borracha, cobre, entre outras. Uma das principais justificativas europeias para essa prática neocolonialista era a de difundir o modelo de vida europeu aos outros povos, na chamada *missão civilizadora*. Os grupos interessados nos lucros obtidos a partir dessa "missão" defendiam a superioridade da civilização industrial fundada na teoria da superioridade da raça branca. Assim, desenvolveram o darwinismo social, elaborado por Spencer; a ideia era de que algumas raças humanas, bem como as espécies, melhor se adaptam para sobreviver. As "raças superiores" vencem

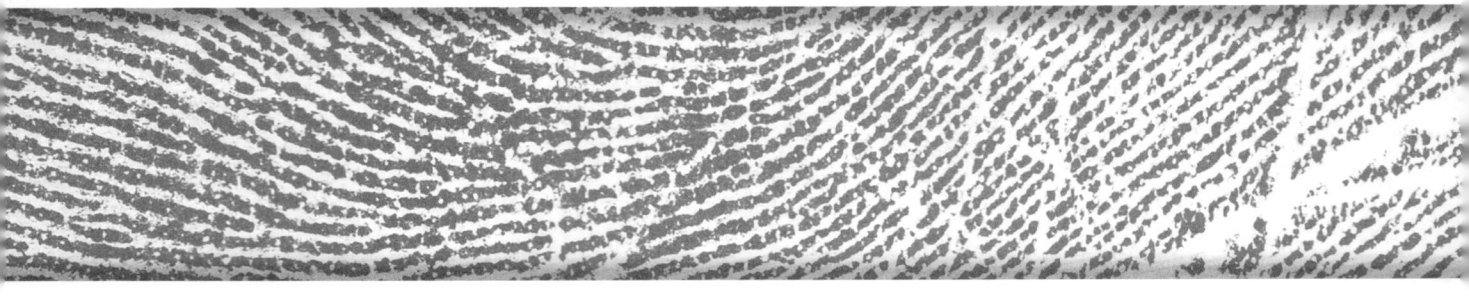

as inferiores no processo evolutivo. Dessa maneira, os que aderiam a essas teorias defendiam a ideia de que a "raça branca" seria superior às demais: negras, amarelas ou mestiças.

3. A charge reproduz os interesses europeus sobre a China. Estão dividindo a China, em formato de *pizza*, da esquerda para a direita, a rainha Vitória, da Inglaterra, o Kaiser Guilherme II, da Alemanha (personagens que se olham com maior ênfase, demonstrando a grande rivalidade entre seus países); Nicolau II, da Rússia, uma mulher representando a França e um samurai representando o Japão. Em pé, um chinês bravo com a divisão de seu país pelas potências.

4.
a. As tensões aumentaram em razão da criação das políticas de aliança e de uma corrida armamentista disfarçada. Os governos de Alemanha, Áustria e Itália criaram a Tríplice Aliança, um instrumento político de ajuda mútua entre esses países. Na prática, a fraqueza da Itália pouco conseguia impor algum tipo de ameaça ao cenário internacional. Além disso, no processo de unificação, a Itália havia tido grandes problemas com a Áustria. Por outro lado, Inglaterra, Rússia e França assinaram a Tríplice Entente.
b. No contexto da criação do sistema de alianças, cada um dos países europeus se militarizava mais, no entanto, sem iniciar abertamente algum conflito. Esse clima ficou conhecido como *paz armada*.

5. A Alemanha formou-se como país na década de 1870 e, logo na sequência, tornou-se uma potência competitiva e passou a ser vista pela Inglaterra como uma ameaça ao seu poder sobre a Europa. Na corrida por domínios coloniais, a Alemanha sentia-se prejudicada se comparada às conquistas francesas e inglesas sobre a Ásia e a África. Essas disputas fora do continente europeu minavam as relações internas. Além disso, a política das alianças colocava a Alemanha do lado oposto ao de Inglaterra e França, situação que aumentava a rivalidade e a tensão entre os países.

Capítulo 9

1. No início do século XX, a Rússia ainda adotava como governo uma monarquia absolutista; seu soberano, que recebia o título de *czar*, tinha poderes ilimitados; portanto, não havia um Parlamento. Todos os ministros eram indicados e desligados de suas funções de acordo com as necessidades do Estado e a vontade do czar. Ele e sua família, além da Igreja Ortodoxa e dos nobres (*boiardos*, como eram denominados os proprietários de terra) compunham a elite privilegiada da Rússia. A maior parcela da população, de 170 milhões de habitantes, era camponesa e vivia em um regime de servidão muito semelhante ao do feudalismo. As poucas indústrias que existiam estavam em centros como São Petersburgo, Odessa e Moscou, sendo seu capital fortemente investido por estrangeiros.

2.
   a. Nos Estados Unidos, as famílias das classes alta e média passaram a adquirir bens de consumo duráveis e construíram um modelo de vida sob a expressão do *American way of life*. Viver bem significava acumular e consumir.
   b. A partir de 1925, as sociedades europeias passaram a se recuperar da crise pós-Primeira Guerra Mundial. Até então, os Estados Unidos exportavam seus produtos para a Europa e mantinham seu ritmo industrial e agrícola. Com a recuperação do Velho Continente, seus países começaram a frear a entrada de produtos americanos e a adotar medidas protecionistas. Sem o vultoso mercado consumidor europeu, muitas empresas produziam mais do que o necessário para vender, de forma que houve uma crise de superprodução. A redução da produção e a desvalorização das ações no mercado fez muitos investidores negociarem suas ações na bolsa. A oferta cada vez maior derrubou ainda mais o valor das ações. Na Quinta-Feira Negra, como ficou conhecida a data de 24 de outubro de 1929, o desespero tomou conta da população e muitas pessoas quiseram vender suas ações, mas, como o

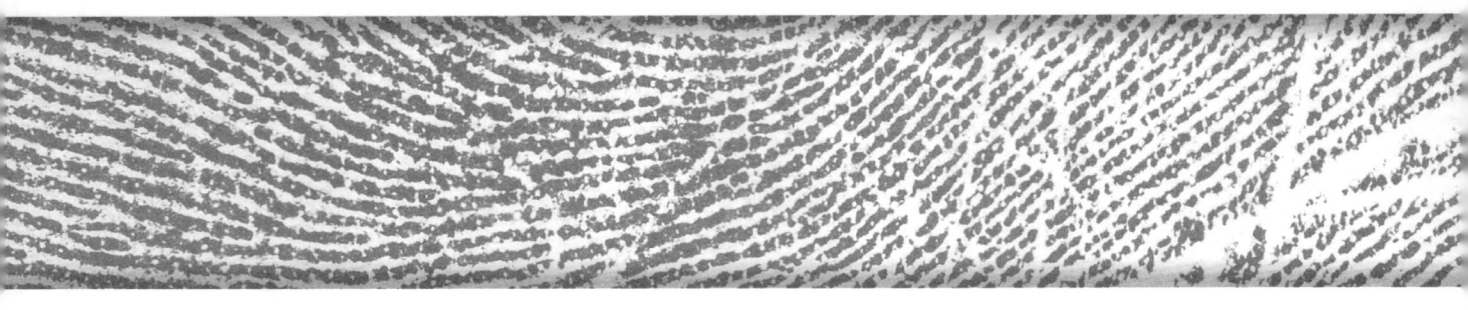

volume era muito maior do que o desejo de compra, a Bolsa de Nova York quebrou (entrou em falência).

3. A crise pós-Primeira Guerra Mundial acompanhada da Quebra da Bolsa de Nova York e seus efeitos sobre o mundo devastaram as economias europeias que estavam se erguendo. Por causa disso, houve manifestações nacionalistas por toda a Europa, aliadas ao crescimento de partido totalitário. O medo da burguesia de que as manifestações operárias culminassem em uma revolução bolchevique, aos moldes da Rússia, a estimulou a apoiar a ascensão de partidos de extrema-direita que, em geral, faziam um discurso salvacionista e impunham-se contra o socialismo/comunismo.

4. A primeira fase (1939-1941) foi marcada pelas conquistas alemãs alcanadas de forma rápida e eficiente, utilizando uma estratégia que ficou conhecida como *guerra-relâmpago* (*blitzkrieg*). Nos primeiros ataques, os alemães dominaram a Dinamarca, os Países Baixos, a Bélgica, a Noruega e o norte da França, todos ainda em 1940. Restava como força opositora, no Ocidente, apenas a Inglaterra, que resistiu bravamente. A segunda fase (1942-1945) foi marcada pela entrada da União Soviética e dos Estados Unidos ao lado dos Aliados (França, Inglaterra). Quebrando o acordo estabelecido, os alemães invadiram a União Soviética em busca de matéria-prima para a indústria bélica, o que motivou a entrada dos soviéticos no conflito. Ao mesmo tempo, o Japão, componente do Eixo, atacou as bases americanas de *Pearl Harbor*, no Pacífico, fazendo com o Congresso americano declarar guerra ao Japão. A entrada desses dois países mudou o rumo da guerra. A Batalha de Stalingrado, na URSS, foi definitiva contra as forças de Hitler, pois foi lá que os alemães perderam pela primeira vez e os russos começaram a contraofensiva. Em 8 de maio de 1945, a Alemanha se rendeu. No Pacífico, os americanos continuaram seus ataques contra o Japão e, em 6 e 9 de agosto, jogaram as bombas atômicas sobre Hiroshima e Nagasaki, respectivamente.

5. A *Guerra Fria* pode ser definida como um conflito entre dois modelos político-econômicos: o dos Estados Unidos e o da União Soviética. O conflito sempre foi indireto, já que nunca houve enfrentamento entre eles. O período se estende do fim da Segunda Guerra Mundial, quando os enfrentamentos começaram a aparecer e o desejo por zonas de influência se tornou evidente, até a Queda do Muro de Berlim, portanto, de 1945 a 1989.

Capítulo 10

1. A prática da escravidão já existia na África antes da chegada dos europeus. Geralmente essas pessoas eram membros de grupos familiares que não tinham relação de parentesco com o grupo dominante. Os escravizados desempenhavam funções no campo, na caça, na defesa das cidades e nas cerimônias religiosas, e a escravidão coexistia com outras formas de organização do trabalho, não sendo o elemento fundamental da organização produtiva daquelas sociedades. O tráfico de seres humanos, capturados, negociados e vendidos às colônias portuguesas jogou o continente africano em uma guerra contínua que dependia dos suprimentos e das armas trazidas pelos estrangeiros, sobretudo os lusos. As maiores diferenças entre a escravidão existente no continente até então e a escravidão após a chegada dos europeus são o volume de pessoas escravizadas e as formas ostensivas de aquisição de escravizados, o que dizimou as estruturas africanas.

2.
a. A abertura dos portos às nações amigas foi o fim do exclusivismo comercial imposto pelo Pacto Colonial. A Inglaterra garantiu, dessa forma, comércio direto com o Brasil, tornando as terras brasileiras um farto mercado consumidor em um momento-chave para os ingleses, já que no continente vigorava a imposição napoleônica do Bloqueio Continental.

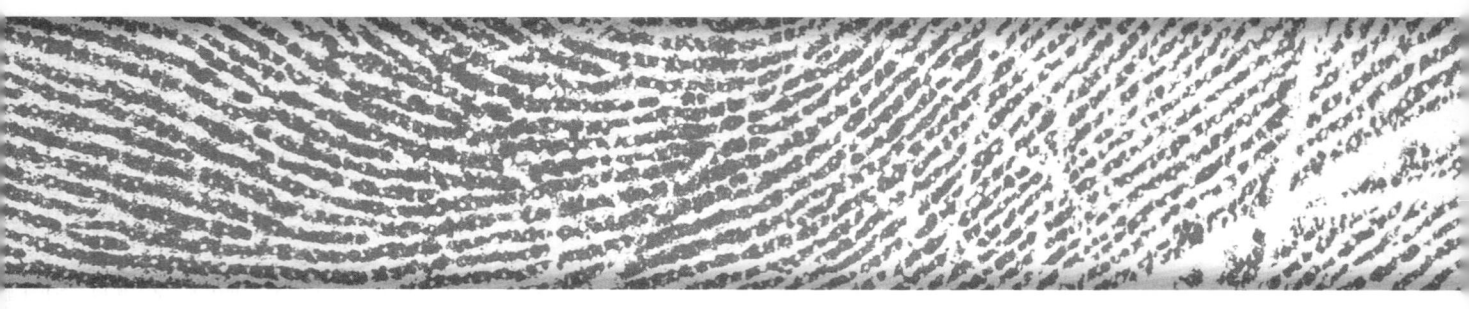

b. O fim do Pacto Colonial garantiu mais autonomia ao Brasil para estabelecer relações comerciais com outros países. Essa liberdade econômica alimentou na elite brasileira o desejo de se manter em liberdade, condição garantida pela independência.

c. Os produtos ingleses foram bastante beneficiados não somente com a abertura dos portos, mas também com os tratados de 1810, assinados por D. João, chamados de *Tratados de Aliança e Amizade* e de *Comércio e Navegação*, que asseguravam vantagens e privilégios à Inglaterra; uma delas era a taxação de impostos em 15% para os produtos ingleses, ao passo que a taxa para os produtos vindos de outros países era de 24%.

3. O projeto, de autoria de Antônio Carlos de Andrada e Silva, irmão de José Bonifácio (um dos apoiadores de D. Pedro I no processo de independência) ficou conhecido como *Constituição da Mandioca*. Tal projeto não foi aceito por D. Pedro I porque, além de limitar os poderes do imperador ao proibir a dissolução da Assembleia, o voto deveria ser dado a quem tivesse o número mínimo de alqueires de mandioca (comida dos escravos, demonstrando o poder escravocrata e latifundiário), sendo, portanto, o voto censitário. Com esse dado, também restringia comerciantes, muitos deles portugueses, de votar e de ser eleitos. D. Pedro I, então, impôs uma constituição, por isso dita outorgada (que parte de uma autoridade sem a discussão da Assembleia), organizada pelo Conselho dos Dez. Assim, a primeira Constituição do Brasil, a de 1824, definia a divisão em quatro poderes: Executivo, Legislativo, Judiciário e Moderador (este dava poderes ilimitados ao imperador, pois o colocava acima dos demais), o voto era indireto e censitário e a religião oficial era a católica.

4. O período regencial durou apenas 9 anos, da abdicação de D. Pedro I até a maioridade de D. Pedro II, quando se iniciou o II Império. No entanto, nesse curto espaço de tempo, a Regência teve quatro governos e grande disputa política entre os três partidos da época. Além disso,

o trono vago e a instabilidade do momento favoreceram o surgimento de diversos conflitos espalhados pelas províncias do Brasil: Balaiada, Cabanagem, Sabinada e Revolução Farroupilha.

5. Os conflitos na Europa e as guerras decorrentes do processo de unificação da Itália e da Alemanha levaram muitos europeus a procurar uma vida melhor, depois do empobrecimento trazido pelas guerras. No Brasil, o fim do tráfico favoreceu a vinda de imigrantes que trabalhariam nas fazendas de café ou como colonos nas pequenas propriedades no sul do Brasil. Nas fazendas de café, primeiramente, vieram os imigrantes sob o sistema de parceria (cuidavam de determinado número de pés de café e, em troca, dividiam com o dono o lucro obtido com a venda do produto). O colono deveria repor o preço da passagem paga com a sua vinda. Houve muitas queixas e reclamações de exploração, e o sistema perdurou nas décadas de 1840-1850, tendo sido substituído depois pela migração subvencionada pelo Estado (1870-1880). A mão de obra era livre e assalariada e os trabalhadores, geralmente, muito explorados. No Sul, inicialmente deveriam receber terras e subsídios, mas essa não foi a realidade da maioria dos colonos. A propaganda de um paraíso, de clima favorável e de terras sobrando era muito mais enganosa do que verdadeira. Os colonos do Sul serviram para marcar território e ocupar o vazio demográfico da região.

Capítulo 11

1.
a. A desorganização e a sujeira da cidade eram um problema. Muitas doenças assolavam, de forma epidêmica, o lugar. Negros e imigrantes eram contaminados em grande quantidade, bem como a febre amarela atingia a população imigrante que chegava à capital. Os negros, mesmo depois de terem lutado duramente nos conflitos de Canudos e da Guerra do Paraguai, ao retornarem para casa, foram desapropriados de suas habitações para a execução da reforma urbana do Rio, o que deu origem às primeiras favelas da cidade.

b. Muitas pessoas estavam descontentes com a imposição da vacina proposta por Oswaldo Cruz. Rodrigues Alves (1902-1906), então presidente da República, havia mandado fazer um plano de urbanização para a capital do Brasil, no qual previa a derrubada de cortiços e casas na zona central da cidade, além de um projeto de higienização da capital. Assim, para construir a Avenida Central (atual Rio Branco), o prefeito Pereira Passos fez um verdadeiro bota-abaixo na cidade. Centenas de pessoas ficaram sem ter para onde ir e, por isso, subiram os morros. Aliado a esse descontentamento, a vacina obrigatória gerou grande insatisfação. A população mais pobre, que nem sabia ler e foi pouco informada sobre os benefícios da vacina, achou que ela pudesse ser perigosa, trazer contaminação ou causar morte. Por isso, muitas pessoas agrediram os vacinadores e começaram a revolta.
c. Médico sanitarista chamado pelo governo para se tornar Diretor de Saúde Pública. Ele tornou a vacinação obrigatória.
2. A arbitrariedade do governo federal de colocar, primeiramente, as pessoas para fora de suas casas, fazendo um verdadeiro bota-abaixo em nome da modernização do Rio de Janeiro. Além disso, a falta de informação e a imposição de um processo profilático via vacina foram fatores que assustaram e revoltaram os moradores do Rio; a maioria da população era analfabeta e não tinha condições de compreender todo o processo de vacinação.
3. João Cândido foi o líder da Revolta da Chibata. As motivações dos marinheiros eram os castigos físicos que sofriam, as chibatadas.
4. A prática autoritária dos proprietários de terra que detinham o poder local era denominada *coronelismo*. Eles coagiam as pessoas, pela força e pelo poder financeiro, a votar em seus candidatos. O poder garantido nos currais eleitorais de cada coronel espalhava-se e sustentava um aparelho maior em nível estadual. As famílias tradicionais de cada estado garantiam, com o apoio de sua base municipal, o poder que sustentaria o governo federal. Em resumo, havia uma rede de

transmissão de poderes, sendo o coronel uma importante influência na cadeia de troca de favores.

5.
a. A DIP garantia a manutenção da imagem de pai do Presidente da República, ajudando a manter a base popular que o sustentava. O lado carismático e confiante do presidente era sempre evidenciado, transferindo para a esfera pública os adjetivos do mundo privado.
b. O Estado Novo, no início de 1938, transformou o DPDC no Departamento Nacional de Propaganda (DNP), que finalmente deu lugar ao Departamento de Imprensa e Propaganda (DIP). Este, por sua vez, contava com os setores de divulgação, radiodifusão, teatro, cinema, turismo e imprensa. Era de sua responsabilidade a coordenação, a orientação e a centralização da propaganda interna e externa, fazer censura ao teatro, ao cinema e às funções esportivas e recreativas. O órgão também organizava manifestações cívicas, festas patrióticas, exposições, concertos e conferências e dirigia o programa de radiodifusão oficial do governo. A intenção era de que o governo pudesse controlar toda informação, dominando a vida cultural do país.

Capítulo 12

1. O populismo foi uma forma de governar adotada no Brasil pelos governos que sucederam à ditadura varguista, assim como em outros países da América Latina no mesmo período. Corresponde ao período que vai de 1946 a 1964. Nesse modelo de governo, há uma grande popularidade do líder, que usa sempre uma linguagem simples para chegar ao povo e utiliza muito os meios de comunicação para se aproximar das massas. A propaganda pessoal é uma das marcas dessa forma de governo, que, mesmo sendo autoritário, conquista apoio popular a seu poder político.
2. De volta ao poder, em 1951, "nos braços do povo" como costumava dizer, Getúlio teve um governo bastante conturbado. Diversas forças

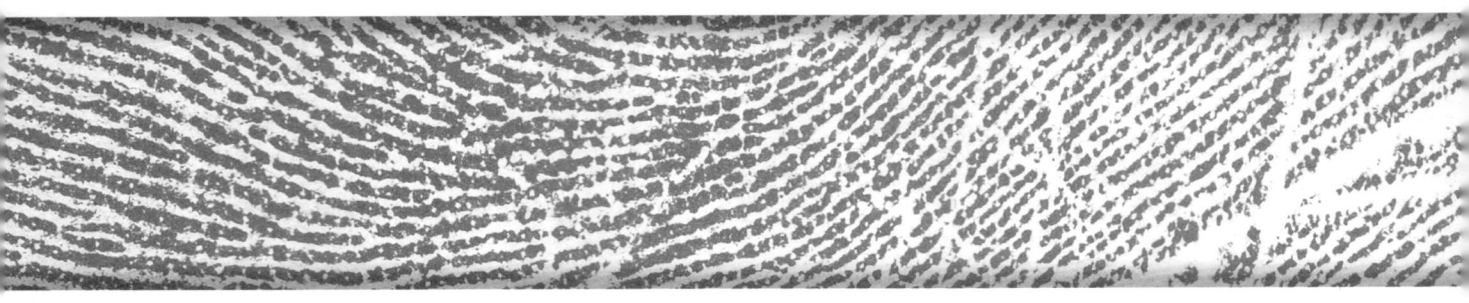

políticas de oposição passaram a pressioná-lo em razão de duas tendências bem claras da política e da economia brasileiras: de um lado, aqueles que defendiam, como condição para o progresso, a abertura do país ao capital estrangeiro, liderados por Carlos Lacerda, eram chamados de *entreguistas*; de outro lado, os nacionalistas, liderados por Getúlio Vargas, defendiam a intervenção do Estado na economia e a limitada entrada do capital estrangeiro. Essa visão de Getúlio o levou a lançar a campanha "O petróleo é nosso", que culminou com a criação da Petrobrás em 1953. Getúlio, como bom populista, tentou manter uma proximidade com os trabalhadores, fosse em comícios, pela rádio ou pelas propagandas no cinema. O aumento de 100% sobre o salário mínimo foi a gota d'agua para os empresários.

3. O Plano de Metas procurava atingir cinco áreas favoráveis ao desenvolvimento do Brasil: energia, transporte, indústria, alimentação e educação. Cada uma dessas áreas tinha várias metas, como a integração nacional vinculada por meio da construção da nova capital, Brasília. Para garantir amplo apoio, o governo de JK lançou o projeto desenvolvimentista, no qual, diferentemente do nacionalismo getulista, o Estado deveria associar-se ao capital privado (nacional e estrangeiro) e promover a industrialização. Dessa forma, cooptava a iniciativa privada, o capital estrangeiro e ganhava apoio dos nacionalistas.

4. Eram decretos impostos pelo Poder Executivo, entre 1964 a 1969, durante o Regime Militar no Brasil. Foram editados pelos comandantes e chefes do Exército, da Marinha e da Aeronáutica ou pelo presidente da República, com o respaldo do Conselho de Segurança Nacional, sem, portanto, a necessária aprovação do Congresso (quando ele existia). A grande parcela desses atos estava acima das garantias constitucionais. O AI-5 foi um dos mais duros que o Brasil sofreu, ainda no final dos anos 1960, e definia: fechamento do Poder Legislativo (presidente assumiria sua função); suspensão dos direitos políticos e individuais (*habeas corpus*); intervenção nos estados e municípios; permissão

para cassar mandatos, demitir, prender e editar leis; prazo de validade indeterminado.

5. Foi o retorno da democracia, após 20 anos de ditadura militar. O processo foi concretizado com a elaboração da Constituição de 1988, a mais libertária e moderna que tivemos. Nela, podem ser observadas várias conquistas trabalhistas, como a indenização de 40% do Fundo de garantia de Tempo de Serviço (FGTS) em caso de demissão, o abono de férias e a limitação da jornada semanal a 44 horas de trabalho semanal. As eleições passaram a ser diretas para qualquer cargo do Legislativo e do Executivo (níveis municipal, estadual e federal), sendo o voto facultativo para jovens entre 16 e 18 anos e para pessoas com mais de 70 anos. Foram assegurados direitos importantes aos indígenas e o racismo passou a ser crime inafiançável, apontando para avanços nas discussões dos direitos humanos.

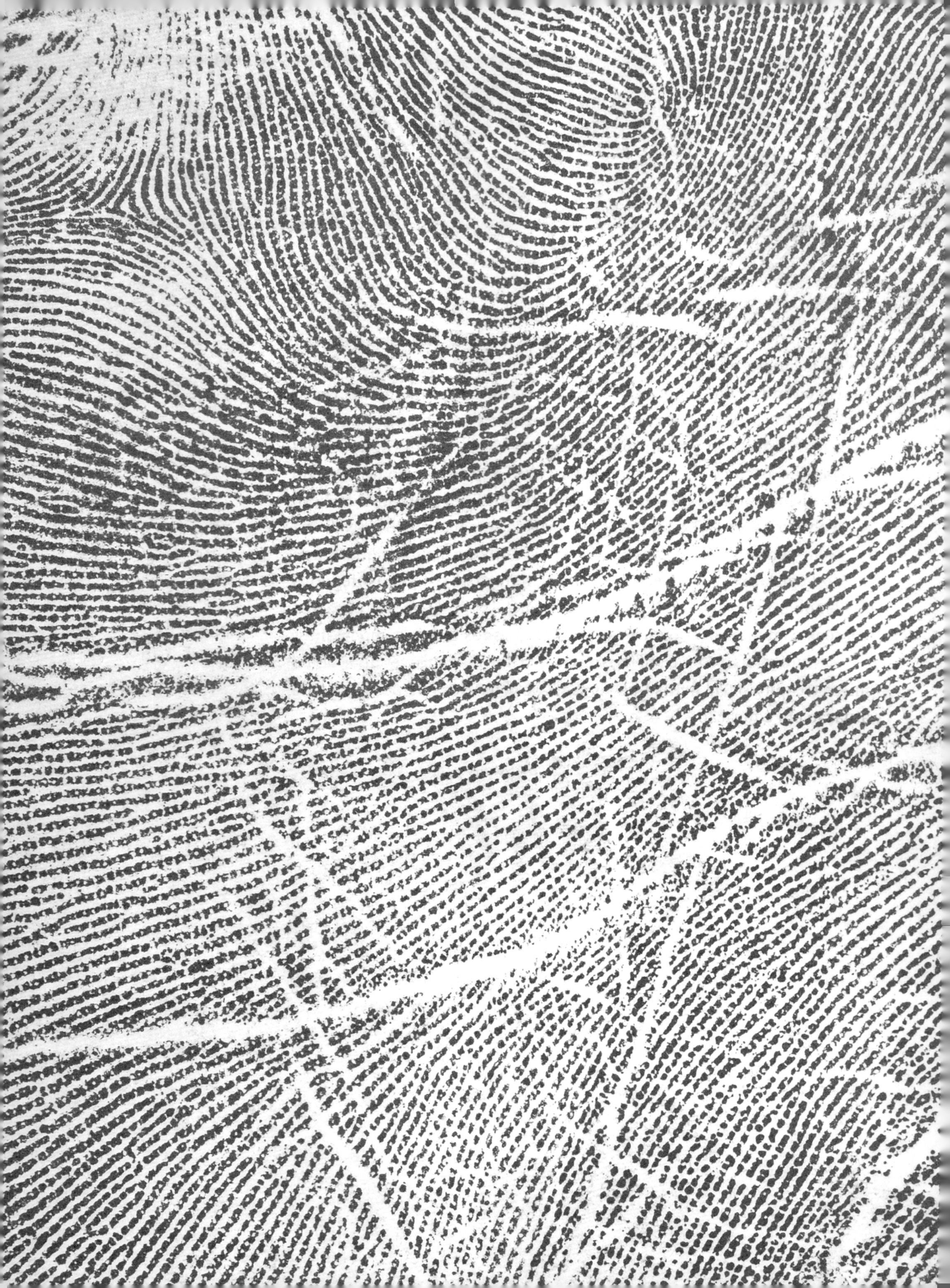

Sobre a autora

Gisele Thiel Della Cruz é graduada em História pela Universidade Federal do Rio Grande (Furg), em Letras pela Universidade Federal do Paraná (UFPR) e em Pedagogia pelo Centro Universitário Internacional Uninter. Também é mestre em História do Brasil e doutora em Estudos Literários, ambos os títulos pela UFPR. Defendeu sua dissertação de mestrado sobre saúde, doença e políticas públicas no Brasil Meridional. No doutorado, dedicou-se ao estudo de romances históricos contemporâneos de autoria feminina. É professora há 15 anos no ensino superior particular e há 25 anos no ensino básico. Publicou artigos em anais, revistas acadêmicas e capítulos de livros que versam sobre as áreas de pesquisa e de atuação em educação.

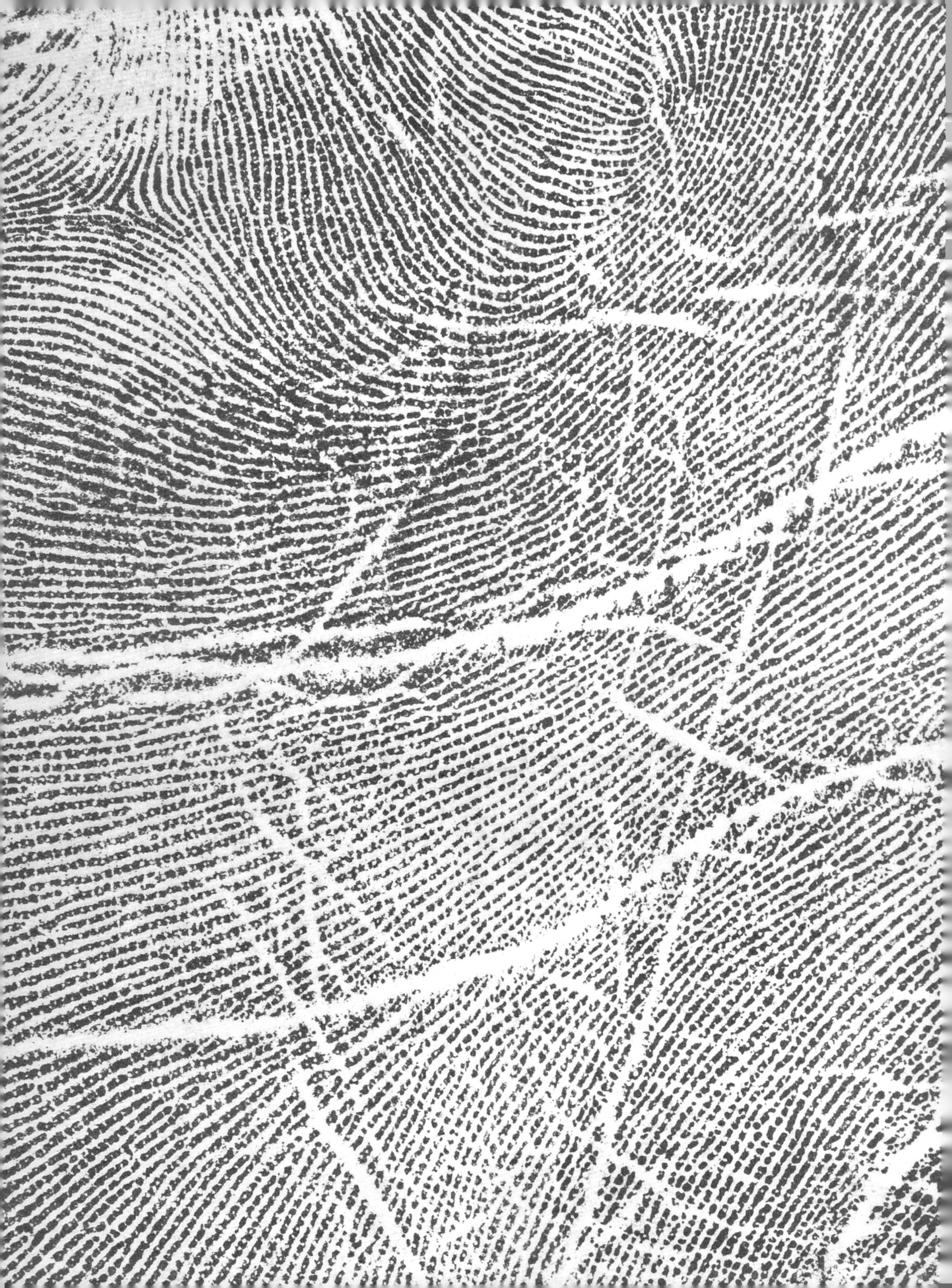

299

Os papéis utilizados neste livro, certificados por instituições ambientais competentes, são recicláveis, provenientes de fontes renováveis e, portanto, um meio responsável e natural de informação e conhecimento.

FSC
www.fsc.org
MISTO
Papel produzido a partir de fontes responsáveis
FSC® C074432

Impressão: Maxi Gráfica
Abril/ 2019